蔡东洲　金生杨　主编

中国传统文化要略

(修订本)

巴蜀书社

图书在版编目（CIP）数据

中国传统文化要略/蔡东洲，金生杨主编.—成都：巴蜀书社，2012.8（2016.8）
ISBN 978-7-5531-0084-5

Ⅰ.①中… Ⅱ.①蔡…②金… Ⅲ.①传统文化－中国 Ⅳ.①G12

中国版本图书馆CIP数据核字（2012）第177426号

中国传统文化要略（修订本）　　蔡东洲　金生杨 主编

责任编辑	黄云生
出　　版	巴蜀书社
	成都市槐树街2号　邮编610031
	总编室电话：（028）86259397
网　　址	www.bsbook.com
发　　行	巴蜀书社
	发行科电话：（028）86259422　86259423
经　　销	新华书店
印　　刷	成都蜀通印务有限责任公司
版　　次	2012年8月第2版
印　　次	2016年8月第4次印刷
成品尺寸	210mm×148mm
印　　张	9.75
字　　数	260千字
书　　号	ISBN 978-7-5531-0084-5
定　　价	22.00元

本书如有印装质量问题，请与工厂调换

目 录

第一章 制度文化 ……………………………… 胡　宁（1）
 第一节　君主制 ……………………………………（1）
  一　君主概说 ……………………………………（1）
  二　君主的称谓 …………………………………（2）
  三　君位的传承 …………………………………（8）
  四　君权的运行 …………………………………（11）
 第二节　宰辅制 ……………………………………（20）
  一　贵族辅政制 …………………………………（21）
  二　丞相制 ………………………………………（22）
  三　三公制 ………………………………………（25）
  四　三省制 ………………………………………（27）
  五　二府制 ………………………………………（31）
  六　一省制 ………………………………………（35）
  七　内阁制 ………………………………………（38）
  八　军机处 ………………………………………（41）
 第三节　科举制 ……………………………………（43）
  一　选官制度的历史回顾 ………………………（44）

二　开科取士的雏形……………………………………（47）
　　三　唐代科举制………………………………………（48）
　　四　宋代科举制………………………………………（51）
　　五　元代科举制………………………………………（58）
　　六　明代科举制………………………………………（62）
　　七　清代科举制………………………………………（66）
　　八　科举制的废除……………………………………（72）
第二章　儒家文化……………………………金生杨、周东亮（76）
　第一节　儒学原典………………………………………（77）
　　一　"十三经"及"四书"的形成…………………………（77）
　　二　"十三经"及"四书"简介……………………………（78）
　第二节　先秦原始儒学…………………………………（82）
　　一　儒学的兴起………………………………………（82）
　　二　列名"显学"………………………………………（85）
　第三节　两汉经学化儒学………………………………（88）
　　一　董仲舒与"罢黜百家、独尊儒术"……………………（88）
　　二　今文经学与谶纬神学………………………………（91）
　　三　古文经学与今古文之争……………………………（93）
　　四　郑学与汉代经学的衰落……………………………（95）
　第四节　魏晋玄学化儒学及隋唐义疏化儒学……………（96）
　　一　玄学化儒学的演变发展……………………………（97）
　　二　南学、北学与儒学传统地位的延续…………………（98）
　　三　隋唐义疏化儒学…………………………………（100）
　第五节　宋明理学化儒学………………………………（101）
　　一　程朱理学…………………………………………（102）
　　二　陆王心学…………………………………………（108）

第六节 清代朴学化儒学 ……………………………… (111)
  一 明末清初的儒学新风 ……………………………… (112)
  二 清代中叶乾嘉考据之学 …………………………… (115)
  三 清代末叶的儒学转型 ……………………………… (117)
  四 清代程朱理学的演变发展 ………………………… (119)

第七节 现代新儒学 …………………………………… (121)
  一 新儒学的兴起 ……………………………………… (122)
  二 港台新儒学的发展 ………………………………… (125)

第三章 宗教文化 ……………………………… 蔡东洲(128)
第一节 佛教文化 ……………………………………… (128)
  一 佛教在古代印度 …………………………………… (129)
  二 佛教在华的发展演变 ……………………………… (131)
  三 佛教基本教义 ……………………………………… (143)
  四 佛教的主要规制 …………………………………… (146)
  五 佛寺的典型构成 …………………………………… (149)

第二节 道教文化 ……………………………………… (152)
  一 道教的发展历程 …………………………………… (152)
  二 道教的基本信仰 …………………………………… (157)
  三 道教的养生之术 …………………………………… (159)
  四 八仙的传说和信仰 ………………………………… (162)

第四章 民俗文化 ……………………………… 潘家德(165)
第一节 经济民俗文化 ………………………………… (166)
  一 物质生产的礼仪民俗 ……………………………… (166)
  二 工匠民俗 …………………………………………… (168)
  三 交易和运输的民俗 ………………………………… (169)
  四 消费生活民俗 ……………………………………… (170)

第二节　社会民俗文化 (173)
一　家族的民俗 (174)
二　亲族的民俗 (177)
三　乡里社会的民俗 (178)
四　个人生活仪礼民俗 (179)
五　婚姻的民俗 (182)

第三节　信仰民俗文化 (187)
一　原始信仰形态 (188)
二　信仰习俗类型及其手段 (192)
三　岁时节日民俗 (199)

第四节　游艺民俗文化 (201)
一　民间口头文学 (202)
二　民间歌舞乐与曲艺活动 (203)
三　民间游戏竞技活动 (205)

第五章　古典文学　　陈　倩 (207)
第一节　古典诗歌 (207)
一　《诗经》与楚辞 (208)
二　汉赋与乐府民歌 (210)
三　魏晋南北朝诗歌 (213)
四　唐宋诗词 (218)
五　明清诗歌 (227)

第二节　古典散文 (229)
一　先秦散文 (230)
二　两汉散文 (233)
三　魏晋南北朝散文 (235)
四　唐宋古文运动 (236)

五　明清散文 …………………………………………… (241)
第三节　古典小说 ………………………………………………… (242)
　　一　远古神话传说 …………………………………………… (243)
　　二　魏晋六朝小说 …………………………………………… (244)
　　三　唐代传奇与宋元话本 …………………………………… (246)
　　四　明清小说 ………………………………………………… (248)

第六章　中外文化交流 ………………………… 李健　李先波 (257)
第一节　中国文化与世界 ………………………………………… (257)
　　一　古代中国科技文化的成就与传播 ……………………… (257)
　　二　东亚汉字文化圈的形成 ………………………………… (269)
　　三　古代中国文化对东南亚国家的影响 …………………… (276)
第二节　外国文化在中国 ………………………………………… (279)
　　一　物质文化 ………………………………………………… (279)
　　二　自然科学 ………………………………………………… (280)
　　三　宗教 ……………………………………………………… (282)
　　四　艺术 ……………………………………………………… (282)
第三节　"西学东渐"及其影响 …………………………………… (283)
　　一　明末清初的"西学东渐" ………………………………… (284)
　　二　近代西方文化的冲击与中国知识分子的回应 ………… (287)
第四节　中西文化的交汇与冲突 ………………………………… (292)
　　一　中国文化的西传及其影响 ……………………………… (292)
　　二　中国人对待近代西方文化的态度 ……………………… (298)
第五节　近代中国学者对日本的影响 …………………………… (300)
　　一　魏源《海国图志》对日本的启蒙 ………………………… (301)
　　二　王韬《普法战记》对日本的影响 ………………………… (303)

第一章 制度文化

制度文化是中国传统文化的重要组成部分，是古代社会得以维系发展的基础。中国制度文化中尤以君主制、宰辅制、科举制最为重要，成为了解古代社会的重要桥梁。

第一节 君主制

"朕即国家"。在中国古代社会，君主就是国家的象征。不管是在理论上，还是实践中，君主与国家一体，君权与政权一体。自夏至清，君主制都是最重要的政治制度之一。

一 君主概说

从夏启到清朝末代皇帝溥仪，我国共经67个王朝446位帝王，而春秋战国时期诸侯国和农民起义政权还未计入其内。据现存资料，自秦始皇统一六国后，我国封建社会约有340个皇帝，其中一统天下的约有120个。在这些帝王中,在位时间最短的帝王是金朝末帝完颜承麟,从登基到驾崩仅半天时间;在位时间最长的是清康熙帝爱新觉罗·玄烨,共坐了61年皇位;即位时年龄最大的是唐女皇武则天,即位时已经66岁;即位时年龄最小的是汉殇帝刘隆,生下来100多天就当上了皇帝。刘隆还是寿命最短的帝王,死时还不足1周岁。寿命最长的是清乾隆帝,活到了88岁。我们称年龄不到10岁就继位的皇帝为娃娃皇帝。在我国,娃娃皇帝共有29个。最早的娃娃皇帝是西汉的昭帝,最后的娃娃皇帝是清代的宣统。

在秦汉以来的封建社会中,"万岁"是皇帝的专用祝词,后来还成了皇帝的代称。但实际上,多数君主却是短命鬼,秦至清约340个帝王,能查出生卒年份的209个,平均年龄只有39.2岁。清朝皇帝的平均寿命在各朝代中是最长的,也只有52.4岁。而东汉、北魏、北齐、北周等朝的皇帝平均寿命还不到30岁。其中活过80岁的仅有4人,70至79岁4人,60至69岁4人,50岁以下死亡的有142人。超过三分之二的帝王寿命不足50岁。

这些帝王各具特色,有同性恋的君王汉哀帝刘欣,有佞佛君王梁武帝萧衍,有著作丰富的君王梁元帝萧绎,有奢侈放诞的君王隋炀帝杨广,有无耻的君王后晋高祖石敬唐,有富于艺才的君王宋徽宗赵佶,有惧内的君王明宪宗朱见深,有勤政的君王清世宗胤禛。

二 君主的称谓

君主的称谓是最具概括性、形象性的重要文化符号。在中国古代社会里,君主的称谓众多,而主要的有以下八种:

（一）后

中国古代传说中有三皇五帝之称。三皇是指天皇、地皇、泰皇①，五帝则指黄帝、颛顼、帝喾、唐尧、虞舜②。然而，这些皆是传说中的史前人物，作为国家最高统治者的帝王应是夏朝建立之后才有的。

"后"是有文献可考的华夏族"天下共主"的第一个正式称号。夏启以武力夺取最高权位，"遂即天子之位，是为夏后帝启"③。在古代文献中，夏启又称"夏后启"、"夏后伯启"等。夏王皆称"夏后"，夏王室则称为"夏后氏"。夏后之"后"，实际上是凌驾于各个邦国部落之上的王者。在商代，最高统治者既称"王"，也称"后"。甲骨文中就王、后并用。《尚书·汤誓》有"我后不恤我众"之语。《尚书·盘庚》称先王为"先后"。周、秦以来，"后"依然被广泛使用。"后"还用于泛称一切君主，如传说中的后稷、后羿、后夔，诸侯则被称为"群后"。最高统治者居于群后之上，故又称为"元后"。

为什么用"后"来称呼君王呢？后，初义是生育。在甲骨金文中，"后"、"毓"与"育"三字字形相似，皆似一妇女正在生育小孩。生育、养育子女的母亲即一家之长。先民对母亲的依赖、崇敬乃至神化，使"后"成为社会权威乃至一种信仰。这反映了我国最早的国君形象深受母权制的影响。

---

① 三皇有七说：一为燧人、伏羲、神农（《尚书大传》）；二为天皇、地皇、人皇（《春秋纬·命历序》）；三为天皇、地皇、泰皇（《史记·秦始皇本纪》）；四为伏羲、女娲、神农（《春秋元命苞》）；五为伏羲、神农、祝融（《白虎通义》）；六为伏羲、神农、共工（《通鉴外纪》）；七为伏羲、神农、黄帝（《帝王世纪》）。

② 五帝之说有四：一为黄帝、颛顼、帝喾、尧、舜（《史记·五帝本纪》）；二为太皞、炎帝、黄帝、少皞、颛顼（《礼记·月令》）；三为少昊、颛顼、高辛、陶唐、有虞（《帝王世纪》）；四为伏羲、神农、黄帝、尧、虞舜（《皇王大纪》）。

③ 司马迁：《史记》卷二《夏本纪》，中华书局，1975年。

（二）王

王是天下共主的又一个尊称。自夏朝少康始称"王"，直至秦始皇称皇帝，君主皆称王。秦始皇以后，"王"的称谓仍存在，但已非帝王之专称。王可以与其他君主称谓连缀在一起，组成许多复合型称谓，如帝王、天王、圣王、君王、后王、王后、霸王、王公、侯王、王侯、大王等。

董仲舒解释"王"含义称："古之造文者，三画而连其中谓之王。三者，天、地、人也，而参通之者王也。"① 实际并非如此，"王"的本义是斧钺。在甲骨文、金文中，"王"作斧钺形。在先民看来，斧钺是工具，是兵器，又是财富，遂逐渐演变成权力、地位与能力的象征——王。

（三）天子

天子是中国古代最常用的帝王尊称之一。从周朝以来，君主都有"天子"之称。这一称呼一直延用至清末。天子的内涵丰富，一方面作为天帝之"元子"受命于天，君临天下，统治万民；另一方面天子作为"万民父母，以为天下王"。因此，天子之称既体现了"君权神授"，又是天子统治天下的重要依据。

（四）皇帝

皇帝是秦朝以后历代君主的稳定称谓。秦始皇统一中国后，认为"王"这个称号与他吞并六国的功业不相称，乃命大臣讨论新的称号。大臣拟定为"泰皇"，但秦始皇认为"泰皇"仍然"无以称成功"，"自以为德兼三皇，功过五帝"，乃自定其号曰"皇帝"②。自此，皇帝便成为历代君主的通称。

---

① 许慎：《说文解字》卷一上，中州古籍出版社，2006年。
② 司马光：《资治通鉴》卷七《秦纪》，中华书局，1957年。

汉人蔡邕《独断》解释道:"皇帝,至尊之称。皇者,煌也,盛德煌煌,无所不照。帝者,前也。能行天道,事天审谛,故称皇帝。"在此处,皇帝初指道德完美、明哲神睿及功业宏大的"圣人",引申为地位至尊、权力至大及主宰一切的最高统治者。

至西汉,随着皇帝名号的确定,与其相关的一些名号亦确立。"汉天子正号曰皇帝,自称曰朕,臣民称之曰陛下,其言曰制诏,史官记事曰上,车马衣服、器械百物曰乘舆,所在曰行在所,所居曰禁中,后曰省中,印曰玺,所至曰幸,所进曰御,其命令一曰策书,二曰制书,三曰诏书,四曰戒书。"[①] 同时,与君主相关的亲属的称号也一一确定下来。皇帝的父亲曰太上皇,母曰皇太后,祖母称太皇太后,妻曰皇后,妾曰妃、嫔、贵人,子曰皇太子、皇子,女曰公主,孙曰皇孙。第一家庭、第一家族的所有成员都被赋予了尊贵的称号。

(五)尊号

尊号,要从上尊号说起。上尊号是为在位或去世的皇帝加上尊崇褒美的称号。这些尊崇褒美的称号就是尊号。尊号始于唐高宗李治。自秦至隋,历代君主通称"皇帝"。唐高宗时,大臣们认为"皇帝"一称已经无法彰显李治的功业,便在"皇帝"二字前面增加若干美丽尊贵字眼。初上尊号为"天皇",后来又增加"大圣大宏"四字,李治的全称遂为"天皇大圣大宏孝皇帝"。李治又分别为其祖李渊、其父李世民追上尊号为"神尧大圣大光孝皇帝"、"文武大圣广孝皇帝"。此后,历代皇帝不管圣明与昏庸,一般都有尊号。至宋代,由于宋太祖用16字尊号,宋代帝王大多遵行不改,于是帝王用16字尊号颇有约定俗成之势。

[①] 蔡邕:《独断》卷上,景印文渊阁四库全书本,台湾商务印书馆,1986年。

一方面，臣下一而再、再而三地颂谀，所上尊号的字数愈来愈多；另一方面，帝王或出于谦恭，或出于厌烦，可以拒绝接受或直接宣布尊号作废。如武则天称帝之前就已"加尊号为圣母神皇"，称帝之后"加尊号曰圣神皇帝"，后连续上尊号"金轮圣神皇帝"、"越古金轮圣神皇帝"、"慈氏越古金轮圣神皇帝"、"天册金轮大圣皇帝"。久视元年（700），武则天宣布"罢天册金轮大圣号"。唐玄宗被六次上尊号，每次上尊号都增加两字，务求一尊再尊，荣上加荣，初称"开元神武皇帝"，最终尊号成为"开元天地大宝圣文神武孝德证道皇帝"。

由于尊号字数较多，一般都不用作帝王的称呼。尊号也不为君主所特有，帝、后及一些地位特殊的人皆有尊号。

（六）谥号

谥号是在人死后议定一个能概括其生前功过的称谓。"谥者，行之迹也。号者，功之表也。"皇帝一般都有谥号。谥号是根据死去帝王的生平业绩，由礼官评定褒贬，在继位帝王的参加下，由最尊贵的大臣在特定的仪式上宣布授予的。谥号有褒、怜、贬三类。每个谥号都有特定的意义。如果帝王在位时为善，且有功勋，便授予昭、敬、庄、襄等褒谥；如果违背礼义，造作恶政，便给予暴、炀、昏、戾等贬谥；如果登位夭折或志向未伸，便给予怀、悼、哀、隐等怜谥。先秦君主谥号有褒、有贬、有怜。秦始皇不许臣下褒贬君主，下令禁止给皇帝议谥号。汉兴，恢复谥号，而渐无褒贬之义，不管生前功过是非，一律追加美谥。当然，谥号并非皇帝独有，大臣亦由朝廷议加谥号，甚至无官无爵的文人也可由门生议定谥号，此即私谥。

谥号是盖棺定论，高度概括，一般只有一两个字，因而便于称呼。从周代到隋代，古人对帝王大都以谥号相称，如周武王、鲁哀公、汉武帝、魏孝文帝、隋炀帝等。

（七）庙号

古代帝王死后，在太庙之中立室奉祀。为表尊崇，奉祀之时不以名字相称，而是专门追上一个称号，这就是"庙号"。唐太宗、明成祖的"太宗"、"成祖"就是庙号。西汉本着"祖有功而宗有德"这句古话，功德不著者不得称祖宗。西汉12帝，得祖、宗者仅5人，东汉13帝仅7人。两晋前后15帝，仅6帝得祖、宗称号。这种做法招致在位皇帝的反对，一方面是对自己死后能否取得庙号和在太庙中的位置感到担心，另一方面是认为皇帝至高无上，不容臣民妄加评论。自唐以后，所有皇帝皆有庙号，这意味着庙号的贬值。

沿袭西汉之制，历代庙号只用"祖"、"宗"二字。一般来说，创基开国和治平天下有殊殊功勋的皇帝多称祖。一姓王朝一般只有一祖，其后的国君死后皆称"宗"。但也有例外，如明朱元璋称太祖，而朱棣称成祖。因此，各个朝代帝王的庙号大部分是相同的，只有把朝代名加上，才能区分清楚。

从唐代开始，对帝王的称呼多采用庙号，如唐太宗、宋神宗、明成祖等。明清时期，在比较严肃的场合，仍然称庙号，但一般则称年号。

（八）年号

中国古代的纪年方法有两种：一是干支纪年，与朝代兴废、帝王更替无关；一是君主纪年，汉武帝以前称某帝（王）某年，汉武帝在位创建年号纪年以后，历代皇帝皆有自己专用的年号，只有少数皇帝沿用先皇的年号。在位时间长的皇帝有多个年号，逢国家有重大变故，如改革、武功、祥瑞及灾害等就更改年号，史称"改元"。

自明朱元璋始，在位皇帝一般只用一个年号，不再数次改元。年号一般是两个字，皇帝在世时使用又不必避讳，世人因此称某皇帝时则直称其年号，如称明成祖为"永乐"，称清高宗为"乾隆"。

年号以二字居多，亦有三字、四字者，如中大通、中大同（梁武帝）、始建国（王莽）、天册万岁、万岁登封、万岁通天（武则天）、太平兴国（宋太宗）等。

三　君位的传承

君位的传承是关系王朝治乱兴衰的大事，被视为"国本"，备受关注。夏以后，由于君主权力至大、地位至尊、待遇至厚，争夺君位的斗争极其残酷。为保证君位在一个王朝内的顺利传承，在长期的政治实践中逐渐形成了一套规制。

（一）嫡长子继承制

上古传说时代，以"禅让"方式推举君主。先秦时，君位的传承有两种情况：一是"兄终弟及"的商朝模式。"兄终弟及"实际上是兄终弟及，再传兄子的简称。二是"父死子继"的周代模式。秦始皇创制立法颇多，唯独忽略了皇位传承制度，以致次子胡亥在赵高的支持下伪造遗诏，杀兄夺位得逞。汉初，刘邦效法周朝的模式，吸取秦亡的教训，确立了"嫡长子继承制"。同时满足"嫡"和"长"两个条件者，无论贤愚立为太子，无"嫡"则立"长"。此制度的确立，是对王位传承制度的完善，使政治上"家天下"而又一人独尊的专制制度更加巩固。此制一经出现，便被以后各朝各代视为正统定规沿用，解决君位传承问题。

实际上，嫡长子继承制只是为解决君位传承提供了一种普遍认可的规制，在具体实践中并未能消除为争夺皇位的残杀。这种血亲之间的残杀依然异常凶残,父子、兄弟、夫妇等人伦关系被抛之九霄云外,互为仇敌,不共戴天。嫡长子继承制时遭破坏。唐代包括武则天在内的21位皇帝中,按常规制度继位者只有2人,即德宗和顺宗。统治者一直都找不到适当的方法来消弭祸患,直至清雍正时期,建立起一种秘密建储制度。

（二）密封缄藏之法

此制度形成于清雍正帝时,是君位传承制度一个很好的创举,为清朝雍正皇帝所创。这项制度是由皇帝事先亲书储君名字,当着总理事务王大臣的面密封于锦匣,藏于乾清宫"正大光明"匾额之后。待皇帝去世,即由诸大臣启封宣读。另书一份密封随身,作为必要时勘对之用。在选择过程中,任何人不得参与,被选人也不分嫡、庶、长、幼,完全由在位皇帝本人决定。选定之后,任何人不得打听议论。这份密旨要等到皇帝去世后才予公布,新皇帝随即宣布登位。乾隆、嘉庆、道光三帝就是由此制而继位的。

密封缄藏之法从根本上否定了长期施行的嫡长子继承制,对典制规章和传统礼俗观念是一次重大的变革。从其政治效果来看,这种制度有着明显的优越性。首先,取消了宗法制在皇位继承问题上的决定作用。其次,皇帝对继承人的选择范围扩大,强调品德才能,对所有的皇子都有激励上进的作用。再次,诸皇子在未宣布确定继位人选之前,都必须注意检点言行,有所克制,以免失去可能当选的机会。这在一定程度上遏止了弑君杀父、兄弟相残的积弊。

（三）皇储的册封和训练

嫡长子只有"储君"的资格,并非天然的储君,必须通过册封仪式才能正式成为储君。封建王朝册封储君（太子）的仪式极其隆重。《续汉书·礼仪》记载了当时册立皇储的仪式:皇帝登临正殿,大会文武百官。谒者引太子升殿,司空宣读册封诏书,中常侍传授太子玉玺、绶带。太子大礼谢恩，三公称贺。太子于内宫拜谢皇后，拜谒太庙，大赦天下。从此，太子就是储君，是法定的皇位继承人，在一般情况下不得动摇太子的特殊地位。

皇储确定后，皇帝要对太子君临天下的实际能力进行训练。各朝代皆有不同的训练措施。自西汉起，为太子设立太傅、少傅，至西晋以后形成太子太师、太傅、太保，少师、少傅、少保的"三师三少"东宫师傅制，历代变化不大。师、傅的职责在于辅导教育太子，传授"治道"原则，提高其素质，使之成为理想的继承人。除师、傅之外，历代还为太子设立一套模仿帝制的东宫官属（一般有詹事、春坊、寺、卫率府等侍从、护卫人员）。设置这些东宫官的目的，是为了让太子熟悉政情，掌握为君之道。一旦继位，这套班子往往很快地转为新皇帝的重要辅助亲信。有些皇帝还有意识地让太子参与一些军国事务，采取监国、将兵、参政、出巡、任职等方式，让太子得到从政的实践经验。宋真宗设"资善堂"，"五日一开，太子秉笏南向立，听辅臣参决诸司事"①。宋孝宗设"议事堂"，令太子"参决庶务"。忽必烈立真金为太子，下诏"皇太子燕王参决朝政，凡中书省、枢密院、御史台及百司之事，皆先启后闻"②。

（四）登基大典

无论是实行公开的嫡长子继承制，还是隐密的密封缄藏之法，最终都要举行隆重的登基大典。在两种情况下，皇储可以即皇帝位：一是先帝去世，太子依据"遗诏"继承皇位；二是皇帝在世，将皇位让给太子，而自称"太上皇"。登基大典的程序是：聚集在

---

① 脱脱等：《宋史》卷九《仁宗本纪》，中华书局，1977年。
② 宋濂等：《元史》卷十《世祖本纪》，中华书局，2000年。

京文武百官于朝堂，宣读先帝"遗诏"或皇帝"传位诏书"，然后由礼官引太子入登御座，百官行跪拜大礼，群臣山呼万岁。传旨内外百官普遍晋级加俸，下诏大赦天下。

四 君权的运行

"每天清晨一炷香，谢天谢地谢君王。太平气象家家乐，都是皇恩不可量。"在专制制度下，君主的权力被宣称是无限的，不可分割的。在商朝，商王自称"余一人"，拥有最高权力，总揽一切政务，"天下之事无大小皆决于上"①。而君主也是人，在行使君权的过程中要受客观条件和自身能力的限制，无法做到"事必躬亲"，必须通过一定的人员、按照一定的程序和方式来下达自己的旨意，行使自己的权力。

（一）君权的特征

君主是国家的最高统治者，君权则是国家的最高权力。中国古代政治制度的发展变化，总是围绕着君权这根主轴来进行的，君权始终是一个备受关注的问题。君权自身有其特征。

1. 权威性

君权具有至高无上的权威。国家的一切大权均操于君主一人之手，君权是至高无上的。正如韩非在《奸劫弑臣》中所说："明主使天下不得不为己视，使天下不得不为己听，故在深宫之中，而明察四海之内。"在中国古代社会里，君主无论是严肃处决朝政，还是日常生活言语，甚至玩笑戏言，都具有至高无上的权威性，任何人不得以任何理由蔑视君主的至上权威。如果君主行为或言论正

---

① 司马迁：《史记》卷六《秦始皇本纪》，中华书局，1975年。

确，臣下自然不折不扣地执行；如果君主不正确，臣下要么坚持执行，要么委曲陈述、冒死强谏，使君主自我修正。

君权的权威性使朝廷的军政决议变成了两个部分，这就是朝臣的议权与君主的决权。一方面，臣下可以广泛参与议论国政，发表自己的意见，另一方面君主作出决断时并不一定接受臣下的意见。由于君主的个人素质、性格、能力的不同，这种议权与决权的分割程度是不同的。一般而言，无论是"事必躬亲型"的君主，还是"委任责成型"的君主，他们赋予臣下的只有议权，而没有决权。即使君主将小事的决权或大事的半决权交给以宰相为首的大臣，但他仍然控制着最后独断权。所以，嘉庆皇帝曾宣称："我朝列圣相承，乾纲独断。"君权独断性是"君主专制"最集中的体现。由于独断权的表现形式是君主个人独裁，今人对此多加贬责。这是不清楚"独断"程序而导致的误解。"独断"按程序的不同可分为两种，即近代思想家魏源所论的"以达聪为独断"和"以臆决为独断"。前者是在广泛听取臣下的意见后最后由皇帝"独断"，后者是不经臣下议论而凭皇帝主观决断，故"有独断而成，有独断而败"。独断的合理度不是独断本身，而是取决于"达聪"还是"臆断"。

2. 宗法性

在我国，严格的宗法制度虽然在周代以后已不复存在，但其"家国同构"的模式和精神却始终贯彻。这里君权的宗法性是指最高的统治权位是属于一人的，属于一家的，一人终身占有，一家世代相袭，主要表现就是皇位的终身制及世袭制。因此，君主称自己是为民父母。自从中国进入阶级社会以后，"禹传子，家天下"。王位就只能在王的直系兄弟子侄中继承。皇位的世袭实际上是一家一姓要求永远实现对权力和财产的继承。君主皆视国家为私产，于是形成了"朕即国家"的观念。而广大臣民也长期对国家与君主两个概念的区别弄不清楚，因而忠君与爱国几乎成为一个概念，被社会所接受。

为了维护皇位的世袭制度，皇帝一方面要绝对保证自己一系血统的纯正，由此而派生出弊病丛生的宦官制度；另一方面又千方百计地防范臣下篡弑阴谋。谋杀皇帝的密谋一经败露，其当事人与牵连在内的嫌疑分子往往受到株连九族的最严厉的惩罚。

3. 神秘性

君主从一开始就同自然界根本不存在但又变化莫测、威力无穷的动物"龙"联系在一起。我们一般称帝王为"真龙天子"，帝王的身体叫"龙体"，帝王的容貌叫"龙颜"，帝王的后裔称"龙子"、"龙孙"，帝王睡觉的地方叫"龙床"，帝王所乘的车驾叫"龙驭"，帝王所乘的船叫"龙舟"，帝王的衣服叫"龙袍"、"龙衮"。具体而言，君权的神秘性主要表现在以下几个方面：

首先，君权神授。殷人建立起祖宗神与至上神合一的一元化的神学体系，在祭祀时把最早的祖先称为神、上帝。这样就把自己的祖先变为了神，把地上的君王说成上帝的后代，"我生有命在天"。《诗·商颂·玄鸟》称"天命玄鸟，降而生商"，是上帝安排我为君主的。周王开始称自己为"天子"，代表天来统治天下。以武力扫平六国、威镇华夏的秦始皇仍以上天作为自己的守护神。在其传国玉玺上，刻上了李斯撰写的"受命于天，既寿永昌"八字。

西汉董仲舒创立了一整套君权神授理论。他认为："天者，百神之君也，王者之所最尊也。"① 这个至高无上的天是自然界和人类社会的最高主宰。地上享有最高权力的帝王亦是天有目的的选择

---

① 董仲舒：《春秋繁露》卷一五《郊义》，景印文渊阁四库全书本，台湾商务印书馆，1986年。

和安排。"王者承天意以从事","天以天下予尧、舜,尧、舜受命于天而王天下"①。"受命之君,天意之所予也。故号为天子者,宜视天如父,事天以孝道也。"②

其次,天人感应。至高无上的天具有喜怒哀乐和封建道德的一切品性。它指导君王治理天下,君王可以感应到它的旨意。如君王领略天意,所做得当,上天就降下符瑞以示褒奖。如君王违背天意,天就降下各种灾异加以谴告和惩罚,最严重的是改易地上的君王,出现改朝换代。同时,又用天命转移来解说前代亡国之君亡国的原因。新一代开国之君微贱之时已膺受天命,显现出神性。宋太祖赵匡胤于"后唐天成二年,生于洛阳夹马营,赤光绕室,异香经宿不散,体有金色,三日不变"③。这样就进一步巩固了君权神授的理论,神化了皇权。

最后,王权有意识地被神化。做帝王的均有帝王相。传说中,神农生三辰而能言,五日而能行,七朝而齿具,三岁而知稼穑般戏之事。这是个活脱脱的农业神④。正因为如此,许多封建皇帝都懂得神化自己的君权,如汉高祖刘邦就编造了自己是真龙天子的神话:"母媪,尝息大泽之陂,梦与神遇。是时雷电晦冥,父太公往视,则见交龙于上。已而有娠,遂产高祖。"⑤

君主及其臣子将君权与神权牢固结合在一起,君主由人变成了神,成了最高权威的人格象征,成了人们顶礼膜拜的偶像,以至人

---

① 董仲舒:《春秋繁露》卷七《尧舜不擅移汤武不专杀》,景印文渊阁四库全书本,台湾商务印书馆,1986年。
② 同上卷十《深察名号》。
③ 脱脱等:《宋史》卷一《太祖本纪》,中华书局,1977年。
④ 马骕:《绎史》卷四引《春秋元命苞》,景印文渊阁四库全书本,台湾商务印书馆,1986年。
⑤ 班固:《汉书》卷一上《高帝纪》,中华书局,1975年。

们见到君主就会不由自主地颤抖、下跪，形成一种唯上是尊、唯上是从的思维习惯。这样就增加了皇权的神圣和威严，有利于统治。但是有一利必有一弊。既然台上的皇帝可以制造符瑞之类的东西作为自己神圣性的根据，那么，觊觎皇帝位置的野心家自然也可以利用这种东西作为夺取皇位的工具了。

（二）君权的运行方式

君权的运行方式可以分为"正常"与"特殊"两种。我们把君主亲自操持君权，处理军国大事，称之为正常形式，或一般形式，而把君主不能或无法自己操持君权，即君主与君权相脱离的运行方式，称之为特殊形式。

1. 正常运行方式

在正常运行方式下，勤政的君主，事必躬亲，是十分辛苦的。秦始皇嬴政时，"天下事无大小，皆决于上。上至以衡石量书，日夜有呈，不中呈，不得休息"，以致"丞相诸大臣皆受成事"[1]。隋文帝杨坚"事无大小，咸关圣听"[2]，"宰相已下，承受而已"[3]。周世宗柴荣"政事无大小皆亲决，百官受成于上而已"[4]。宋太宗自称"朕躬览庶政，万事粗理"[5]，到监狱录囚，至日西不休。乾隆帝也曾说："本朝家法，自皇祖、皇考以来，一切用人、听言大权，从无旁落。"他本人"亲阅章本，折中酌定，特降谕旨，皆非大臣所能参予"。雍正帝认为，持"人君不当亲庶务"之论者，皆无知小人。"今天下大小务，皆朕一人亲理，无可旁贷。若将要务分任

---

[1] 司马迁：《史记》卷六《秦始皇本纪》，中华书局，1975年。
[2] 杨士奇：《历代名臣奏议》卷二六《治道》，景印文渊阁四库全书本，台湾商务印书馆，1986年。
[3] 刘昫：《旧唐书》卷三《太宗本纪》，中华书局，2000年。
[4] 司马光：《资治通鉴》卷二九二《后周纪》，中华书局，1957年。
[5] 脱脱等：《宋史》二六五《吕蒙正传》，中华书局，1977年。

于人，则断不可行。所以，无论巨细，朕心躬自断制。"

君主行使君权的具体方法主要有三种：

第一，坐朝，即常朝，就是定期面见群臣、听取奏报，并决断政事。历朝历代的朝会大致可以分为两类：一为大朝，是一种礼节性的朝会。皇帝登临大殿，接受百官朝贺，一般不处理政务。二为常朝，是定期面见群臣、处理日常政务的朝会，即"坐朝"。有五日一坐，有三日一坐，有二日一坐，有一日一坐，还有一日两坐、三坐。当然也有不坐朝的皇帝，如明世宗。清代皇帝于每月初五、十五、二十五日坐朝理政。

第二，朝议，又称廷议、集议。它是指国家遇有军政大事，如帝后的废立、皇储的确定、某些重大措施的出台，由君主或由君主责成丞相等召集中央主要相关官员，加以讨论，并做出决策的一种会议。这是君权运行的一种重要方式。这种君臣面见方式灵活。廷议带有专题性质，参加集议者因讨论问题的侧重点不同而多寡不一，有时数人，有时数十人，也有时达一百多人。朝议是先议而后决，参加者可以各抒己见，畅所欲言，相互辩论，以理服人。廷议时各方意见相左是常有的。皇帝一般会对各种意见仔细甄别，择善从之。朝议在相当程度上被君主所控制，但反过来，廷议制度在一定程度上又制约着君权。朝议时皇帝的意旨当然起着举足轻重的作用，但朝议的结论与君主意图相违背的事亦屡见不鲜。

第三，批章，即朱批，批阅内外百官奏章。百官有司将依据皇帝的批阅实施。当然也有不亲批的现象，如明朝皇帝可照抄内阁"票拟"，甚至由太监代抄，秉笔太监即以此为职。

2. 特殊运行方式

君权的特殊运行方式指君主与君权相脱离，君主无法或不能正常行使君权。具体情况有三：一是新主年少，无法正常行使君权；

二是君主因病或出游，不便行使君权；三是出现了权臣柄国、外戚干政、宦官专权及女后称制等特殊现象，从而使君主不能正常行使君权。这些特殊的运行方式中影响巨大者有以下数种：

(1) 太子监国

太子监国指在君主无法正常行使君权的情况下由储君太子代行君权，决断军国大政。历代皆有太子监国现象，但多数属于训练太子君临天下的能力，只有北魏和唐朝的太子监国具有明显的代行君权性质。北魏太宗自称有病，"不堪万机"，命太子"总摄百揆"。太子拓跋焘从奉常七年（422）五月奉命监国，至次年十月正式即位的一年多时间里，居正殿临朝，大柄在手，拥有全部君权，而太宗避居西宫，不问政事。李世民以武力夺得太子位后，代行君权的性质更加突出。李渊在诏令中宣布："自今以后，军机时务，兵仗仓粮，凡厥庶政，事无大小，悉委皇太子决断，然后奏闻。"[①] 东宫成为国家权力中心，规定臣僚上书称"签"或"启"，而不用"奏"、"疏"；东宫发号称"令"，而不用"诏"、"敕"、"制"；太子签署用"诺"，而不用"可"。东宫的詹事府类尚书省，主行政；左春坊类门下省，主审复；右春坊类中书省，主出令。

(2) 亲王摄政

亲王摄政指皇帝不能行使君权，由亲王代行君权，决断军国大政。摄政亲王即称"摄政王"，在不少朝代都出现过，而以清朝最为典型。清朝两度亲王摄政。其初顺治在位，由皇叔九王多尔衮摄政；其末宣统在位，其父载沣摄政。史称，多尔衮摄政期间，"刑政除拜，大小国事，九王专掌之"。载沣摄政，其子三岁，根据慈

---

① 宋敏求：《唐大诏令集》卷三〇《神尧命皇太子决断庶政诏》，景印文渊阁四库全书本，台湾商务印书馆，1986年。

禧太后懿旨,"军国机务,中外章奏,悉取摄政王处分,称诏行之"。

(3) 女后称制

女后称制指皇后、皇太后、太皇太后等或正帝号,或不正帝号而行使君权。女主称制可以说代代皆有,而以两汉、两晋、北魏、唐朝、清代最为突出。吕后"为人刚毅,佐高祖定天下"①。及高祖去世,遂以太后身份独断朝纲,威迫惠帝,诛杀赵王。尤其是在最后的八年间,吕后不立刘氏子孙,成为未正名号的皇帝,故史称"高后女主称制"。东汉则有窦氏、邓氏先后主持朝政,代行君权。北魏冯氏先后以皇太后和太皇太后的身份临朝称制二十年,亲省万机,"生杀赏刑,决之俄倾"。胡太后最初"临朝听政,犹称殿下,下令行事,后改令称诏,群臣上书曰陛下,自称曰朕"②。唐朝之武后代行君权,后来创建"武周"政权,自立为皇帝。清朝慈禧操持君权亦十分典型。

女后称制有时是越位揽权,有时是为了维持君主专制政体的需要。特别是太后临朝称制,是君主专制政体在必要时采取的一项重要制度。它关系到最高统治权力在新旧交替时期的稳定和本姓王朝的国祚延续。女后称制后,具有很大的狭隘性和排他性。她们往往为了维护自己的权力,做出一些残忍之事,令人不寒而栗,加速了专制王朝腐朽的进程。

(4) 大臣辅政

皇帝年幼之时不能独立行使君权,先帝不得不将幼主托付给一位或几位大臣,从而形成了大臣辅政,即皇帝年幼,由一位或几位

---

① 司马迁:《史记》卷九《吕后本纪》,中华书局,1975年。
② 魏收:《魏书》卷一三《皇后列传》,中华书局,1974年。

元老重臣依据先帝遗命辅佐幼主行使君权。待幼主长成，能自行处理政事时，辅政大臣必须还政于君主。大臣辅政创始于西周，即"周公辅政"。周公"制礼作乐"就是代行君权的表征。后世多引周公为法。秦始皇年幼，相国吕不韦以"尚父"身份行使君权。汉武帝晚年，立少子为昭帝，令霍光等四大臣共同辅政。史称昭帝在位，"未任听政，政事一决于大将军霍光"。宣帝立，霍光继续辅政。霍光前后执掌朝政二十余年，以致他担任的大司马兼将军一官永为外戚辅政之职。康熙初年亦依遗诏，由索尼、苏克萨哈、遏必隆、鳌拜四大臣辅政。四大臣共同拟定意见，报太后同意，再由四大臣代康熙"批朱"。大多数辅政大臣往往贪图权势，不肯还政，从而就演变成为权臣窃命。

（5）权臣窃命

权臣窃命与大臣辅政只有一步之遥，其区别在于辅政体制下大臣代行君权有先帝遗诏为依据，而权臣窃命则为恃功挟主，操纵君权，甚至自立为帝，无任何合法依据。曹操就是权臣窃命的典型。辅政大臣在皇帝能亲政时拒不还政，遂变成权臣，往往不得善终。

（6）宦官专权

宦官是在宫禁内苑中服侍帝王及后妃生活的男人的总称。最初的宦者不完全是经过阉割的男人，一些未成年的男子和有族姓的士人内侍也称宦者。东汉"中兴之初，宦官悉用阉人，不复杂调它士"[①]。从此，宦官成为经过阉割之后，伺候帝王和后妃的男子的专称。"天文有宦者四星，在帝座之西"，说明不论从传说中的天文现象，抑或在现实皇室政治中，宦者都是帝王身边的亲信之人。

宦官专权指本是皇帝奴仆的宦官利用贴近皇帝的特殊地位操持

---

① 范晔：《后汉书》卷一〇八《宦者列传》，中华书局，1973年。

君权。宦官专权无代不有,史书上留下了"俨若天子"、"侔于人主"、"口含天宪"等记载。东汉、唐朝、明朝三代宦官专权最为惨烈。以唐朝为例,唐朝宦官专权始自高力士,时"每四方进奏文表,必先呈力士,然后进御,小事便决之"①。李辅国当肃宗朝,"制敕必经辅国押署,然后施行。宰相百司非时奏事,皆因辅国关白、承旨。常于银台门决天下事。事无大小,辅国口为制敕,写付外施行,事毕闻奏"②。其后发展到欺凌太上皇,诛杀皇后,逼死肃宗,另立代宗。代宗依靠另一个宦官鱼朝恩诛李氏。鱼氏更无忌惮,"朝廷裁决,朝恩或不预者,辄怒曰:'天下事有不由我者乎?'"③

第二节　宰辅制

宰辅处于政治体系的中心环节,尤其是在连结皇帝与其他官僚中,起着举足轻重的作用。宰相位高权重,地位十分尊崇,俗称"一人之下,万人之上","其职无所不统"。正如民间所述,"天上神仙府,地上宰相家","宰相家奴七品官"。其职是"掌丞天子,助理万机"④。宰辅在中国历史上不同朝代、同一朝代的不同时期的称谓和权限并不相同,对国家政治生活的影响也不相同。因此,了解和研究宰辅制十分必要。

---

① 刘昫:《旧唐书》卷一八四《高力士传》,中华书局,2000年。
② 司马光:《资治通鉴》卷二二一,中华书局,1957年。
③ 欧阳修、宋祁:《新唐书》卷二〇七《宦者上》,中华书局,1975年。
④ 班固:《汉书》卷一九上《百官公卿表》,中华书局,1975年。

一 贵族辅政制

"宰"、"相"之名虽分别见于殷周及春秋之时,然据顾炎武的考证,这些"相"只具"辅佐"的意义,并不是中枢体制中的官称①,而是一种辅政体制,即贵族辅政制。

早期国家君主在从部落联盟或酋邦转变成国家时,以内外贵族联合为基础,以武力震慑和宗亲感情来笼络异姓贵族和宗亲贵族,使之成为自己强有力的后盾,从而形成贵族辅政制。这些贵族既辅佐君主决断国家大政,同时又是各部落首领,拥有自己的封地和军队,一定程度上可以制约王权。早期国家普遍实行贵族辅政制。

传说舜为部落联盟或酋邦首领时,主要事务都要"谋于四岳"。"四岳"指禹、皋陶、契、后稷。他们既是重要的部落首领,又是部落联盟或酋邦议事会的主要成员,对联盟或酋邦事务有一定的发言权。夏代的辅政人员有"六卿"、"三正"、"四辅臣"等。西周初期,成王年幼继位,太公望、周公旦、召公奭为周王的重要辅佐。随着王权专制的加强,贵族辅政制受到冲击。商时已经出现了个别家内奴隶、神职人员凭借本身的能力和王的信任而跻身于辅政行列。春秋时期和战国初期,一些国家出现了相、相国、令尹等称呼。这些官职也初步具有了宰相的地位与职役,但还不是一个固定的职位,也不是一个正式的官职名称。不过,我们可将其视为宰相制产生的前奏。

秦汉以后,中国北方的一些少数民族在进入国家发展阶段时,亦曾经出现过类似夏、商、周三代的贵族辅政制。努尔哈赤在统一

---

① 顾炎武:《日知录》卷二五《相》,陕西人民出版社,1998年。

女真诸部过程中,建立八旗及后来的议政王大臣制度都体现出早期国家贵族辅政体制的特点。

二　丞相制

史学界公认"丞相之名始于秦"。《史记·秦本纪》载:"(武王)二年,初置丞相,樗里疾、甘茂为左右丞相。"可见,秦武王二年(前309)为中国历史上设置丞相之始。这时的"相"才是正式的官称,理由有三:其一,秦朝以前的尹、宰、执政、令尹及相等称呼,仅是诸多中央高级官员中地位最高者,而且并无属官。其二,战国秦以前的尹、相等官并不是常设官员,有时设,有时不设。其三,战国秦以前的尹、相等职权不明确,有大有小,有高有低,如商朝的伊尹权位极重,但后世几乎没有此例者[1]。

秦统一六国后,丞相辅政制自然成为统一王朝的中枢政制。汉承秦制,也实行丞相辅政,并进一步地完善了丞相制。直至汉成帝绥和改制,才由丞相为主的阶段转入三公共相阶段。

(一) 丞相的职位

秦至西汉前期,丞相位高礼重。西汉时,对丞相有诸多的礼遇,如特赐萧何"奏事不名,入殿不趋"[2]。丞相晋见皇帝时,"御坐为起,在舆为下"[3]。"丞相有疾,皇帝亲问,从西门入。即薨,移居第中,车驾往吊。"[4] 丞相即便犯罪,也依"将相不辱"和

---

① 曾小华:《中国政治制度史论简编》,中国广播电视出版社,1991年,第66页。
② 班固:《汉书》卷九九《王莽传》,中华书局,1975年。
③ 同上卷八四《翟方进传》。
④ 惠士奇:《礼说》卷七《春官二》,景印文渊阁四库全书本,台湾商务印书馆,1986年。

"将相不对理陈冤"的习惯,不出庭接受审问,而是由皇帝示意自裁①。凡居相位者多为列侯。公孙弘本为布衣,入相后,汉武帝马上封其为平津侯。此后,入相而封侯遂成为定制,直至东汉。

陈平对宰辅的权力有过这样的表述:"宰相者,上佐天子理阴阳,顺四时;下育万物之宜,外镇抚四夷诸侯,内亲附百姓,使卿大夫各得任其职焉。"② 这是我国历史上第一次对相权的确切表述。汉成帝在诏书中也宣称:"盖丞相以德辅翼国家,典领百僚,协和万国,为职任莫重焉。"③ 此处成帝的概括与陈平之说如出一辙。

丞相的职权具体表现为以下几个方面:

其一,参与重大事务的决策。凡朝廷的重大决策,宰相皆参与商讨。皇帝根据情况,主动提出新的政策、措施和用人方案,征求宰相意见。对于国家重大的事务,丞相还可以直接上奏皇帝,表达自己的意见,供皇帝参考采纳。这是宰相议政的基本形式,实际情况当然复杂得多。

其二,选拔、荐举、任用官吏。西汉前期,宰相任用官吏之权很大,上自二千石的高级官员,下至一般官吏,皆有权举荐和任用。《汉书·田蚡传》载:"当是时,丞相入奏事,语移日,所言皆听。荐人或起家至二千石,权移主人。上乃曰:君除吏尽未?吾亦欲除吏。"可见,时宰相用人权力之大,已引起皇帝的不满。凡官阶在四百石以下者,丞相可以任意选拔和任用。至于高级官吏,丞相也可以举荐。宰相可主持或参与朝廷举拔贤良方正等人才。在一般情况下,皇帝对于宰相所举之人,仅仅给予核定,很少否决。而丞相可以对皇帝任用之人,提出不同意见,或者加以阻止。另外,

---

① 班固:《汉书》卷八六《王嘉传》,中华书局,1975年。
② 同上卷九九《王莽传》。
③ 同上卷八二《王商传》。

丞相还可以自行开馆，招贤纳士，待以宾客之礼，适时举荐给朝廷。

其三，总领百官朝议和奏事。汉朝丞相有权召集百官集议军国大事，然后上奏皇帝。西汉初，迎立代王刘恒，群臣上议，则由丞相陈平领衔上奏。秦及西汉，总领百官奏事与参决之权皆属丞相。

其四，劾案百官，诛罚犯罪官吏。汉武帝之时，田蚡为丞相。"蚡言灌夫家在颍川，横甚，民苦之。请案之。上曰：'此丞相事，何请？'"① 文帝、景帝之时，申屠嘉为相，因邓通、晁错仗恃皇帝宠信，在朝廷中骄横无礼，违反朝廷礼仪，申屠嘉皆欲以大不敬之罪杀。后因文帝、景帝亲自出面营救，才了结了这两件事。

其五，总领郡国上计，考课监督百官。汉承秦制，全国的户口和赋籍等皆收管于丞相府，并总领郡国上计。《汉书·张苍传》载："明习天下图书计籍，又善用算律历，故令苍以列侯，居相府，领主郡国上计者。"根据官吏治绩好坏，执行赏罚。

概括地讲，秦至西汉初，宰相权力由两部分组成：一是议政权，一是监督百官执行权。祝总斌先生认为，只有拥有了此二部分权力的人才能称为真宰相②。

（二）丞相的属官

丞相之所以能行使上述权力，是以设有大量属官，了解情况，提供材料，参与谋议为前提的。下面我们就谈谈丞相的属官。汉时宰相机构称为丞相府，又称相国府。丞相办公室称为黄阁，百石小吏得入而白事。西汉时丞相府的属官多达360余人。西汉初，丞相府中地位最高、最重要的属官当是长史、司直。长史，设二人，秩

---

① 班固：《汉书》卷五二《灌夫传》，中华书局，1975年。
② 祝总斌：《两汉魏晋南北朝宰相制度研究》，中国社会科学出版社，1990年，第1-13页。

千石,是丞相的主要辅佐,是丞相府的总管。司直,汉初无此官,武帝元狩五年(前118)设立,一人,秩比二千石。其主要职掌为辅佐丞相举劾官吏的犯罪或违法行为。其举不法的范围相当广泛,史称"职无不监",甚至汉代具有相当独立监察权力的司隶校尉也要受到司直的检举。司直一职自汉武帝至东汉初期设置,时间不长。

除长史、司直,丞相府其他属官全由丞相自行任命,叫"辟除"。他们总称"掾史"。相国府下设十三曹,一个曹等于现在的一个司。分别为西曹、东曹、户曹、奏曹、词曹、法曹、尉曹、贼曹、决曹、兵曹、金曹、仓曹、黄阁。当时全国政务都要汇集到这十三个机关,由丞相统辖,可以想见丞相职权之大。

三 三公制

"三公"这个概念起源较早,商代后期就出现。当时以西伯姬昌、九侯、鄂侯为三公,但没有提及其具体官称。西周则继承这种制度。对于三公的具体名称,向来各家解说不一,秦朝时,习惯把皇帝之下的最高官员丞相、御史大夫和太尉称为"三公"。但实际上,秦朝并不存在并列的三公制度。御史大夫无论就地位还是俸禄而言,都与丞相相差甚远。据《汉书·百官公卿表》记载,丞相是金印紫绶,御史大夫是银印青绶,并且明确指出:"御史大夫,秦官,位上卿。"可见秦的御史大夫不是公,而是卿。俸禄也不同,秦时丞相之俸为万石,御史大夫是"二千石"。同时,御史大夫"朝奏事会廷中,差居丞相后"[1]。

---

[1] 班固:《汉书》卷七八《萧望之传》,中华书局,1975年。

至西汉成帝绥和元年（前8），汉朝中枢政体发生了一次重大变化，即"三公共相"取代了"丞相辅政"。御史大夫"更名大司空，金印紫绶，禄比丞相"①，改太尉为大司马。其后"三公"称谓多次变更，司徒、司空、太尉至东汉才成为比较稳定的称谓。"三公共相"，即三公共同执掌相权，分别向皇帝负责。需要注意的是，三公虽说是"鼎足承君"，俸禄相等，但班位有上下。在东汉，太尉最高，称"上司"，次司徒、次司空②。正常升迁亦皆是司空升司徒，司徒升太尉。如暂时代理则用"行"字，表示班次低的代理班次高的。

一方面，东汉三公分工基本明确，各有执掌。太尉（大司马）主要分管军事方面各项事务以及有关官吏的考察、监督。司徒主要分管民事方面各项事务以及有关官吏的考察、监督。司空主要分管修堤、筑城等水土工程方面各项事务以及有关官吏的考察、都督。另一方面，三公又有共同职责。当国家发生重大事件或意外事故时，三公要共同商讨对策，联合建议。如果皇帝犯了大错，三公要联合谏争。可见，三公既分工负责全国政务，又在重大政事上合作。这对皇帝有效地进行统治，少犯或及时改正错误来说，是十分必要的。

三公下设九卿，处理日常事务，九卿指太常（掌宗庙礼仪）、光禄勋（掌宫殿掖门户）、卫尉（掌宫门卫屯兵）、太仆（掌舆马）、廷尉（掌刑辟）、大鸿胪（掌诸归义蛮夷）、宗正（掌亲属）、大司农（谷货）、少府（掌山海池泽之税）。九卿的官位都是二千石，又称中二千石。因为他们都是中央政府里的二千石，以示别于郡国地

---

① 班固：《汉书》卷一九上《百官公卿表》，中华书局，1975年。
② 范晔：《后汉书》卷六九《刘恺传》，中华书局，1973年。

方二千石行政首长。

四 三省制

三省长贰如侍中、中书令、尚书令,作为个体行使相权开始得很早。经过魏晋南北朝,已经具有了中书出令、尚书执行、门下封驳的分权。但魏晋南北朝时,并没有形成"三省制"的完整模式。隋代三省制成形,唐代形成了规整的三省分授相权制。"三省制"是宰辅制度发展过程中一个不可缺少的重要阶段。"三省制"是由尚书省、门下省、中书省三省首长制、三省并重制及三省分权制三个内涵因素构成的一种施政机构宰相制。"三省首长制"就是尚书令、中书令和侍中既分别为该省首长,又为当然宰相。"三省并重制"就是三省地位平等,权力平衡,没有偏重。"三省分权制"就是把出令、封驳、执行三权分别固定于中书、门下、尚书三省。以上就是"三省制"的一个完整的解释①。

(一) 三省的形成及其演变

尚书省。尚书的官名,始见于秦,属少府,职权是在殿中主管收发文书,或传达记录章奏,并没有什么政治权力。武帝时,为了削弱丞相权力,尚书的职权逐渐提高,于是由"通章奏"而"拆阅章奏",而"裁决章奏",并进而直接下章了。东汉时期,尚书台正式成为总理国家政务的中枢。光武帝鉴于王莽篡权,不信任大臣,独揽大权。他虽然组织了一个以三公为首、九卿分职的中央政府,但国家的大权完全集中于宫廷,即集中于尚书台。《后汉书·仲长统传》说:"虽置三公,事归台阁。自此以来,三公之职,备员而

---

① 王素:《三省制略论》"前言",齐鲁书社,1986年,第1页。

已。"曹魏时，尚书从少府脱离出来，成为独立的政务机构。到了南朝梁时，尚书台改称尚书省。北朝尚书台自北齐正式称省。总之，魏晋南北朝时期，尚书省（台）已经成为事实上的宰相机构，而尚书令"任总机衡"，有职有权，是名符其实的真宰相。尚书台的组织开始规模较小，其后随着尚书权力的日益提高，尚书台的机构亦日益扩大，至东汉渐具规模，俨然是一个小型的中央政府。其长官是尚书令，其下设左、右仆射，再有诸曹尚书。东汉光武时置六曹。这六曹尚书各有分工，隋唐时发展为吏、户、礼、兵、刑、工六部尚书。

中书省。中书之名最初见于汉武帝时，将尚书令更名为中书谒者令。在此以后，虽然中书之名多次废黜或更改，但中书与尚书已经可以互称。到了曹魏晚期，尚书省成了执行机关，而中书省则成为出令机关，中书令成为真宰相。晋代承曹魏之制，中书监、令各置一人，亦为宰相之任。宋、南齐、梁、陈历朝，中书监、令地位日高，遂转为优崇之位，握事权的是中书舍人。北朝的北齐、北魏政权亦以中书省掌宰相之权，号为"西台大臣"①。

门下省。门下是"黄门之下"的简称，因秦朝宫门均涂以黄色，称为"黄门"，并设置了沟通黄门内外的官员，如散骑、中常侍、黄门侍郎、给事黄门、侍中、诸吏、给事中皆是。西汉时始有"门下"之名。东汉时始设"侍中寺"、"西寺"、"东寺"，并称为"门下三寺"。曹魏时改侍中寺为"侍中省"，并废置东寺。东晋时置西省。到了梁、陈政权时，侍中省正式称为门下省。侍中一职，秦初设置，是一名丞相府中负责与宫廷联络的小官。西汉时期，侍中基本上是加官，东汉之时始掌实职。三国时期，魏、蜀、吴政

---

① 魏收：《魏书》卷六七《崔光传》，中华书局，1974年。

权,侍中地位遂为华重,位三品,权力亦增大。到了晋代,侍中始专掌机要。北朝几代亦重侍中,侍中一职为真宰相。

魏晋南北朝时期,尚书、中书、门下三省的长官,已先后发展成为宰相之职,而权力却是彼此消长。隋朝确立三省并重,共执相权。隋朝本设五省:尚书省、门下省、内史(唐称中书)省、秘书省、内侍省。在此五省之中,秘书省较为优闲,内侍省则皆宦官,实以尚书、内史、门下三省为重。唐继承和发展了隋代的三省制,三省分别为:一中书省,二门下省,三尚书省。此三省职权会合,才等于一个汉朝的宰相。

(二)三省职权之分配

中书省首长为中书令,门下省长官为侍中,尚书省长官为尚书令。唐官阶为共九品,第一二品官均以处元老,不负实际行政责任,三品以下始为实际负责官吏。中书令、门下侍中及尚书令皆为三品官。

唐代三省体制运作的程序是:中书令或由皇帝处领旨,或将宰相议决之事,交其属下中书舍人起草诏令。中书舍人凡六员,在制作诏令过程中,可以互相商量,并允许"各执所见,杂署其名,谓之五花判事"。中书省拟好诏令后,转门下省。门下省发现中书所拟诏令有违失,可以驳正,封还中书重拟,即所谓"封驳"。门下省属官给事中甚至有权在中书所拟诏令上进行涂改,驳归中书重写,此称"涂归"。中书所拟诏令经门下省审议合格后,由侍中向皇帝进呈"画敕",表示认可。后门下省将诏敕转尚书省。尚书省是执行机构,下辖吏、户、礼、兵、刑、工六部,负责贯彻各项诏敕和政策。

此种运作,虽达到了权力的制衡,但会造成遇事争论不休,效率低下的后果,如中书省拟好命令送达门下省,如遇门下省反对,即予涂归、封还，如是此道命令等于白费。故唐遇下诏敕，便先由门下省和中书省举行联席会议，会议场所称为"政事堂"。

（三）中央最高机构——政事堂

唐初以三省长官为宰相，即中书省中书令，门下省长官侍中（二人），尚书省长官左、右仆射均为宰相。三省长官一起在门下省的政事堂共议国政，这是群相制。因三省长官地位显赫，唐太宗为防止他们专权，不轻易授人，所以宰相缺员现象严重。与此同时，唐太宗常常指定一些年纪轻、品级低的官员参加政事堂会议。凡皇帝指定参加政事堂会议的官员要加上"同中书门下三品"、"同中书门下平章事"等名号。凡加上以上称号者均为宰相。唐高宗以后，尚书省左、右仆射也必须加"同三品"名号，才能参加政事堂会议，不加此号者不再是宰相。唐代以资历浅、年纪轻、品级低的官员充任宰相之位，有利于削弱尚书职权，便于皇帝控制，以达到加强皇权的目的。

参加政事堂会议的，多时有至十几人，最少则只有两人，即中书令及门下侍中。开会时有一主席，称为"执笔"，讨论结果由他综合记录。会议主席轮流充任。有时一人轮十天，有时一人轮一天。凡属皇帝命令，在敕字之下须加盖"中书门下之印"，即须政事堂会议正式通过，然后再送尚书省执行。若未加盖"中书门下之印"而由皇帝直接发出的命令，在当时被认为违法，不能为下面各级机关所承认，故有"不经凤阁鸾台，何为之敕"之说①。

群相制有集思广义的优点，但易造成遇事推诿，无人承担责任。唐代武则天时的宰相苏味道曾两次拜相。虽然他对朝中旧事了如指掌，但却无治国才能，并且从不得罪人。他曾对臣僚说，处事

---

① 欧阳修、宋祁：《新唐书》卷一一七《刘祎之传》，中华书局，1975年。

不必决断明白。倘若出现差错，就要遭到谴责，甚至获罪，那就很麻烦。只要模棱两可就行了。因此，时人就称之为"模棱宰相"。

五 二府制

"二府"是宋元时期的辅政体制。"二府"指"中书门下"（或称政事堂，简称中书）和"枢密院"（简称枢府）。《文献通考》载："政事堂与枢密院对掌大政。""二府"的长贰同中书门下平章事、枢密使、参知政事、枢密副使合称"宰执"，共同执掌相权。"二府制"执掌相权发端于唐朝。

唐代设立政事堂，"两省先于政事堂议定，然后奏闻"[①]。政事堂最初设在门下省。高宗永淳二年（683）七月，中书令裴炎秉政，遂移政事堂于中书省。到玄宗开元十一年（723），中书令张说正式改政事堂为"中书门下"，政事堂印玺也改为"中书门下之印"。从此，"中书门下"成为相权中心，宰相改名为"同中书门下平章事"。中书门下设五房："一曰吏房，二曰枢机房，三曰兵房，四曰户房，五曰刑礼房，分曹以主众务焉"[②]。"中书门下"不仅继续具有原来政事堂决策的功能和权力，而且由于五房办事机构的设立，"中书门下"还具有了行政权力。因此，政事堂改中书门下后，中书门下掌握了从决策到执行的全部权力，成为最高的决策兼行政机关。这就发展形成了中书门下一省权力独重的局面。以政务处理程序分工，决策与行政分离的三省制名存实亡了。在宋代，中书门下进一步发展，而三省逐渐变为闲散机构，其长官多授元老。

---

① 李焘：《续资治通鉴长编》卷四三一，中华书局，1980年。
② 欧阳修、宋祁：《新唐书》卷四六《百官志》，中华书局，1975年。

枢密院总理全国军务，是国家的最高军政机构。其长官称作枢密使或知枢密院事，副长官是枢密副使或同知枢密院事、签书。它是随使职差遣体系的出现而出现的。

　　枢密院分掌相权亦始于唐朝。唐代宗永泰年间（765－766）创设枢密使，以宦官担任。"唐代宗永泰中，置内枢密使，始以宦者为之。初不置司局，但有屋三楹，贮文书而已。其职掌惟承受表奏，于内中进呈。若人主有所处分，则宣付中书门下施行而已。"① 可以说，这只是皇帝的侍从官，在君相之间起一个上传下达的媒介作用。后来大宦官杨复恭、西门季元欲夺宰相权，乃于"堂状"后"帖黄"指挥公事，开始了相权向枢密的分割、转移。朱温诛灭宦官，更唐制，改枢密院为崇政院，以心腹谋臣敬翔为崇政使，并选用士人。后唐以续绍李唐正统自居，恢复原名为枢密院，但沿用后梁"参用士人，而与宰相权任钧矣，故与宰相并书"②。事实上，五代动乱之秋，君主多用心腹为枢密使，以致枢密院事权重于中书门下。如后唐之郭崇韬、安重诲，后晋之桑维翰，后汉之郭威，后周之王朴，均以枢密使（或知枢密院事）之职施行宰相职权，总揽朝政，而"当时宰相行文书而已"。"政事皆归枢密院"。"自后唐同光以来，枢密使任事，丞相取充位而已。"③ 赵翼《廿二史札记》有《五代枢密使之权最重》专条，详述枢密院权重之例，反映出五代之枢密院不仅侵夺相权，甚至侵夺君权，所谓"枢密之权，等于人主"。

　　宋太祖代周，信用心腹谋臣赵普，"二府"权力轻重随赵普而变。赵普初为枢密使，"军国大计悉出于普"。赵氏旋为宰相，太祖

---

① 马端临：《文献通考》卷五八《职官考十二》，中华书局，1986年。
② 欧阳修：《新五代史》卷五"考证"，中华书局，1974年。
③ 司马光：《资治通鉴》卷二八九胡三省注文，中华书局，1957年。

视其"如左右手,事无大小,悉咨决焉"①。宋太宗亦称:"太祖朝,赵普在中书,其堂帖势重于敕命。"② 可见,此时"二府制"尚未定型。太祖开宝五年(972),赵普同枢密使李崇矩结为姻家。这触动了猜疑心重的宋太祖,乃下令中书、枢密分别奏事。这是二府对掌大政形成的关键一步。从此,"每朝奏事,(枢密)与中书先后上,所言两不相知,以故多成疑贰,祖宗亦赖此以闻异同,用分宰相之权"③。

"二府"对掌大政的相权体制定型于宋太宗时期。太宗以早年知开封府时的幕僚担任枢密院要职,枢密院权力逐渐扩大,与中书的事权划分亦逐渐明确。雍熙三年(986),太宗企图收复燕云之地,倾力北伐。时宰相李昉为先帝旧臣,而枢密院长贰王显、张齐贤、王沔是太宗的心腹谋臣或太宗朝新科进士。"初议兴兵,上独与枢密院计议,中书不预闻。"④ 事关军国大计,虽中书之首相亦不得而知。不少朝臣对太宗摈宰相于军国大计之外极为不满,纷纭奏陈,但太宗丝毫没有改变这种"二府"体制。相反,淳化元年(990)十二月,太宗因左正言直史馆谢泌的奏请,将"二府"体制确定下来:"自今凡政事送中书,机事送枢密院,财货送三司,覆奏而后行。"⑤ 太宗以诏令形式确定"两府"分掌相权为宋朝永制。《宋史》载:枢密院"掌军国机务、兵防、边备、戎马之政令,出纳密令,以佐邦治"。其权力是"佐天子执兵政","凡边防军旅之

---

① 脱脱等:《宋史》卷二五六《赵普传》,中华书局,1977年。
② 李焘:《续资治通鉴长编》卷四〇,中华书局,1980年。
③ 王明清:《挥麈录》后录卷一,景印文渊阁四库全书本,台湾商务印书馆,1986年。
④ 佚名:《宋史全文》卷三,景印文渊阁四库全书本,台湾商务印书馆,1986年。
⑤ 李焘:《续资治通鉴长编》卷三一,中华书局,1980年。

常务，与三省分班禀奏"。如"事干国体，则宰相、执政官合奏"①。

仁宗以来，有中书宰相兼枢密使参决军旅机务，但没有从"二府"体制进行改革。宋神宗元丰年间（1078－1085），着力中央政治体制改革，依据《唐六典》，有损益地恢复三省六部制，相名与相权都有变化。宰相不再称同中书门下平章事，以三省长官为相，又不设正长官（侍中、中书令、尚书令），而以尚书省副长官左、右仆射为相。左仆射兼门下侍郎，行侍中之职，为左相。右仆射兼中书侍郎，行中书令之职，为右相。实权主要掌握在右相手中。执政由四人组成，门下、中书二省各设侍郎一人，管理本省省务。尚书省由左、右丞管理省务。这四人称执政，行参知政事之权。当时有人提出废罢枢密院，权归兵部。神宗说："祖宗不以兵柄归有司，故专命官统之，互相制维，何可废也。"②唯将部分职权，"随事分隶六曹，专以本兵为职，而国信、民兵、牧马总领，仍旧隶焉"③。正副长官仍为执政，改称知院事和同知院事。

南宋初期，因为军事斗争的特殊需要，突破了"二府"的相权体制。宰相初兼御营使，取缔御营使后又兼枢密使，合兵民之政于中书，相权开始膨胀。秦桧以宰相兼枢密使，专制朝政十七年。秦桧死后，宋高宗特颁诏令："依祖宗故事，宰相更不兼领。"④ 其后宰相是否兼领枢密使，全视军事形势而定，所谓"兵兴则兼，兵罢则免"。宋宁宗开禧年间（1205－1207），南宋大举北伐，为适应战

---

① 脱脱等：《宋史》卷一六二《职官志》，中华书局 1977 年。
② 李焘：《续资治通鉴长编》卷三二〇，中华书局，1980 年。
③ 脱脱等：《宋史》卷一六二《职官志》，中华书局，1977 年。
④ 李心传：《建炎以来系年要录》卷一七二，景印文渊阁四库全书本，台湾商务印书馆，1986 年。

时需要，彻底突破了"二府"体制，"以军相兼枢密使为永制"，先后出现了韩侂胄、史弥远、贾似道专制朝政。枢密院机构虽然始终存在，但已失与中书对掌相权之实。

六　一省制

元朝的中央最高国务机构就是中书省。中书省亦是元代正式的宰相机构。蒙古帝国时代就设有中书省，以耶律楚材任中书令，镇海、粘合重山为左右丞相，但此时中书省侍从和秘书性质很浓。忽必烈于中统元年（1260）重建的中书省方能堪称相权机构。忽必烈创制之始就赋予中书省"总政务"的大权。《元史·王文统传》载：世祖"立中书省，以总内外百官之政"，曾诏谕中书省，"大事奏闻，小事便宜行之"[1]。后嗣之君沿袭此制，坚持以中书为国家权力中心。大德十一年（1307）十二月，武宗下诏规定："设官分职，各有攸司。中书省辅弼朕躬，总理庶政。中外越分奏事者，即位之初，已常戒饬。今后近侍人员，内外大小衙门，钦依已降圣旨，除所掌事外，凡选注、钱粮、刑名、造作、军站、民匠、户口一切公事，并经中书省可否施行，毋得隔越奏事，违者究治。"[2] 这就明确了中书"总理庶政"的地位，肯定中书对"一切公事"有"可否施行"之权，禁止"隔越奏事"的侵权行为。可见，元朝的中书省囊括了唐代三省制时中书省出纳诏令之权与尚书省"总裁庶务"之权。中书内统六部，外临行省，所以《元史》中"中书政本"、"纲维百司"、"总裁庶政"、"百司之首"等提法屡见不鲜。

---

[1]　宋濂等：《元史》卷一二《世祖本纪》，中华书局，2000年。
[2]　佚名：《元典章》卷二《振朝纲》，中国广播电视出版社，1998年。

元朝实行"群相制"。中书省从中书令到宰执没有固定编额，少则数人，多则十数人，甚至数十人，如世祖时曾多至十七人，成宗即位时达二十一人，顺帝末年竟至三四十人。成宗大德七年（1303）定为八员，名号杂用前代官名（丞相、丞）和差遣名（平章、参政），置左右丞相各一人，平章政事二人，左右丞各一人，参知政事二人，共计八人，史称"八府"。这是元代比较稳定的编制。"八府"之外有参议中书省事四员，相当于中书省的秘书长，"典左右文牍，为六曹之管辖，军国重事咸预决焉"。又有元老重臣或皇帝亲信加上"录军国重事"或"商议中书省事"头衔，参决中书大事。如此多人分掌相权，虽能减少和避免决策失误，但必然导致相权分散和政治纷争。议政常有不同意见出现，这时就要由首相（通常为右丞相）负责定议。元宰相人数虽多，但相权并不平均分配，而是相对集中在丞相（尤其是首相）身上。

元朝宰辅制带有民族歧视。元朝无常朝之制，臣下与皇帝接触也较少。"百官入见，岁不过宴贺一二日，非大臣近侍鲜得望清光者"①。即使是宰执，往往也是"奏事多则三人，少则一人，其余同僚皆不得预。有一人得旨而出，众人懵然不知者。有众人欲奏，而得入之人抑不上闻者"②。能够入宫奏事的通常是几名出身于怯薛（即所谓"近侍"）的宰相，汉族宰执（他们一般只能担任左右丞、参政之职）多在被排斥之列。如何荣祖任参政时，"条中外百官规程，欲矫时弊"，右丞相桑哥却"抑为不通"③。元末右丞相脱

---

① 吴师道：《礼部集》卷一九《江西乡试策问》，景印文渊阁四库全书本，台湾商务印书馆，1986年。
② 张养浩：《归田类稿》卷二《时政书》，景印文渊阁四库全书本，台湾商务印书馆，1986年。
③ 宋濂等：《元史》卷一六八《何荣祖传》，中华书局，2000年。

脱奏事时，因为"事关兵机"，即命汉族出身的左丞韩元善、参政韩镛"退避，勿与俱"①。

元朝在地方实行"行省制"。"国制，中书总庶政，是为都省。幅员际天，机务日繁，相天下重地，立行省而分治焉。"② 据《元史·百官志》载，行省事权颇重，"掌国庶务，统郡县，镇边鄙，与都省为表里"，"凡钱粮、兵甲、屯种、漕运、军国重事，无不领之"③。行省与都省建制基本相同，设丞相一员，平章政事二员，品秩比都省低一等，而左右丞、参知政事则与都省全同。行省与都省为同级机构，往返文书俱用"咨"，以示平级。真正与都省平行的机构御史台、枢密院对都省却用"呈"以别上下。早在世祖时已有行省同都省抗衡。至元二十年（1283），有臣僚建议，行省不置丞相和平章，只设左右丞，以免内外均势。但有人以"非隆其名，不足镇压"为由，反对改变行省体制。元朝先后置行省十一个。十一个行省的长贰权位同中书"八府"。

唐宋元宰辅体制中有一特殊现象就是翰林学士分割相权。中书省从魏文帝创建以来，"出纳诏令"是其稳固的职权。隋唐之中书省仍"掌军国之政令"。其中书舍人更是以起草诏制为专职。唐初"学士"开始侵夺宰相的草诏权。"自太宗时，名儒学士时时召以草制，然犹未有名号。"④ 武则天用事时，召刘懿之等以本官待诏北门，专司草拟诏制，且"又密令参决，以分宰相之权，时人谓之'北门学士'"⑤。翰林学士之称始于唐玄宗。开元二十六年（738），

---

① 宋濂等：《元史》卷一八四《韩元善传》，中华书局，2000年。
② 许有壬：《河南省左右赞治堂记》，李濂《汴京遗迹志》卷一五，景印文渊阁四库全书本，台湾商务印书馆，1986年。
③ 宋濂，等：《元史》卷九一《百官志》，中华书局，2000年。
④ 欧阳修、宋祁：《新唐书》卷四六《百官志》，中华书局，1975年。
⑤ 刘昫：《旧唐书》卷八七《刘祎之传》，中华书局，2000年。

玄宗为"代草王言"的学士建立一个专门机构：翰林学士院。翰林学士成为正式称谓，以草拟内制为职。唐朝皇帝制书有内外之别，内制（白麻）用于机密要务，外制（黄麻）用于平常事务。其分工是翰林学士草拟内制，中书舍人草拟外制。到德宗之时，翰林学士陆贽当"泾原兵变"决策机务、代草制诏，遂有"内相"之称，其侵夺相权更加突出。宋代翰林学士之荣宠和权力都超出了唐朝。

明太祖朱元璋废除宰相制后，已经没有真正意义上的宰相了。明朝之内阁，清朝之军机处，与秦、汉、唐、宋宰相府相比，无论其机构、名号、职权、地位等都不可同日而语。但内阁与军机处不失为辅政体制，一并论列于后。

七　内阁制

明朝初年设中书省，置左右丞相、平章政事、左右丞、参知政事等官。以中书省"总揽政事"，设置丞相执掌相权。开国功臣李善长、徐达出任首届左右丞相。当时中书长贰人员精少，丞相之权重于元朝。中书省内统六部，外辖行省。百官奏事，先中书而后闻，皇帝制诏必经中书而后下。于是，君权与相权矛盾加剧。朱元璋认为，"不得隔越中书奏事，此正元之大弊"，允许天下臣民言事"得实封直达御前"，"勿关白中书省"，合并相权入君权的意图十分明显。洪武十三年（1380），朱元璋以图谋不轨之罪诛左丞相胡惟庸，正式废除中书省，在古代中国运行了一千七百多年的宰相制度至此终结。朱元璋还留下了永不设相的祖训："嗣君不许复立丞相，臣下敢以请者，置重典。"①

---

① 张廷玉：《明史》卷三《太祖本纪》，中华书局，2000年。

丞相制度的废除使国家政治陷入混乱，也使明太祖自己陷入繁杂的政务之中。据吴晗先生统计，洪武十七年九月十四日至二十一日的八天里，内外诸司奏章达 1660 份，涉事 3391 件。三千多件事皆由皇帝裁决，自然无法一一亲批，只得采取传旨处分，或者朝堂论定，各司奉旨意自行批写，执本回府施行。朱元璋也感到"人主不能独治"，必须招用贤才，分理"共治"①。于是，他在不设丞相的大原则下进行试验：第一次是洪武十三年（1380）九月，创设四辅官，以春夏秋冬四时为号，选简老儒充任，职责是论道经邦，协赞政事。虽然为一品高官，但没有任何实权，加上老儒"淳朴无他长"，缺乏从政实际才能，到次年八月"遂废不复设"②。第二次是洪武十五年（1382）十一月，设立殿阁大学士。明太祖仿宋朝之制，"始置华盖殿、武英殿、文渊阁、东阁诸大学士，又置文华殿大学士，秩皆五品"，但没有赋予实权，殿阁大学士"不过侍左右，备顾问而已，于机务无与也"③。史称，明太祖"自操威柄，学士鲜所参决"④，而且自洪武十八年文渊阁大学士朱善致仕后不再复设。但这给后世子孙以启示，内阁制自此发端。

内阁辅政体制形成于永乐时期。成祖夺位，拔解缙、黄淮、胡广、杨荣、杨士奇、金幼孜、胡俨等七人"并直文渊阁，预机务。内阁预机务自此始"⑤。七学士多餐宿大内，"常侍天子殿阁之下，避宰相之名，又名内阁"⑥。此时之内阁学士与洪武不同，六部大政咸共平章，秩五品，而恩礼赐赉与尚书等"，而且在东角门有固

---

① 中央研究院历史语言研究所校印：《明太祖实录》卷二四，上海书店，1984 年。
② 张廷玉：《明史》卷一三七《安然传》，中华书局，2000 年。
③ 赵翼：《陔余丛考》卷二六，商务印书馆，1957 年。
④ 张廷玉：《明史》卷七二《职官志》，中华书局，2000 年。
⑤ 同上卷一四七《解缙传》。
⑥ 同上卷七二《职官志》。

定的办公地点①。可见,这时的内阁有参决机务之权。然而从相权的两大组成部分看,内阁所拥有的相权是不完全,缺少总率百僚之权。当时"入内阁者皆编、检、讲、读之官,不置官属,不得专制诸司。诸司奏事亦不得相关白"②。"明制,六部分莅天下事,内阁不得侵"③。成祖对六部和内阁有过明确分工,即"六卿理政务,翰林职论思"④。也就是说,这时的内阁侍从顾问性质很强,没有完全成为一个独立的权力机关。当时的内阁同唐宋翰林学士院类同,故而多称"代言之司"。

  明仁、宣以来,内阁权力增大,突出表现在内阁获得了"票拟"权。所谓"票拟",就是内阁大学士在收到内外百官的奏章后,用小票代皇帝写上自己所拟的处理意见,再由皇帝朱笔批出。内阁的拟旨叫做"秉笔",出于首辅之手。无首辅时,可由次辅秉笔。从明熹宗天启(1621-1627)以后,拟旨则由阁臣分任。"票拟权"实际上是拟旨权。但皇帝对内阁票拟的意见有最后的取舍权,认为不合意时可以另行批答,还可以扣下不发,谓之"留中",还可以不经票拟而传旨,谓之"中旨"。正统以后的明朝皇帝经常不由票拟左右,采取留中和中旨的做法,直接发布诏令。明朝重用太监,司礼监秉笔太监可代皇帝"批红"。皇帝以司礼监批红牵制内阁,而司礼监则借批红干预朝政。因而阁臣的票拟之权逐渐内移于宦官,甚至有时根本不由内阁。

---

① 孙承泽:《春明梦余录》卷二三《内阁》,台北大立出版社,1980年。
② 张廷玉:《明史》卷七二《职官志》,中华书局,2000年。
③ 同上卷二二五《杨巍传》。
④ 同上卷一一三《后妃传》。

八 军机处

清朝的辅政体系处于变化之中,入关之前已有一个全由满人组成的议政王大臣会议共同决定大政方针和执行国家政务。清初,又沿袭明朝旧制,承袭明朝内阁体制,而阁臣权限则与明代相去甚远。太宗天聪十年(1636),清廷将从事翻译工作的文馆改为"三院"(内秘书院、内国史院、内弘文院),并分别设置大学士。拜学士者有参预机务的权责。如希福"官内院,管机务"[①]。范文程为内秘书院大学士,所典"皆机密事"[②]。入关以后,明旧臣洪承畴、冯铨奏请摄政王多尔衮恢复明朝内阁"票拟旧制",未被采纳。直至顺治十五年(1658),才改"三院"为"内阁",设殿阁大学士。三年后又更"内阁"为"三院"。康熙九年(1670)再改称"内阁",并置满汉大学士四员。雍正九年(1731)创设额外大学士,为协办学士之始。乾隆十三年(1748),清朝前期内阁体制最后定型为"三殿"(保和、文华、武英)、"三阁"(体仁、文渊、东阁),确定员额和权限。据《乾隆会典》和《历代职官表》,殿阁大学士"赞理机务,表率百僚"。表面上,清之内阁所拥有的相权是完全的,实际上比明之内阁的相权更残缺。

康熙亲政后,为了摆脱议政王大臣会议干预、左右朝政的局面,在宫中设立了"南书房",遴选品才兼优的词臣统任。南书房设立后,皇帝谕旨多命南书房翰林撰拟,从而削弱了内阁和议政王大臣会议的权力。雍正年间,雍正帝亦认为议政王大臣会议有碍皇

---

① 赵尔巽:《清史稿》卷二三二《希福传》,中华书局,1998年。
② 同上卷二三二《范文程传》。

权专断，又因用兵西北两路，虑漏泄军机，始设军机房于隆宗门内，后命名为军机处。清朝宣统三年（1911）又改军机处为责任内阁，时称"新内阁"，设总理大臣、协理大臣等官职，由原军机大臣任之。清朝辅政体制尽管有变动，仍以军机处为最具代表性。

雍正年间，清朝与准噶尔作战，为西北军务，"始设军机房于隆宗门内"。雍正八年（1730）添设军机章京，1732年正式改称军机处，并颁行军机处印信。军机处成立的确切日期，官书没有记载。据乾隆四十八年的追述，军机处设于雍正八年（1730），现存的军机处档案也开始于雍正八年。军机处的设置，取代和剥夺了议政王大臣会议与内阁的权力。史载："清大学士虽沿明之旧，例称政府。实则国初有议政处，以制其柄。雍正以后，承旨寄信。内阁宰辅，名存而已。"① 军机处的全称为"办理军机事务处"，亦为清代所独创。它是有清一代作为政治中枢影响最广、起作用最大的一个机构。

军机处有军机大臣、军机章京。章京是军机大臣的僚属。军机大臣亦有等级，分为军机大臣、军机大臣上行走、军机处行走、军机大臣学习行走、军机处学习行走。凡军机大臣都是皇帝的亲信，完全听命于皇帝。需要注意是，军机大臣是兼职，由皇帝在满汉大学士和各部尚书、侍郎中选定。因而军机处的组织形式很特殊，无专官，不是一个独立的正式衙门。军机处办事效率高。按照内阁规制，皇帝颁发诏旨和大臣有事题奏都得经过多重衙门，转辗交送，前后要花费很多时间。军机处则不然，一切由大臣和章京通同办理。皇帝有旨则随时奉召承办，而且必须当日事当日毕。

《清史稿·军机大臣年表序》对军机处的职权演变有这样的论

---

① 赵尔巽：《清史稿》卷一七五《大学士年表》，中华书局，1998年。

述:"军机处名不师古,而经纶出纳,职居密勿。初衹秉庙谟,商戎略而已。厥后军国大计,罔不总揽。自雍、乾后百八十年,威命所寄,不于内阁,而于军机处,盖隐然执政之府矣。"① 军机处所拥有的相权是不完全的,这里"隐然"二字的喻意正在于此。军机大臣有"赞上治机务"之权,但仅为皇帝幕僚长,其皇帝侍从和秘书性质自始至终没有改变。军机处没有像样的官署,只有在禁中的几间值班平房。军机大臣"日直禁庭,以待召见"。皇帝出游,则亦随驾当值②。其职权也不固定,"议大政,谳大狱,得旨则与",无专旨则不与。总之,清朝的军机大臣有参决机务之权,但总率百官的性质很弱,侍从性质尤其突出。

第三节 科举制

我国历史上曾实行过多种不同的人才选拔和任用方式。其中最重要的渠道之一就是科举制。科举制自隋炀帝大业三年(607)创设"进士科",到光绪三十一年(1905)清廷宣布废除科举制,前后施行了一千多年,至今仍然可以看到科举考试留下的文化遗迹。科举制度是朝廷开设科目,士人可以自由报考,主要以考试成绩决定取舍的官员选拔制度。

---

① 允禄等监修:《大清会典》卷三《办理军机处》,台北文海出版社,1996年。
② 赵尔巽:《清史稿》卷一七七《军机大臣年表》,中华书局,1998年。

一 选官制度的历史回顾

商周及春秋前期实行宗法制、分封制,奴隶主贵族按血缘关系的远近分封自己的亲属。周武王在"牧野之战"后的第五天举行开国大典,宣布分封诸侯。据说从武王到成王,先后封了八百多国,其中较大者有七十一国。皇亲国戚不论智愚贤与不肖,只论血统亲与疏,按照公侯伯子男五个等级,统统赐予爵位。被分封的各级贵族就是王朝的官吏。中央和地方的权力分别掌握在这些大大小小的奴隶主贵族手中,世代相传,世袭为官,形成世卿世禄制。所谓世卿世禄,简而言之,就是世世代代为官,世世代代食禄。这种任官体制只有在设官之初才有选用的性质,一经任用,便世代相袭不变。选用的范围只局限于君主和宗族、亲戚、开国功臣及前代遗民。这些人都是贵族。天子所分封的"官员"对其封地内的统治方式一如天子,既有土地,也有人口,还有相对独立的行政、军事和经济权力。各种身份不同的贵族有着森严的等级界限,下级对上级必须绝对服从,不得有丝毫逾越[①]。需要明确的是,这是一个封闭的任官制度,断绝了贤能之士步入仕途的道路。

春秋末、战国初,周王室衰微,诸侯国独立性增强。各诸侯国之间互相征战并吞,先有"春秋五霸",继有"战国七雄"。各国拼命扩大地盘,增强自己的势力。世卿世禄制这种封闭的选官方式与大国争霸急需获得有用人才的形势相矛盾。一些国家的君主和贵族,开始通过新的途径来选拔人才:"养士"、"军功"及"客卿"。

一些国家的君主和贵族将一批有才干、有学问的人供养在自己

---

① 王立新:《中国传统文化概论》,北京广播学院出版社,1994,第125-131页。

身边,以便随时选用。这种做法就叫"养士"。燕昭王修筑黄金台,礼聘天下贤士。战国时,齐国在稷下造了宽大的公馆,招揽能人异士。著名的战国四公子即齐之孟尝、赵之平原、楚之春申、魏之信陵,养士数千人,而"狡兔三窟"、"鸡鸣狗盗"、"窃符救赵"、"完璧归赵"、"荆轲刺秦王"、"毛遂自荐"等脍炙人口的故事都是这些养士们所演绎的。"军功"指从立有战功的人中选拔人才。商鞅变法,在秦国实行军功爵制,根据军功进爵升官,规定斩敌人甲士首级一颗者,赏给爵一级,田一顷,宅九亩,庶子一人。云梦竹简《军爵律》云"从军当以劳论及赐",即以功劳受爵位和赏赐。"客卿"则是指君主礼聘别国的人才担任自己国家的要职。虽这些选官方式尚未形成制度,但确实给世卿世禄制有力的冲击。

秦始皇统一六国后,其选官制度的详细内容,因史料缺如,已难以详考。《通典·选举典》说:"秦自孝公纳商鞅策,富国强兵为务,仕进之途,唯辟田与胜敌而已,以至始皇,遂平天下。"这至少可以说明,辟田与胜敌成为秦代选官的重要条件。

西汉初期为了适应新的历史情况,在"任子"(世袭制的遗迹)、"军功"选才的同时,开始实行"察举"和"征辟"。察举是由州、郡等地方长官在自己管辖区内进行考察,选拔统治阶级需要的人才,以孝廉、茂才异等、贤良方正等名目推荐给中央政府,经过考核,任以官职。征辟是朝廷和高级官吏选拔任用属员的一种制度。由皇帝直接聘人做官称为征或征召。由各级官府自行请人任职称为辟或辟除。察举与征辟以才能品德为标准,而不是以血统出身为转移,扩大了统治基础。但此选官制度的德才标准并无实际内容,不利于掌握和具体操作,带有很大的弹性和随意性,反而造成矫情饰伪之举迭起,社会风气的沉沦。况且选拔人才的大权垄断在少数人手中,为官僚结党营私打开方便之门,培植了大大小小的私人政治集团,形成了强大的政治势力。

东汉末年的军阀争雄,察举制的弊端越发暴露出来。曹操率先提出"唯才是举"。魏文帝曹丕采纳了吏部尚书陈群的建议,实行"九品中正"制。各州设大中正,郡设小中正。大、小中正都由中央选派当地"贤有识鉴"的官员担任。大、小中正将自己所辖区内的人物分为上上、上中、上下、中上、中中、中下、下上、下中、下下九等。中央政府根据中正评定的等第授予官职。九品中正制实行的初期,中正官由朝廷任命,负责考察本乡的士人,在品评人物时也比较注意人才优劣和舆论的褒贬,使朝廷多少掌握一些选官之权,改变了东汉以来州郡名士操纵舆论,左右荐举和征辟的局面,能够选拔出一些比较有才能的人充实官僚机构。但是,随着豪门世族力量的发展,大、小中正都为世家大族所把持,从而出现了"上品无寒门,下品无势族"的积弊[①],形成"贵胄蹑高位,英俊沉下僚"的局面,"九品中正"完全转化为巩固门阀势力的工具了。时代呼唤新的选官制度出现。

在察举的基础上,隋朝科举制兴起。科举一共实行了一千三百年左右,横跨六个朝代。科举对于中国社会的历史意义并不仅仅在于人才选拔考试本身,它对国家政治建构、学术思想、社会意识、人们的价值观念无不发生影响。可以说,不了解科举就不能透彻了解中国隋唐以来的历史发展,不了解科举就不能深入认知中国的传统文化。不仅如此,高丽(今朝鲜)、越南等邻国都曾将我国的科举制引进过去。17、18世纪来华的许多欧洲传教士对我国的科举制度大为惊叹,称赞不已,纷纷向国内介绍推荐中国的"文官考试制度"。

---

① 房玄龄等:《晋书》卷四五《刘毅传》,中华书局,1974年。

二　开科取士的雏形

隋初亦一度实行"九品中正"制，因避讳，更名为"九品州都制"。但此制已不能适应新的形势。在文帝开皇（581－600）年间，终于以分科举人取代了魏晋以来施行的九品中正制。开皇三年（583）正月，诏举贤良。开皇十八年（598），"诏京官五品已上、总管、刺史，以志行修谨、清平干济二科举人"①。这是科举制度的萌芽。大业二年（606）四月，炀帝诏文武有职事者，以孝悌有闻、德行敦厚、节义可称、操履清洁、强毅正直、执宪不挠、学业优敏、文才秀美、才堪将略、膂力骁壮十科举人，后又有四科举人。大业三年（607）的分科举人中增设"进士科"，以考试策问为录取依据。史学界以此为科举制产生的标志。整个隋朝大约只考了四五次。开头考取的叫秀才。当时秀才既重门第，又重真才实学，与明清时代的秀才不同。后来考取的才叫进士。隋代共取秀才、进士12人。人数虽少，却都是高质量的，如房玄龄、孔颖达、杜正伦等。

隋代无论是"二科举人"、"十科举人"及"四科举人"，只是偶尔行之，并没有形成为一种制度。隋代的科举取士尚属初始阶段，当时还有其它选官途径。科举考试的时间也没有固定，考选办法也很不完备，考试题目和内容都有随意性。但开科取士这个政治措施，把读书、应考和做官三件事紧密联系起来了。科举成了知识分子进入官场的阶梯，自然受到知识分子的拥护。科举揭开了中国选士、选官的新篇章。

---

① 魏徵等：《隋书》卷二《高祖纪》，中华书局，2000年。

三　唐代科举制

科举制形成于唐朝。唐初在"过隋思潮"的影响下，一度恢复"九品中正制"，但其运行终不利于中央集权的统治，遂恢复科举选士制度。唐代科举有"常举"、"制举"及"武举"。每年分科举行的称"常举"，又称"常科"。由皇帝下诏为选择特殊人才而临时举行的称"制举"，又称"制科"。但制科出身在当时并不被看作是正途，如张璟兄弟八人，七人从进士出身，一人从制科出身。集会时，进士出身的兄弟不与制科出身的兄弟同坐，并称之为"杂色"。武举也不为人们所重视。因此，常举成为科举的主流。我们重点讲解常举。

（一）考生来源

常科考生的来源：一为生徒、一为乡贡。在唐代，中央和地方都设有学校。中央有国子监、弘文馆、崇文馆，地方有州、县学。这些学校的学生都有一定的名额。学生的入学年龄、学习年限及学习内容都有明确的规定。每年冬天，国子监、弘文馆、崇文馆以及各州县学都要将经考试合格的学生送尚书省参加考试。这些考生就叫做生徒。那些不在学校学习而学业有成的人则向州县"投牒自举"，也就是以书面形式提出申请，以考试合格，由州送尚书省参加考试。这些考生随各州进贡物品解送，所以称为乡贡。考生没有年龄限制，一次考不取可以一直考下去，但有资格限制，工商子弟、衙门杂吏、三代内有重大罪犯及守孝者不能应试。

（二）考试科目

科举即是分科取士。唐代考试科目有一个由杂乱而逐渐突出重点的过程。唐代所开科目，先后有常科、制科两大类九十多科。常科有数十种，其中主要的科目有以下十二种：秀才、明经、俊士、进士、明法、明字、明算、一史、三史、开元礼、道举、童子。秀才是常科考试科目之一，在隋代就有此科，唐初要求很高。太宗于贞观（627-649）年间规定，凡被推荐应秀才科而未能中选的，其所在州的长官要受处分，所以应秀才科的人很少。高宗时秀才科曾一度被停止，后来虽然恢复，但主持考试的人不愿录取，此科久废。十二科中，最为时人注重的是进士科，其次是明经。

进士科和明经都考三场，但考试的内容和中第的标准各不相同：进士科第一场（初试）帖一大经及《尔雅》，每经帖十条，能通四条以上者入选；第二场（再试）考文、诗、赋各一篇；第三场（三试）考时务策五道。明经科第一场（初试）帖一大经及《孝经》、《论语》、《尔雅》，每经帖十条，能通五条以上者入选；第二场（再试）口问大义十条，能通六条以上者入选；第三场（三试）考时务策三道，取粗有文理者予以及第。从考试内容可知进士科重诗赋，明经科重帖经墨义。进士科录取率约为1%至2%，每榜录取20至30人；明经科录取率约为10%至20%，每榜录取100余人。因而，唐朝进士科极难考中，而明经科相对容易。时有"三十老明经，五十少进士"的说法①。白居易中进士为29岁，在同榜17人中为最少者。其喜悦之情溢于言表："慈恩塔下题名处，十七人中最少年。"②

（三）分级考试制度的确立

唐代科举实行"乡试"和"省试"两级考试制。乡试又称解试，在举子所在州府进行，一般由州府地方长官主持，中选者才有

---

① 马端临：《文献通考》卷二九《选举考》，中华书局，1986年。
② 王定保：《唐摭言》卷三，景印文渊阁四库全书本，台湾商务印书馆，1986年。

资格参加第二年春在礼部进行的"省试"。解试的第一名称"解元",或"解头"。省试,因其在尚书省的礼部举行而得名。解试的第二年春全国通过解试的举子集中到京城参加由礼部主持的考试。省试有固定的主考官。高祖时用吏部考功郎为主考,太宗时改用吏部员外郎,玄宗开元中又改用礼部侍郎,从此鲜有改变。被录取者称为"及第",第一名称"状元",亦俗称"状头"。同榜及第进士互称"同年",主考官称为"座主"或"座师",所录取者自称座主之"门生"。武则天还亲试进士,载初元年(689)二月,"策问贡人于洛城殿,数日方了"①。这是殿试的开始。不过,唐代的殿试是在特殊情况下举行的,并没有成为制度。

唐常科登科之后,还不能直接授官,只是取得了做官的资格,需要参加吏部复试,合格后才能授官。吏部的复试被称为"释褐试"。复试内容有四项:"一曰身,体貌丰伟;二曰言,言辞辨证;三曰书,楷法遒美;四曰判,文理优长。"② 其中最重书、判。复试很难通过,有及第二十年而不能获禄者。韩愈就始终过不了复试关,故自云:"四举于礼部乃一得,三选于吏部卒无成。"③ 复试不合格者则被称为"前进士"。

(四)取士推荐与考试相结合

唐代取士有一特点,考试成绩不是录取的唯一依据,甚至不是主要依据。主考官总是依据举子们平日的作品和声望决定取舍。因此,考前考生纷纷奔走于名公巨卿之门,投献自己的代表作,称为

---

① 杜佑:《通典》卷一五《选举三》,中华书局,1988年。
② 欧阳修、宋祁:《新唐书》卷四五《选举志》,中华书局,1975年。
③ 马永卿:《嬾真子》卷二,景印文渊阁四库全书本,台湾商务印书馆,1986年。

"投卷"。向礼部投献的称"公卷",向达官贵人们投献的称"行卷"①。"行卷"比"公卷"对录取的作用更大。考生们投献的作品有诗,有文,还有最能表现史才、诗笔的小说。《幽怪录》、《传奇》以及在宋代还广泛流传的唐诗数百种,皆是考生们的投献之作。正因为如此,"未引试之前,其去取高下,固已定于胸中矣"②。

投卷使一些确有才能的人得以显露头角,如王维。但其中弄虚作假,欺世盗名的也不乏其人。到后来,投卷多且滥,一些主考官不得不规定投卷的数量,投卷完全流于形式。考试与推荐相结合为达官贵人营私舞弊大开方便之门。他们利用职权,为自己或同僚的子弟请托,甚至对主考官进行威胁。懿宗咸通(860－874)末年科考,权贵干扰太甚,录取工作很难进行。主持考试的礼部侍郎高湜十分气愤,将乌纱帽掷于地上,愤然表示:"吾决以至公取之,得谴固吾分!"秉公录取了公乘亿、许棠、聂夷中等有真才实学之人③。由此可见,权贵势力对科举的干扰甚为严重。

四 宋代科举制

重文轻武是宋王朝的基本国策,读书应举做官也备受统治者与文人倡导与推崇。"三更灯火五更鸡,正是男儿立志时。十年寒窗无人问,一举成名天下知。"宋真宗还亲作《劝学文》:"富家不用买良田,书中自有千钟粟。安居不用架高堂,书中自有黄金屋。出

---

① 胡震亨:《唐音癸签》卷一八,景印文渊阁四库全书本,台湾商务印书馆,1986年。
② 洪迈:《容斋随笔·四笔》卷五《韩文公荐士》,景印文渊阁四库全书本,台湾商务印书馆,1986年。
③ 欧阳修、宋祁:《新唐书》卷一七七《高鍇传》,中华书局,1975年。

门莫恨无人随,书中车马多如簇。娶妻莫恨无良媒,书中有女颜如玉。男儿欲遂平生志,六经勤向窗前读!"毫不掩饰地用荣华富贵来劝诱学子攻读儒家经书。司马光的《劝学歌》说:"一朝云路果然登,姓名高等呼先辈。室中若无结婚亲,自有佳人求匹配。""万般皆下品,唯有读书高"的国家政策和社会风气自此始。科举制度进一步发展起来,士子为得一功名,苦读不休。南宋绍兴年间,士子陈修早年丧妻,别人都劝他再娶。他称,科考未捷,何以家为。一直孤身苦读,到73岁才高中榜眼。宋高宗嘉其心态,怜其孤苦,遂赐23岁宫女施氏为婚。好事者为诗曰:"熟读文章多少担,老来方得一青衫。新人若问郎年纪,五十年前二十三。"

(一)三级考试法

宋代在考试科目上与唐相近。据《宋史·选举志》载:"宋之科目,有进士,有诸科,有武举。常选之外又有制科,有童子举,而进士得人为盛。"即仍有"常举"和"制举",科目仍重进士科。宋代考试的内容和方法则发生过多次变化。考试内容的争议焦点是以诗赋取士,还是以经义取士。

宋初仍实行乡试和省试两级考试法。一级是各州举行的取解试,主要由各州的判官和录军参军主持。一级是礼部举行的省试,由皇帝选派的官员主持。太祖开宝六年(973),又增加一场由皇帝主持的"御试"。武则天曾在东都洛阳殿策问贡人,但并未形成制度。开宝六年,"李昉知举,放进士后,下第人徐士廉等打鼓论榜,上遂于讲武殿命题重试,御试自此试始"[①]。殿试后,举行皇帝宣布登科进士名次的典礼,并赐宴琼林苑,故称琼林宴。所有及第士人皆成为"天子门生"。

---

① 马端临:《文献通考》卷三〇《选举三》,中华书局,1986年。

宋朝殿试以仁宗嘉祐二年（1057）为界而前后不同。此前的御试不仅要排列名次，且有黜落。如真宗咸平五年（1002）省试录取72人，殿试只取38人。一些殿试落榜后无钱返家的穷书生流落街头，甚至投水自尽，还有如张元者，因殿试落榜而积忿投奔西夏，帮助元昊侵扰陕西沿边州县。1057年，仁宗下诏，"凡与殿试者始免黜落"①。从此，殿试只排定名次。

（二）防止作弊法

唐宋以来，进士被视为才学拔萃的代名词，被当作荣华富贵的同义语。王定保《唐摭言》记载："进士科始于隋大业中，盛于贞观、永徽之际。搢绅虽位极人臣，不由进士者，终不为美。"在功名利禄的诱惑下，举子们发明了各式各样的作弊方法，归纳起来，主要有如下几种方式：夹带、请"枪替"、黑幕"关节"。与此相应，宋廷制定了一系列防止作弊的措施。这实为宋代对科举考试制度最具建设性的贡献，科举有了一系列保障公平的机制。

第一，禁止考官与考生攀结。唐时考生同考官自然结成座主、恩师、门生之类的关系。太祖建隆三年（962）下诏："国家悬科取士，为官择人。既擢第于公朝，宁谢恩于私室。将惩薄俗，宜举明文。今后及第举人不得辄拜知举官。……如违，御史台弹奏。……不得呼春官为恩门、师门，亦不得自称门生。"这道诏令对于禁止及第进士与知举官结为派系起了重要作用。此后虽有恩师、门生等称，但只是自谦、客套性语言而已。如马涓守南京，不拜主座，自称"天子门生"。

第二，禁止"公荐"。"公荐"在唐朝是举子争取中选的重要途径，严重影响了考试的公正性。乾德元年（968）九月下诏："礼部

---

① 脱脱等：《宋史》卷一五五《选举一》，中华书局，1977年。

贡举人，自今朝臣不得更发公荐，违者重置其罪。"① 然而受唐代公荐之风的影响，收效不大。宋廷又于开宝六年和景德元年重申这道禁令，以杜绝公荐之风，增强选举的公正性。

第三，严格"锁厅人"应试。"锁厅人"指已通过恩荫等途径入仕而弃官参加科考的低级现任官员。凡是锁厅投考者，先得奏知朝廷，经允许后另设场屋考试。考中则罢，考不中则要受到处罚，如原任官取消，一度还要定罪罚铜。宋廷还特别规定："锁厅人不为状元。"

第四，推行"别试"。别试始于唐朝，即另设场屋，另派官员考试当年主考官的亲朋故友。宋代别试对象范围扩大，凡发解官、主试官以及地方长官子弟、亲属乃至门客参加解试和省试皆另设场屋、另派官员考试。

第五，限制和分割知举之权。朝廷不再以礼部侍郎为固定知举官，而采取临时派遣多名官员同领其事，朝廷一般任命知举官一人，同知数人。官员一旦受命主考，则不得返家，径赴考点，与外界是完全隔离，即所谓"锁宿"。后来"锁宿"的对象进一步扩大，各地发解官与知贡举一例锁宿。一般锁宿时间为四五十天。

第六，"糊名"和"誊录"考校。糊名就是把考卷上的姓名、籍贯等密封起来，因而又称"弥封"，或"封弥"。糊名最早出现在唐代，不过只施行于选人注官的吏部试。淳化三年（992）三月，宋太宗御崇政殿，复试进士，据将作监丞陈靖的建议，始糊名考校②。《续资治通鉴长编》卷93载有殿试封弥办法："举人纳试卷，即先付编排官去其卷首乡贯状，以字号第之。封弥官誊写校勘，始

---

① 李焘：《续资治通鉴长编》卷四，中华书局，1980年。
② 同上卷三三。

付考官再定等。讫，复封弥送覆考官，再定等。乃送详定官启封，阅其同异，参验着定，始付编排官取乡贯状字号合之，即第其姓名差次，并试卷以闻，遂临轩放榜焉。"糊名考校自宋太宗时始，至仁宗正式在三级考试中实施。

糊名之后，又有通过"认识字画"，在试卷上作记号等方法作弊。真宗景德年间，在袁州人李夷宾的建议下，建立了誊录制度。最初只是殿试中"誊录"，后来推广到省试和解试。具体办法是誊录官依试卷原文誊录，校勘官认真校对，然后送考官定等。后来还专设"誊录院"作为誊录的专门场所。举人原卷称"真卷"，交封弥官保存；誊录卷称"草卷"，交考官评阅。誊录法基本上杜绝了阅卷定等中的舞弊行为。

糊名、誊录制度建立之后，主考官很难徇私舞弊，"一切以程文为去留"①，曾经盛行一时的投卷之风也就随之结束。但是，一切制度都是由人来执行的。当宋王朝在政治上还比较清明的时候，糊名、誊录确实在选拔人才上发挥了积极作用，到了北宋后期，特别是南渡之后，由于宋王朝的腐朽，科场舞弊层出不穷，糊名、誊录也就流于形式。

（三）特奏名和类省试

特奏名和类省试是宋朝科举制中的两种特殊政策。特奏名是宋政府给屡考不中的举子开辟的一条入仕道路。开宝三年，太祖首开特奏名之制，诏十五举以上者，特赐本科出身。因与奏名进士不同，因此称为特奏名。"自是士之潦倒不第者，皆觊觎一官，老死

---

① 陆游：《老学庵笔记》卷五，景印文渊阁四库全书本，台湾商务印书馆，1986年。

不止。"① "元丰间,特奏名殿试,有老生七十许岁,于试卷内书云:'臣老矣,不能为文也。伏愿陛下万岁万万岁。'既闻,上嘉其诚,特给初品官,食俸终其身。"② 太宗时降为十次以上省试者皆有资格享受特奏名。真宗又降为五举以上。特奏名可以陪同礼部奏名进士参加殿试,称"附试"。从此,特奏名增多,至有超过正奏名者。如咸平三年参加殿试者 840 人,而附试的特奏名达 900 多人,其中有后晋天福年间开始应试的举子。

类省试是南宋初年出现的一种战时特殊政策。宋高宗建炎初,驻跸扬州,时方用武,念士人不能赴行在,下诏让各路提刑司选派考官,在转运司驻地代行中央的"省试"。这就是"类省试"的开始。这本是一种不得已的临时性措施。建炎三年,"遂去诸道类试"。而川陕地区距离临安路远,士子因贫寒无力赴试,或以路途阻滞不能如期赶到。绍兴元年(1131),宋廷又恢复了四川的类省试,而延续至宋终。考试合格者是否赴临安参加"殿试"由考生自己决定。不赴临安者,由四川当局代表朝廷赐"类省试进士",并授以官职。其第一名可享受"省试"第三名待遇。

(四)状元、榜眼、探花

科场与金榜俨然是两个世界。士子在科场受尽寒窗十载的酸甜苦辣,一旦金榜题名,那就是人间骄子,顷刻间飞黄腾达。进士及第是一种很高的荣誉,当时人称之为"登龙门"。唐代的周匡物中进士后赠给同年一首诗:"元和天子丙申年,三十三人同得仙。袍似烂银文似锦,相将白日上青天。"③ 高中状元更是无上的荣耀。

---

① 王林:《燕翼诒谋录》卷一,景印文渊阁四库全书本,台湾商务印书馆,1986年。
② 朱彧:《萍洲可谈》卷一,景印文渊阁四库全书本,台湾商务印书馆,1986年。
③ 王定保:《唐摭言》卷七,景印文渊阁四库全书本,台湾商务印书馆,1986年。

此处讲讲状元、榜眼、探花名称的来历。

唐代各州贡送到京城的举子应试前要向礼部呈递州里的解状和本人出身履历等亲状,称为投状。录取后,礼部又要将新进士的身份材料及成绩一起呈报皇帝,称为奏状。排在最前面的就是状头。不过,最初只有甲乙等之分,无状元之名。武则天在天授元年(690)开殿试之选,对礼部的考试再复试一次,这才开始把按成绩排在最前的称状头或状元,两名通用。宋代对状元也倍加重视。大中祥符八年(1015),蔡齐状元及第。宋真宗见他"堂堂英伟,进退有法",非常高兴,特诏给金吾卫士七人清道。不久下诏:"自今第一人及第,金吾给七人当直,许出两对引喝。"①

唐无榜眼,却有探花郎。唐代新进士榜公布后,进士们在曲江有盛大宴游活动,以最年少者为探花郎,原意只是戏称,与登第名次无关。宋代初期,以第一甲第二、第三名进士为榜眼。因为填进士榜时,状元的姓名居上端正中,二、三名分列左右,在进士榜上的位置好像人体的眼部地位,所以称作榜眼。北宋陈若拙并无文才而取中第二名,人们都嘲笑他是"瞎榜"。到了南宋后期,第三名进士改称为探花,于是榜眼成为第二名的专名。状元、榜眼、探花作为三鼎甲的三个专称形成于南宋。不过状元、榜眼、探花都是世俗称呼,在金榜和题名碑上,只是分别称"第一甲第一名"、"第一甲第二名"等。

宋代与唐代相比,录取和任用的范围放宽了。唐朝进士及第每次不过二三十人,宋朝进士分为三等:一等称"进士及第",二等称赐进士出身,三等称赐进士同出身。这样,每次录取进士的总额

---

① 范仲淹:《蔡文忠公齐墓志铭》,杜大珪《名臣碑传琬琰之集》卷三,景印文渊阁四库全书本,台湾商务印书馆,1986年。

通常在二百到三百人左右，最多时达五六百人。宋代取消了释褐试，士子一经录取便可任官，名列前茅者很快就可以得到高官。甚至屡次考试不中、年纪超过五六十岁的考生，也可以奏请皇帝开恩，赏赐出身资格，委派官职，即"特奏名"。宋初，考试的年限还不固定，有时一年，有时二年，到了英宗时（1063-1067），才正式规定每三年开科一次。

五　元代科举制

由宋历元，改朝换代，中国经过了一段政治动荡的时代，科举制度也经历一段曲折。辽夏、金、元都是少数民族政权，由于政治文化的相对落后，对于科举制度只是有限度地采用，因此对科举发展的创新不多。

元代政权是以蒙古贵族为主体。蒙古贵族有自己的一套选拔和用人制度，因而在设科取士的问题上，遇到重重阻力。元代科举仍分为乡试、会试、御试三级，每三年举行一次。乡试在全国11个行省及直隶举行，由各行省主持，在农历八月二十日举行。全国乡试录取合格者300人，蒙古、色目、汉人、南人分卷考试，各取75人，按行省分配名额，如四川蒙古人1名、色目人3名、汉人5名。乡试被录取的举子第二年二月初一再到礼部参加会试，以上四种人各取25人，共100人。会试被录取者于三月初七到翰林国史院参加御试。御试极为严密。四种人列队入场，"每进士一人，差蒙古宿卫士一人监视"[①]。元朝是少数民族建立的王朝，其科举制度也呈现出自己的特征。

---

① 宋濂等：《元史》卷八一《选举一》，中华书局，2000年。

（一）民族压迫与歧视

元代有蒙古、色目、汉人、南人之分。在科举的三级考试中也把蒙古人、色目人同汉人、南人分开进行。其中体现了不平等：首先，蒙古、色目人试二场。汉人、南人试三场。其次，考试内容方面，对汉人、南人的要求比蒙古、色目人严格得多。虽然左、右两榜都是第一名进士及第，从六品，第二名以下及第二甲皆正七品，第三甲以下皆正八品，但是蒙古、色目人愿试汉人、南人科目，中第者加一等授官①。可见，汉人、南人所考内容难度更大。再次，放榜时，蒙古、色目人作一榜，称为"右榜"，汉人、南人作一榜，称为"左榜"。按规定，左右两榜都各有一个状元，但左榜状元，汉人却很难得中，有时还让蒙古、色目人来当选。可见，汉人，尤其是南人，想从科举得官是非常困难的。汉人王宗哲连中三元，就是乡试、会试、殿试都是第一，这在科举史上是非常罕见的，在元朝历届科考中也仅此一人，但他也只担任八品小官，以后再无声名。

（二）科考次数少，录取人数少

早在世祖即位之初就有人建议实行开科取士，但一直不为统治者采纳，到仁宗皇庆二年（1313）才批准恢复科举制。1315年正式开科取士，而此时距元朝建立已是40多年了。仅行21年又因大臣反对而中止5年。1341年，脱脱任丞相，再次恢复科举取士。直至元朝灭亡，共举行科考16届，取士1135人。每次录取的名额，左榜与右榜的总数最多一百人，最少五十人，我们在此与唐、宋、明、清各朝对比一下。

---

① 宋濂等：《元史》卷八一《选举一》，中华书局，2000年。

朝代	开科数	进士人数	存在年数	年平均	备注
唐（618-907）	270	6606	290	23	
五代（907-960）	48	503	54	9	
两宋（960-1279）	118	36804	320	115	缺12科数字
元（1271-1368）	16	1135	98	11	左右榜合计
明（1368-1644）	88	24618	277	89	
清（1644-1905）	112	26391	262	100	

元朝虽然轻视科举，但还是出了不少人才。如《琵琶记》作者"南戏之祖"高则诚（1307-1371）和明初著名政治家、军事家兼文学家的刘伯温（1311-1375）都是元朝进士。

（三）"四书"正式成为考试内容

据《元史·选举志》载："蒙古人、色目人，第一场问经五条，《大学》、《论语》、《孟子》、《中庸》内设问，用朱氏章句集注。其义理精明，文辞雅达者为中选。第二场策一道，以时务出题，限五百字以上。汉人、南人第一场明经二问，《大学》、《论语》、《孟子》、《中庸》内出题，并用朱氏章句集注，复以己意结之，限三百字以上；经义一道，各治一经，《诗》以朱氏为主，《尚书》以蔡氏为主，《周易》以程氏、朱氏为主。已上三经兼用古注疏。《春秋》许用《三传》及胡氏《传》，《礼记》用古注疏，限五百字以上，不拘规律。第二场古赋、诏诰、章表、内科一道。古赋、诏诰用古体，章表用四六，参用古体。第三场策一道，经、史、时务内出题，不浮藻，惟务直述，限一千字以上。"可见，元人废止了唐宋以来实行了六七百年的诗赋考试，定以经义取士。在行科举的诏书里，更明确地规定，无论乡试、会试，蒙古、色目、汉人、南人最重要的第一场都是考明经、经疑或经问,从四书(《大学》、《论语》、《中庸》、《孟子》)事出题,并硬性限制经义必以程朱理学家的注释为标准。这一规定为以后明清两代延用了近600年之久,是科举史上的大事。

(四)"应考指南"的泛滥

元代以经义试士,规定考试题目必从儒家经书里出,应考者作文,既有规定的格式,思想内容又限定以程朱学派对经书的解释为准。四书五经的篇幅不算很长,其中可出的考题是有限的。行之稍久,套用现成格式和背诵范文便成了中选的一条省事而又省时的捷径。为此服务的估题、押题和拟作范文之类的辅导材料便应运而生了。元朝人编写的此类书籍,在《四库全书存目》中收了不少,如《书义断法》、《春秋经疑问对》、《四书待问》、《四书疑节》、《作义要诀》等。《四库全书总目提要》评论《书义断法》称:"书首冠以'科场备用'四字,盖亦当时坊本,为科举经义而设者也。其书不全载经文,仅摘录其可以命题者载之。逐句诠解,各标举作文之窾要。""后来学者,揣摩拟题,不读全经,实自此滥觞。"[①] 辛弃疾气愤而轻蔑地说:"三百青铜买一部即可举进士者,殆此类矣。"[②] 这类科举辅导用书的作者大都是科场不利的老儒。他们自己没能走通科举之路,却积累了不少考试的经验教训。作应时文章,大学问未必用得上,小技巧却往往不可少。这类书籍能给士人们以立竿见影的帮助,提供通向仕途的捷径,很受读书人的欢迎。对编写者、刻印者和书贩们来说,都是有利可图。此类材料便大同小异、改头换面,大肆泛滥起来。

---

① 永瑢,等:《四库全书总目》卷一二《书义断法提要》,中华书局,1965年。
② 同上卷一九七《太学黼藻文章百段锦提要》,中华书局,1965年。

元代社会重宗教，轻儒术。时有"一官、二吏、三僧、四道、五医、六工、七猎、八娼、九儒、十丐"之说。可见，科举制度在元代是一个中落期。

六　明代科举制

明朝科举考试始于洪武三年。明太祖下诏："自今年八月始，特设科举，务取经明行修、博通古今、名实相称者。朕将亲策于廷，第其高下而任之以官。使中外文臣皆由科举而进，非科举者毋得与官。"① 但行之三届，发现所取皆"少俊"，遂废止。至十五年（1382），又决定恢复科举取士。十七年（1384），礼部颁行《科举成式》，三年大比，永为定制。

（一）学校——科举的必由之路

唐宋时期，并不是一定要入校学习。唐宋考生的来源主要还是各州贡举。范仲淹、宋祁等人曾大力推广学校学习。王安石整顿太学，曾推行"三舍法"，将太学生分为三等：外舍、内舍和上舍，以考试的成绩和平时的学业品行作为升舍、应试和授官的根据。宣和三年（1121），被废除。至明代，进校学习成为科举的必由之路。学校和科举更紧密地结合起来。朱元璋认为："治国以教化为先，教化以学校为本。"② 对学校非常重视。1365 年，当他还是吴王的时候，就在应天建立国子学。1369 年又令各府、州、县设立学校。

1. 国子学

国子学是中央一级的学校，建于南京鸡鸣山下，不久改称国子

---

① 张廷玉：《明史》卷七〇《选举志》，中华书局，2000 年。
② 同上卷六九《选举志》。

监。国子监设祭酒一人，司业二人。下面分设监丞、典簿、典馔、博士、助教、学正、学录。在国子监学习的学生通称监生。举人入监的称举监，生员入监的称贡监，官僚子弟入监的称荫监，捐资入监的称例监。永乐元年（1403），明成祖朱棣在北京设立国子监。永乐十八年（1420）迁都北京，又在北京设立国子监，称原来的国子监为南京国子监，这就是明史上的南监和北监。

明代的国子监分为六堂，分别以率性、修道、诚心、正意、崇志、广业命名。开始时，除学习儒家经典《四书》、《五经》外，还要学习刘向《说苑》、律令、书法、数学、《御制大诰》等。但越到后来，《四书》、《五经》成为唯一学习的内容。学校的教育功能已基本消失，学校越来越为科举服务。朱元璋认为《春秋》是儒经的核心，是最能体现儒家思想中的"微言大义"之所在。国子学的学生们因而也把《春秋》的学习放在首位。

2. 地方学校

地方学校分为府、州、县学。府设教授一人，训导四人。州设学正一人，训导三人。县设教谕一人，训导二人。府、州、县学的学生名额，明初规定为府学四十人，州学三十人，县学二十人。每人每月由国家发给食米六斗。后来又几次下令增加名额。"生员专治一经，以礼、乐、射、御、书、数设科分教。"① 生员入学，最初是由巡按御史、布政使、按察使和府、州、县官主持考试。正统元年（1436），才在各行省特置提学官。提学官的职责是"专督学校，不理刑名"②，各直省的地方长官不得侵犯提学的职权。提学官三年一任，任内举行两次考试，一次是岁考，一次是科考。岁考

---

① 张廷玉：《明史》卷六九《选举志》，中华书局，2000年。
② 同上。

和科考都按成绩的优劣分为六等。尤其重要的是科考，在其中列一、二等者就取得了参加乡试的资格，称科举生员。只有进入学校并取得科举生员的资格，才能在科举的道路上一步一步爬上去。

（二）明代的三级考试

明朝仍然实行三级考试法。《明史·选举志》载："三年大比，以诸生试之直省，曰乡试，中式者为举人。次年以举人试之京师，曰会试。中式者天子亲策于廷，曰廷试，亦曰殿试。"但与前代相比，其内容和形式都有不少变化。

乡试：凡在各州县考试合格者（秀才或生员）可参加每三年在布政司所在地举行的乡试。因考期在八月，也称"秋闱"。南北两京的乡试习称"南闱"、"北闱"。乡试考三场，分别在八月九、十二、十五日举行。第一场试《四书》义、《五经》义；第二场试论、判、诏、诰、章、表；第三场试经史、策论。其中以首场最重要，即八股文作得好坏直接关系录取。考试纪律很严，对号入座、军人监考，甚至搜身。黄昏交卷，若有不能交者，允许增蜡烛三根，仍未交卷则扶出。试卷经封弥、誊录、对读后交主考、同考官评阅。录取按省分配名额，从100到20不等。严禁"冒籍"。乡试中式者统称举人，第一名称"解元"，第二名称"亚元"，第三、四、五名称"经魁"，第六名称"亚魁"，其余皆称"文魁"。乡试所发之榜称"乙榜"。中榜者参加布政司举行的宴会，称"鹿鸣宴"。乡试中式者既可参加第二年的会试，取得做官的资格。

会试：由礼部主持的全国性的考试，也称"礼闱"。因为在乡试的第二年春二月举行，又称"春闱"。会试也考三场，分别在二月初九、十二、十五日举行。考官由多人组成，最初同考八人，其中翰林三人、教职五人。正德时增至数十人，其中翰林十一人、科部各三人。会试录取有定额，但执行中并不严格遵守，少时数十人，多则四五百人。会试中式者统称"贡士"。第一名称"会元"。由于文化发展的地域差异，洪武时便出现了南北名额之争。杨士奇任内阁大学士时曾确定比例为六比四。后来又明确分为三份，即南卷 55 名，北卷 35 名，中卷 10 名。中卷包括四川、广西、云南、贵州四省及凤阳、庐州二府，滁、徐、和三州。

殿试：名义上由皇帝亲试于奉天殿或文华殿，也称"廷试"。嘉靖、万历以来，皇帝不再亲临考场，只对内阁拟定的考题审定而已。考试时间初在三月初一，成化八年后定在三月十五日。只考策问一场，次日评卷，第三日发榜。由于时间太紧，评卷官关注的只是其中少量优秀试卷，以排定名次。殿试所发之榜称"甲榜"，考中者统称进士，分为三甲：第一甲三名分别称状元（或殿元）、榜眼、探花，赐进士及第；第二甲第一名称传胪，赐进士出身；第三甲赐同进士出身。

乡试第一名为解元，会试第一名为会元，殿试一甲第一名的状元，当时的士大夫又通称这三者为三元。连中三元是科举场中的佳话。有明一代，连中三元仅洪武（1368－1398）年间的许观（后复姓黄）和正统（1436－1449）年间的商辂二人而已。

（三）馆选

明朝殿试发榜后，分甲授官，第一甲中状元授翰林院修撰，榜眼和探花授编修。二、三甲进士可以再参加翰林院的考试，时称"馆选"，考取者称"庶吉士"。庶吉士源于《尚书·立政》中的"常庶吉士"，周朝指官府内办理日常政务的官员。明成祖时草创此制，但直到明孝宗时因大学士徐溥奏请而趋于健全和完备。中选进士以翰林院、詹事府官高资深者一人教课之，称教习。三年学成后，留成绩优异者在翰林院任编修、检讨，次等分任给事中、御史等官。由于庶吉士散馆即为翰林，而英宗以后非进士不入翰林，非翰林不入内阁，南北两京礼部尚书、侍郎及吏部右侍郎非翰林不任。所以，庶吉士被人们视为"储相"。可见，庶吉士比一般进士的地位和威望要高得多。

七　清代科举制

清朝开科取士始于顺治二年（1645）。在体制上有损益地继承了明朝。其中最大的变化是在乡试之前增加了"小试"。

（一）小试

清朝与明王朝一样，学校是科举的必由之路。府、州、县学的学生称为生员。未取得生员资格的知识分子不论年龄大小，都称为儒童或童生。一些考生一直到六七十岁了仍然是个童生。童生要取得生员的资格必须经过三次考试：县试、府试和院试。这一系列的考试总称为童试，俗称"考秀才"。考试内容与乡试略同。录取名额按各地文风高下、钱粮丁口多少而定。

县试二月举行，知县主考。考生自报简历，并五人联保。共考四场，前两场考诗赋，后两场考经解。府试四月举行，知府主考。共考二场：第一场为正场，被录取者即可参加院试；第二场为复试，意在排出名次，考生自定是否参加此场考试。院试，清初各地设学道，以督学使总理一道学政。雍正时改学道为学院，以学政总理学事。院试就在学政衙门所在地设置专门场所（考棚）举行，由学政和所在地方长官共同主考。考试两场：第一场为正场，第二场为复试。

通过小试后，即成为生员，可进入县、州、府学校学习。各府、州、县接到学政发下的新生名单（俗称红案）后，即通告新生于某日雀顶蓝袍，齐集官署大堂，设宴簪花，并由各府、州、县官率领，到文庙拜谒孔子，到学宫明伦堂拜见学官，算是正式入学了。府、州、县学的学宫都有一个半圆形的水池，称为泮水。所以称府、州、县学为泮宫，称入学为入泮。明代称初入学的人为附学生员，清代沿袭了这一名称，称为附生。此外，还有茂才、博士弟子员名称，而最普遍的称呼则是秀才。

（二）清代三级考试法

清朝乡试考试办法同明朝相似，唯难度远大于明。乡试由皇帝差派专官主持，在各省省城举行。考场是专门修建的，从围墙到座位都是特制的。考生身着"行衣"，食宿皆由官方提供。考试纪律很严。

乡试共考三场：第一场试经，《四书》三题，《五经》各四题，考生可任选一经。内容以宋人传注为准，形式是八股文。第二场试论一篇，判五道，诏、诰、表选作一道。第三场试经、史、时务策五道。

清代乡试的录取是按各省文风高下、人口多少、丁赋轻重而分配名额，又时有增减。乾隆九年，浙江、江西各94名，四川为60名，而甘肃才30名。由于名额太少，极难考中，遂自康熙十一年始按正取5：1的比例设副榜，中正榜者称"举人"，中副榜者称"副贡生"，以后可直接进入乡试。但还是有久考不中者，至有老死科场者。黄章99岁还未中选，提灯大书"百岁观场"。清乡试发榜时间多在寅日或辰日，寅属虎，辰属龙，因此称"龙虎榜"。又因正值桂花季节，又称"桂榜"。

会试在乡试的第二年三月，在礼部集中举行。清廷按路程远近发给举人路费。云南、贵州举人还可以用驿马。会试考三场，朝廷临时差派总裁官和同考官主持。录取名额不定。一般为240名，也是按省分配名额，一般为20人取1人。四川在2至4名之间。中式者称"贡士"。发榜称"杏榜"。第一名称会元。会试也有副榜。中副榜者不能称贡士,也不能参加殿试,但可由吏部授予低级官职。

殿试由皇帝亲自主持,在保和殿举行。时间初在四五月,乾隆以后定在四月二十一日。陪同皇帝考试的官员有十多名,称"读卷官"。时间为一整天,甚至可以延至次日。

(三) 入仕的敲门砖

清代入仕的敲门砖为八股文与试帖诗。众所周知,清初科举沿袭了明代的制度,以八股文为考试的主要内容。乾隆年间又增试帖诗。八股文和试帖诗是否合格,成为乡试、会试能否被录取的关键。此外,童试、岁试、科试、复试以至殿试,都要用八股文和试帖诗。

1. 八股文

八股文正式形成是在明成化年间。其为明清两代科举考试中的特殊文体,又称"八比文"、"时文"、"时艺"。由于题目出自《四书》、《五经》,也叫"四书文"、"五经文"。对于"八股文"有两种解释:其一,全文由破题、承题、起讲、入题(题比)、起股(虚比)、中股(中比)、后股(后比)、束股(束比,也叫大结)等八个部分组成而得名;其二,起股、中股、后股、束股四个段落各由两股组成,共为八股。无论哪种解释,有一点是肯定的,那就是八股文形式呆板,内容僵死,必须从《四书》、《五经》中命题,每部分写多少字是有限制的,不能按照自己的观点撰写,要"代圣贤立言",连语气都得模仿古人为之。

由于题目只限于《四书》、《五经》中的内容,所以考了几百年之后,其中的章、节、句无不反复考尽。于是考官挖空心思,将完整的句子截头去尾,将几句互不相关的话捏在一起来作题目。如

《中庸》中有"及其广大,草木生之"的话,有一年即以"大草"命题。考生在论述过程中,一些禁忌更是难以突破。比如《论语》中有这样一句话:"止子路宿,杀鸡为黍而食之,见其二子焉。"如果考官以"杀鸡为黍而食之"为题,那么考生论述绝不能涉及"止子路宿"和"见其二子焉"。据传,一老童生在做这一文章时,写了这样二股:"其或公鸡欤?其或母鸡欤?抑或不公不母之鸡欤?其或白鸡欤?其或黑鸡欤?抑或不白不黑之麻鸡欤?"考官见到这既不犯上,又不犯下的文章,竟将其录取为秀才[1]。

因而,学者们认为,八股文僵化固定的内容,死板的形式,严重束缚和限制了考生的思想,摧残人才,限制了中国科学技术和文化教育的发展。以这种文体选拔人才,只会使知识分子的头脑更加僵化,既不能联系社会实际,又不能阐发自己的思想,知识分子穷其毕生精力,到头来只能是更加迂腐。与曹雪芹同时代的学者徐灵胎作《道情》,对八股文及科举作了痛快淋漓的批判:"读书人,最不济。彼时文,烂如泥。国家本为求才计,谁知道,变做了欺人技。三句破题,两句承题。摇头摆尾,便道是圣门高第。可知道,三通、四史,是何等文章?汉祖、唐宗,是哪一朝皇帝?案头放高头讲章,店里买新科利器。读得来,肩背高低,口角嘘唏。甘蔗渣儿嚼了又嚼,有何滋味!辜负光阴,白白昏迷一世。就教他,骗得高官,也算是百姓朝廷的晦气。"[2] 这里的描写虽有些过头,但确实反映了八股文的危害,阻碍社会进步,使明清封建社会变得更加腐朽僵化、停滞不前。

---

[1] 圣勻:《"八股取士"种种》,《龙门阵》丛书编辑组:《龙门阵》第一辑,四川人民出版社,1980年,第38-39页。

[2] 商衍鎏:《清代科举考试述录及有关著作》,百花文艺出版社,2004年,第337页。

清朝统治者也知道以八股文取士的弊端。康熙二年至六年（1663—1667）曾一度加以停罢，乾隆时也有大臣提议要将它废除，但最后还是保存了下来。这是由于八股文有利于统治者施行文化专制和传播理学名教，箝制知识分子的思想，以维护封建统治。李鸿就说："明清两代控制知识分子的方法虽多，但最基本的手段则是八股科举。八股本是窒息一切生动活泼的僵硬模式，而知识分子对八股的顶礼膜拜，最后又必然归结为对封建君主专制的顶礼膜拜。"① 便于控制人们的思想，使考生只埋头死读"圣贤书"，以强化封建统治。陈茂同先生还认为"从形式而言，八股文也有其特殊的功能"："第一，防止作弊"；"第二，试卷的格式固定，考官易于评审"；"第三，一定程度上能考验举子的文字基本功"②。

八股文到底有无学术价值？有少数学者以为不能完全否定八股文的文学价值。周作人说："八股是中国文学史上承先启后的一个大关键。……八股不但是集合古今骈散的菁华，凡是从汉字的特别性质演出的一切奥妙的游艺也都包括在内。所以我们说它是中国文学的结晶。"③ 朱光潜说："我颇觉得八股文也有它的趣味。它的布置很匀称完整，首尾条理线索很分明，在狭窄范围与固定形式之中，翻来覆去，往往见出作者的匠心。"④

明、清两代，八股文是知识分子的必修课，称为"举业"。八股文章真是汗牛充栋，多不胜计。但是，在人们心目中，它不过是"得第则舍之矣"的"敲门砖"。随着科举制度的消亡，八股文也就

---

① 李鸿：《明清科举制度与封建专制主义》，《内蒙古大学学报》1983年第2期。
② 陈茂同：《中国历代选官制度》，华东师范大学出版社，1994年，第770—774页。
③ 周作人：《中国新文学的源流》附录一《论八股文》，河北教育出版社，2002年，第60—62页。
④ 朱光潜：《朱光潜集》，花城出版社，2009年，第198页。

无人问津了。

2. 试帖诗

试律始于唐代,乾隆年间用以考试,仍称唐律,而一般人则称之为试帖诗。试帖诗的特点是按题做诗。唐代诗题不一定有出处,考官可以以己意出题。考生有不清楚的地方,允许提问,称为上请。宋初也是如此。但仁宗景祐年间(1034-1038)才有了必须在经史中出题,禁止考生上请的规定。后来又将命题的范围扩大到古人的诗句。清代命题必有出处,或用经、史、子、集,或用前人诗句。考生作诗的时候,必须了解诗题的出处,写出的诗篇才不致违背题意题情。乾隆某科会试,以颜延之诗"天临海境"句为题,原诗的意思是"人君在上,如天之临,如海之镜"。许多人却误认为月光,只有十六个人知道题目的出处,全部被录取。

唐代试律一般为六韵,四韵、八韵的都很少。清代乡试、会试用五言八韵,童试用五言六韵,岁考、科考、复试均用五言八韵。限用之韵称为官韵。官韵只限一韵,在题旁注明"得某字"。其结构与作法,大致与八股文相同。首联名破题,次联名承题,三联如起股,四、五联如中股,六、七联如后股,结联如束股。首联和次联必须将题目字眼全部点出,如果题字太多,不能全部点出,则将紧要字眼点明,务使题义了然。三联领起,四、五、六、七联或实作正面,或阐发题意,或用开合,或从题外推开,或在本题映切。结联或勒住本题,或放开一步,本题未点之字也可在此联补点。全章之法,由浅入深,由虚及实,有纵有横,有宾有主,相题立局,不可凌乱。毛奇龄认为,八股文源于唐代试律[1]。梁章钜则说:

---

[1] 梁章钜:《制义丛话》卷一,上海书店,2001年。

"今之作八韵试律者,必以八股之法行之。"① 二人都讲得很有道理。作为一首律诗,试贴诗也像其他律诗一样,讲求对仗、用典,不得失粘、出韵等等。在这些方面,它和八股文又有所不同。

试帖诗多应制之作,必须计策典雅,切忌纤佻浮艳。条例之严,避忌之多,是其他诗歌所没有的。这样的诗篇,也和八股文一样,不论在思想内容和艺术形式方面都毫不足取,它只不过是当时的知识分子进入仕途的一块敲门砖罢了。

八 科举制的废除

自科举制实行以来,就有人反对这种取士办法。至清末,反对的声浪越来越高。光绪三十一年(1905),清政府颁布诏令,正式废除科举。实行1300余年的科举考试就此终结。科举制的废除与其本身及其在运行过程中突显出来的弊端有着密切联系。

第一,科举制度本身存在许多严重的弊窦。八股文僵化的内容,死板的形式,极大地束缚了举子的思想,阻碍了社会的进步。其次,在科举制度下,学用脱节,科举要么以诗赋取士,要么以经义取士,考生穷尽一生研治诗赋或经义,而诗赋、经义却无益于政事。再次,科举缺乏严谨的录取标准。以诗赋、经义取士,而其优劣高下往往仁者见仁,智者见智,难以把握。最后,科举只问才能,不问德行。科举只能考察一个人才能而不能涉及其品行。

第二,官僚政治腐朽,造成科举制度在运行上败像丛生。虽然科举制不断完善,而科场舞弊代代有之,极大地挫伤了士子的积极性。科举在实施的过程中,帝王也多按喜好取人,难言其公平。如

---

① 梁章钜:《制义丛话》卷二,上海书店,2001年。

明成祖曾初拟状元为孙日恭,后发现邢宽的名字好而易其位。又如明孝宗以"朱希周"之姓名好而定为状元。也有以姓名不好而不得状元者,如顺治以初拟状元王揆与戏剧中王魁姓名同音而另点。又如明世宗初拟状元吴情为状元,以其姓名降为第三。又曾以殿试中,风吹帆布交结如"雷"字,遂于考生中寻找有"雷"字者,春鸣雷便由此而得状元。建文帝和英宗以貌取人,先后以初拟状元王艮、张和貌丑降为第二名和第二甲。慈禧因厌恶康有为、孙中山,而不让广东人做状元,又因讨厌珍妃而不让姓名有珍字者为状元。至明清,以文化专制为特征的文字狱愈演愈烈,文士动辄得咎,致使不少有真才实学的文士拒绝参加科考。

现在,不少学者认为,科举制度虽有其历史局限性,但与以往包括察举制度在内的封建社会所有选举制度相比,却有其进步性和合理性。

第一,科举制造成了社会的流动,一定程度上改善了封建政治,为官僚机构不断补充新鲜血液,注入了充满朝气的新生力量,使官吏队伍的新陈代谢、吐故纳新成为可能,改善了官僚队伍的群体素质,保证了整个国家机器的正常运转,同时也有效地堵塞了高级官僚贵族化的道路。

科举制度适应了时代的需要,打破了豪门世族垄断选官的局面,有效地调和了社会矛盾,化解了社会紧张度,整合了社会结构,促进了阶层之间的社会流动和经济利益的再分配,扩大了社会基础和阶级基础,使封建王朝有了巨大的向心力、凝聚力。社会学家潘光旦、费孝通曾研究过科举与社会流动的问题。他们通过对清代915名贡生、举人、进士的朱墨卷(因为卷首载有应试者的履历)调查统计,发现在这些人中,父辈无功名的占33.44%,而连续五代都无功名的布衣子弟也有122人,从而说明"科举制度具有相当的开放性和一定程度的竞争性,造成封建社会的人才流动"①。一些平民通过科举考试可以上升为统治者,另一些官宦子弟却因科举失利而沦为平民。

第二,科举制度具有开放性、公平性,士人可以自由投考,调动人们的积极性,便于广泛搜罗人才。这是科举不同于以往考试制度的重要特点,也是科举制度的核心要素。一方面,不必经过官员举荐或者认准就可以报考,使贫寒之士在一定程度上摆脱了权贵势力的束缚,能够自由地参与竞争。任何读书人,不管出身贵贱贫富,都可以通过参加科举考试来猎取功名,成为天子门生,士林华选。"朝为田舍郎,暮登天子堂。""大者登台阁,小者任郡县。"②一飞冲天而为帝王师,出将入相,帷幄运筹,体现了社会公平和全民性,打碎了陈腐的门阀等级观念。另一方面,科举制"虽说也有不少弊病,但它使应考之人获得公平竞争的机会,这对于调动人的积极因素,广泛搜罗人才,有着无可辩驳的优点。以考试取士,权在国家,考取者无私恩,黜落者无怨恨,亦有利于社会的安定和政治的清明"③。

第三,科举制造成了一种劝学右文的风气。开科取士造就了大批以举业为生的读书人,具有文化普及功能。全社会在科举激励下以读书为至上、积极向学,认为读书做官是天经地义的事。"学则庶人之子为公卿。"平民百姓意识到读书是改变个人乃至家族命运的唯一途径,"遗子黄金宝,何如教一经"。多数进士通过寒窗苦读

---

① 潘光旦、费孝通:《科举与社会流动》,清华大学《社会科学》第4卷第1期,1947年。
② 沈既济:《词科论》,李昉《文苑英华》卷七五九,景印文渊阁四库全书本,台湾商务印书馆,1986年。
③ 何忠礼:《荐举制度与考试制度优劣之比较》,缪进鸿、郑云山主编:《中国东南地区人才问题国际研讨会论文集》,浙江大学出版社,1993年。

而得高官厚禄。他们的嘉言懿行、华章遗迹流传至今，激励着一代又一代莘莘学子刻苦自励，推动着重文右学风气的形成。一位九岁学童写了《神童诗》，传遍九州四海，并被选为蒙童辅助读本。其原文如下："天子重英豪，文章教尔曹。万般皆下品，惟有读书高。少小须勤学，文章可立身。满朝朱紫贵，尽是读书人。学问勤中得，萤窗万卷书。三冬今足用，谁笑腹空虚？自少多才学，平生志气高。别人怀宝剑，我有笔如刀。朝为田舍郎，暮登天子堂。将相本无种，男儿当自强。"

阅读书目：

1. 王道成：《科举史话》，中华书局，2004 年。
2. 韦庆远主编：《中国政治制度史》，中国人民大学，1999 年。
3. 左言东主编：《中国政治制度史》，浙江古籍出版社，1986 年。

思考题：

1. 简述皇权的特征。
2. 论述君权运行的方式。
3. 论述宰辅制发展的规律及其特点。
4. 论述相权与皇权的关系。
5. 谈谈你对八股文的看法。
6. 请简要评述科举制度。

第二章　儒家文化

儒学是中国传统文化的主导思想,对中国传统文化乃至整个社会生活都有着深远的影响。她深深地植根于中国人的文化生活中,培养了一代又一代儒雅的中国人。她曾极大地影响了包括朝鲜半岛、日本、越南在内的东南亚地区,成为东亚文明的象征。"五四运动"以来,在"打倒孔家店"、"批孔、批周公"等口号下,她几度受到冲击和撕裂。然而"野火烧不尽,春风吹又生",前有"新儒学"的传承发扬,后有儒学文化熏陶下成长起来的"亚洲四小龙",更有"国学热"、"建设和谐社会"等新的浪潮,儒学文化再次成为人们关注的热点。作为中国传统文化的主流,儒学以经学原典为基础,不断向前发展,经历了漫长的历史变迁,大致可以划分为先秦原始儒学、两汉经学、魏晋玄学、南北朝隋唐义疏学、宋明理学、清代朴学及现代新儒学几个不同的发展阶段,每个阶段又呈现出鲜明的时代特色。

第一节 儒学原典

儒家学说以儒学原典为核心,经过历代儒士阐释发扬而不断完善。以"十三经"为中心的儒学,在很大程度上就是一种以"述而不作"或"以述代作"方式进行的经典阐释之学。

一 "十三经"及"四书"的形成

春秋之时,孔子整理、编订古代文献资料,形成了较为完整的"六经"体系,这就是《诗》、《书》、《礼》、《乐》、《易》、《春秋》。其中《乐》保存于太师,经秦火而亡,到汉武帝立经学博士时,便只有五经博士了。

《论语》主要记录孔子言行,《孝经》讲求孝道。在"以孝治天下"的汉代,统治者规定《论语》、《孝经》为学生识字后的必读之书,治五经者可以诸经分治,但《论语》、《孝经》人人必读。东汉时,便在五经之外增加《论语》、《孝经》,统称为"七经"。

到了唐朝,太宗李世民下令孔颖达等为《毛诗》、《尚书》、《礼记》、《周易》、《春秋左氏传》五经作"正义",其后又出现了《周礼》、《仪礼》、《春秋公羊传》、《春秋穀梁传》四经的义疏,于是形成了"九经"之说。唐朝廷规定太学学习及科举考试必须以唐代九经注疏为标准,同时要求所有读书人都要研读《论语》、《孝经》,称之为"兼经"。唐文宗开成二年(837),朝廷下令于长安国子监门前立石,刻九经及《论语》、《孝经》、《尔雅》,作为士人传习和考试的学科及文字定本,称为开成石经,于是便有"十二经"之称。

唐末北宋时,《孟子》一书受到推崇,出现了一场"孟子升格运动"。《孟子》最终由子书上升为经部之书,与"十二经"一道并称为"十三经"。也就是在宋代,人们把十三经及其较好的注疏合刻在一起,形成一套系统的经书及注文,称为《十三经注疏》,广泛流传,以至于今日。

南宋理学大师朱熹继承宋代前辈学者的努力,从《礼记》中取出《大学》、《中庸》两篇,将其与《论语》、《孟子》并在一起,合称"四书",与"五经"相配,称为"四书五经"。他刻意调整诸经次第,以《大学》、《论语》、《孟子》、《中庸》四书先后为次,作为学习"五经"的阶梯。从此,"四书"成为封建科举取士的标准读本,地位更优先于"五经"。

二 "十三经"及"四书"简介

《周易》居群经之首,包含《易经》、《易传》两部分,后世又统称为"易经"。汉儒以为《周易》经过伏羲画卦,周文王、周公旦作卦爻辞,孔子作传,"人更三圣,世历三古"而成。《易经》是古人卜筮用书,由乾、坤、震、巽、坎、离、艮、兑八卦两两相重而成的六十四卦及其卦爻辞构成。《易传》则由《彖传》上下、《象传》上下、《系辞》上下、《文言》、《说卦》、《序卦》、《杂卦》十篇构成,统称为"十翼",是对《易经》加以哲理化阐释的作品。

《尚书》原称《书》,是我国上古历史文献和部分追述古代事迹著述的汇编之作,记事上起传说中的尧、舜,下讫春秋中叶的秦穆公,包括《虞书》、《夏书》、《商书》、《周书》四部分。其中《虞书》、《夏书》是商、周时人根据远古传说和部分从夏代传承下来的历史资料追记而成的文献作品；《商书》是商代留传下来的文献，一部分经过后人的加工；《周书》则是周代的档案文献。传统上将《尚书》的文体分成典、谟、训、诰、誓、命六种，除《禹贡》为地理记类的著作外，其余各篇均为训下、告上之词，相当于后世帝王的诏命和臣僚的奏议，包括部分谈话记录、讲演词、命令、宣言等。经秦火而后，《尚书》在西汉时期形成《今文尚书》和《古文尚书》两个系统。前者流传至今，而后者逐渐失传。今天所见的《古文尚书》乃是东晋时期出现的一部离析《今文尚书》并增补一些散逸《尚书》文字在内的"伪古文尚书"。

　　诗经》原单称《诗》，是我国最早的一部诗歌总集，收录上起西周初年，下至春秋中叶约五百年间的诗歌，保存至今的作品共305篇，分为《风》、《雅》、《颂》三大类。《风》是十五个国家和地区的民歌。《雅》又分为《小雅》、《大雅》，全为贵族作品。《小雅》多是西周后期和东周初期的作品，主要是政治讽喻诗、怨刺诗及反映贵族生活习俗的诗。《大雅》主要是颂扬周文王及大臣功业的颂歌。《颂》主要是祭祀先王和山川神明的庙堂颂歌，也有一部分祈祷丰收的农事诗。在西汉时，《诗》有齐、鲁、韩、毛四家，前三家在魏晋以后逐渐衰亡，只有《毛诗》流传至今。

　　周礼》、《**仪礼**》、《**礼记**》统称"三礼"。《周礼》原名《周官》，是一部记载政治制度的书。全书由《天官冢宰》、《地官司徒》、《春官宗伯》、《夏官司马》、《秋官司寇》、《冬官司空》六部分组成，记载了三百多种所谓周朝职官，并对其所司职务作了具体的说明，其中也牵涉到周代的一些典章制度。书中的《冬官司空》在西汉时已经亡佚，当时学者以先秦类似古籍《考工记》加以补足。《周礼》对后世政治影响很大，西汉末年的王莽改制、西魏宇文泰任用苏绰改革官制、宋代王安石变法等都曾以《周礼》相号召。《仪礼》原称《礼》，汉代又称《士礼》、《礼经》，晋代始称《仪礼》。《仪礼》详细记载古代加冠、婚丧、交际、敬老、宴饮、外交、觐见、祭祀等各种贵族礼仪。全书包括《士冠礼》、《士昏礼》、《士相见礼》、《乡饮酒礼》、《乡射礼》、《燕礼》、《大射礼》、《聘礼》、《公食大夫礼》、《觐礼》、《丧服》、《士丧礼》、《既夕礼》、《士虞礼》、《特牲馈食礼》、《少牢馈食礼》、《有司彻》等十七篇。《礼记》是一部儒家关于各种礼仪的论著、杂说汇编，包括对《仪礼》的说明，杂记丧服、丧事，记述各种礼节、礼制和守则，记述孔子言论，论述儒家思想，记叙时令等多个方面。在汉代，《礼记》主要有《大戴礼记》和《小戴礼记》两种。流传后世最广的是《小戴礼记》，成为十三经之一，而《大戴礼记》则有所散佚。

《**春秋**》是我国现存最早的一部编年体史书，记述了鲁隐公元年（前722）至鲁哀公十四年（前481）十二君共二百四十二年的鲁国历史。因绝笔于"西狩获麟"，故又称为《麟经》。孔子修订《春秋》，运用意含褒贬的"春秋笔法"，赋以鲁史"微言大义"，对后世的政治思想文化产生了深远的影响。《春秋》经文十分简略，自汉代起便主要流行《左传》、《公羊》、《穀梁》三种《春秋》传记之作，统称为"《春秋》三传"。《左传》旧传为春秋时左丘明所作，以叙事为主，为《春秋》补充了大量史实。其书终于鲁悼公四年（前464），比《春秋》经多出十七年。《公羊传》、《穀梁传》的记事起讫与《春秋》经相同，主要从微言大义的角度出发，采用问答体的方式对《春秋》经文作义理式阐发。

《**论语**》是孔子弟子及其再传弟子辑录的有关孔子及其少数弟子的言语行事的作品。《论语》一书传至汉代，出现了《鲁论》、《齐论》、《古论》三种不同的本子。今传世的《论语》乃由东汉郑玄参照以上三种本子整理而成，共有二十篇。在西汉时，《论语》只作为经书的辅翼，被看作传、记一类的著作，东汉时才正式列入经书之列。

《**孟子**》是一部记录战国孟轲言论行事，包括他与时人、门弟子相互问答的谈话记录。《孟子》今有七篇，主要由孟子及其弟子万章、公孙丑所记，记载了孟子的政治活动、学说及其哲学、伦理、教育等思想，体例类似《论语》。在宋代以前，《孟子》一直被当作传、记之作，列入子书之中，直到宋代才上升为经，列入十三经之中。

《**孝经**》是一部阐述孝道思想及孝治等社会功能的著作。全书分为十八章，据宋郑畊老统计，全文有1903字。《孝经》按等级地位，将孝分为天子、诸侯、卿大夫、士、庶人五等，对孝的内容、意义、价值作了全面的阐述，并主张移孝于忠。《孝经》受到历代统治者的重视，成为人们必须熟读掌握的、流传最为广远的经书。在历史上，汉、唐两代都强调"以孝治天下"，而魏文侯、晋元帝、晋孝武帝、梁武帝、梁简文帝、唐玄宗、清世祖、清圣祖、清世宗等君主都曾对《孝经》作过注。今天流传最广的注文就是唐玄宗所为。

《**尔雅**》是我国现存最早的古代训诂学专著，据传为周公所著，或指为孔子及其弟子所为，今人一般认为出于汉儒之手。《尔雅》之"尔"为近，"雅"为正，指雅正之言，即作为政治、文化、社交活动中使用的词汇。《尔雅》共有十九篇，前三篇《释诂》、《释言》、《释训》为一般词语的解释，其余各篇则按各种名物分类解释，如《释亲》、《释器》、《释山》、《释草》、《释鸟》、《释畜》等，全书大体可以分为语言、人文关系、建筑器物、天文地理、植物动物等五大类。

《四书》由宋代朱熹取《礼记》中的《大学》、《中庸》两篇与《论语》、《孟子》合编而成。朱熹对"四书"还加以训释注解,形成《四书集注》,成为元、明、清科举取士的标准,影响极为深远。其中,《大学》以"明明德"、"亲民"、"止于至善"三纲领,加以格物、致知、诚意、正心、修身、齐家、治国、平天下八条目为核心,阐述儒家的人生哲学和政治抱负,展示其内圣外王之道;《中庸》分为两部分,分别对儒家中庸思想及诚明、明诚思想作了深入地阐述分析。

第二节 先秦原始儒学

先秦原始儒学是儒学兴起并得到初步发展的阶段。在这个阶段中,孔子、孟子和荀子对儒学的兴起与发展作出了卓越的贡献。他们从多个侧面提出并丰富了儒学的基本命题,奠定了后世儒学发展的基础。

一 儒学的兴起

春秋时期,王室衰微,诸侯争霸,礼崩乐坏,学术下移,由殷商、西周的"学在官府"发展到春秋时的"学在民间"。春秋战国之时,士阶层已经成长为一支传播文化、发展学术的社会力量。他们通过一系列政治、学术活动,逐渐创立学派,提出解决现实困惑的政治与思想主张,游说诸侯,诸子百家之学渐次兴起。儒学就是在这样的背景下,由孔子于春秋末期创立,经过孔门后学的传播,在战国时期与墨学一道，成为优于诸子百家的"显学"。

孔子（前551-前479）名丘，字仲尼，儒家学派创始人，后世尊称为"至圣先师"。孔子先祖原为宋国贵族，后逃难至鲁，为鲁人。孔子三岁丧父，家道中落，随母居住曲阜，过着贫贱的生活。他少年好学，博学多能，做过管理仓库的"委吏"、看管牛羊的"乘田"。中年以后，孔子担任过鲁国的中都宰、司空、司寇等。离职后，他周游卫、宋、郑、陈、蔡、楚等国，到处游说。晚年时，孔子又回到鲁国，专意于讲学与整理文献。孔子的言行，由其门弟子记录整理成为《论语》一书，是为研究孔子思想最主要的依据。

在政治方面，孔子考察夏、商、周三代历史，主张损益三代，恢复周礼。他赞赏周公的为政，维护周天子的地位，希望实现君君、臣臣、父父、子子、夫夫、妇妇的有道社会。为此，孔子提出"正名"说，要求君臣父子各安其位，守其本分，不越位，不僭礼。在传统的以政、刑为治之法外，孔子进一步提出以德、礼来治理天下的主张。他说："道之以政，齐之以刑，民免而无耻；道之以德，齐之以礼，有耻且格。"（《论语·为政》）所以，复兴周礼、施行德治是孔子恢复社会秩序，减轻人民痛苦的最根本的政治主张。

在思想学说方面，孔子以"仁"、"礼"为中心，建立了一套系统完整的儒家学说。孔子说"仁者爱人"。他希望通过每个人的自身修养，使人人都成为具备仁德的士人君子。孔子的仁既要有"爱人"的和谐相处，也要有"克己复礼为仁"的名分之别。这种处理人与人关系的仁说，讲求"能近取譬"的"忠恕之道"，由己及人，由家而及天下国家。从积极方面讲，要"己欲立而立人，己欲达而达人"（《论语·雍也》）；从消极方面讲，要"己所不欲，勿施于人"（《论语·卫灵公》）。"仁"的境界很高，要求统治者"节用而爱人，使民以时"（《论语·学而》），"因民之所利而利之"，"博施于民而能济众"，要求士人君子"无终食之间违仁，造次必于是，颠沛必于是"（《论语·里仁》）。同时，仁又极易施行，因为"为仁由己"（《论语·颜渊》），"我欲仁，斯仁至矣"（《论语·述而》）。在提倡"仁"的核心理念下，孔子强调维护等级、名分、秩序的"礼"。一方面，仁是礼的基础。"人而不仁，如礼何？人而不仁，如乐何？"（《论语·八佾》）另一方面，礼是仁的目标。"一日克己复礼，天下归仁矣。"（《论语·颜渊》）礼作为社会伦理的基础，不仅能约束人的言行，而且能维持家庭和谐、社会稳定。孔子崇尚周礼，把恢复周礼作为一生的追求。

孔子作为伟大的教育家，大半生从事教育活动。他以《诗》、《书》、《礼》、《乐》、《易》、《春秋》六经、礼乐射御书数六艺教授弟子，培养弟子数千人，而学术、名位显达的就有七十二人。在教育对象上，孔子倡导"有教无类"，接受来自社会各界的子弟入学。在教学方法上，孔子采用"不愤不启，不悱不发"的启发式教学，重视启发弟子学习的自觉性、主动性、积极性和"举一反三"的能动性。孔子强调实事求是、"不耻下问"的学习态度，主张学、思结合，"学而时习之"、"温故而知新"的学习方法。孔子还善于"因材施教"。对于同样的问题，他总是针对弟子材质的不同，从不同的角度作出回答，从而培养、造就了一批个性、特色鲜明，在"德行、言语、政事、文学"等方面各具专长的人才。在教学目标上，孔子倡导"仕而优则学，学而优则仕"（《论语·子张》），为终身教育及下层士人参与国家治理开辟了道路。

二 列名"显学"

《韩非子·显学》称:"自孔子之死也,有子张之儒,有子思之儒,有颜氏之儒,有孟氏之儒,有漆雕氏之儒,有仲良氏之儒,有孙氏之儒,有乐正氏之儒。"战国时期,儒家分为八派,墨学分为三派,而同称为显学。就对后世的影响而言,战国时的儒学主要以子思、孟子传道学派与子夏、荀子传经学派最为重要。

(一)子思、孟子传道学派

子思名伋,孔子之孙,据说《中庸》就是他的作品。子思以曾参为师,而曾参是孔子得意门生之一,以践履孝道著名,《孝经》就是孔子为曾参陈述孝道的书。子思门人又传道孟子,最终形成思孟学派,而以弘扬孔子之道,重视心性道德,阐释"仁、义、礼、智、圣"五行著称。

孟子(约前371-前289)名轲,战国时邹国(今山东邹县)人,后世尊称为"亚圣"。孟子是鲁国贵族孟孙氏后裔,幼年丧父,由母亲养育成人,后世传有孟母"三迁"、"断织"等教育孟子的故事。孟子初仕于邹,不得意而先后游历了齐、宋、鲁、滕、梁等国,以宣讲"王道"、推行"仁政"。战国时期,群雄争霸,只讲富国强兵之术,孟子"仁义"之说被视为"迂远而阔于事情",不被采信。于是孟子在晚年回到邹国,不再出游,而与"万章之徒序《诗》、《书》,述仲尼之意,作《孟子》七篇"[①]。

孟子继承并发展孔子的仁学思想,在政治方面提出"仁政"学说。他认为要行"仁政",首先要正经界,恢复西周井田制度,使

---

① 司马迁:《史记》卷七四《孟荀列传》,中华书局,1982年。

"民有恒产",每家农户都有一定的田地,可以种桑麻,养鸡、狗、猪等家畜,以便吃饱穿暖,规避灾荒。孟子认为得民心者得天下,提出民贵君轻的民主思想,要求统治者尊贤爱民,保境安民,乐民之乐,忧民之忧,还要省刑罚,薄赋敛,反对不义之战,反对苛政、霸道。孟子的仁政说以仁为核心,主张格君心之非,以德服人,认为仁可以得天下,而不仁必然会失天下。他还进一步发扬孔子的忠恕之道,以为"老吾老以及人之老,幼吾幼以及人之幼,天下可运于掌"(《孟子·梁惠王上》)。

孟子是儒家性善说的倡导者。孟子认为人性善,人先天就具有"恻隐之心"、"羞恶之心"、"恭敬之心"、"是非之心"等"四端",只要加以扩充培养,就可以成就仁、义、礼、智四种德性,所以"圣人与我同类","人皆可以为尧舜"(《孟子·告子上》),而与禽兽有别。孟子还进一步认为,只要统治者把这种内心固有的"恻隐之心"发扬出来,"扩而充之",推行到行政措施中去,就可以实现仁政。这就是他所说的"以不忍人之心,行不忍人之政,治天下可运之掌上"(《孟子·公孙丑上》)。所以,性善说与仁政说本末相关,不可分离。

基于性善说、仁政说,孟子还提出了一系列的修养理论。他说:"尽其心者,知其性也;知其性,则知天矣。"(《孟子·尽心上》)孟子以为,只要认识人的本心就可以通达自然之道,而物欲往往使人本心丧失,所以他又提出"养心莫善于寡欲"(《孟子·尽心上》)。孟子还主张用"思诚"、"自反"的方式来实现尽心养性,因为"万物皆备于我,反身而诚,乐莫大焉;强恕而行,求仁莫近焉"(《孟子·尽心上》)。他甚至说:"学问之道无他,求其放心而已矣。"(《孟子·尽心上》)

（二）子夏、荀子传经学派

子夏姓卜名商，字子夏，是孔门中长于文献之学的著名弟子。孔子去逝后，子夏居西河教授，培养造就了一大批著名政治、学术人物，魏文侯就曾从其问学。子夏的教授，对六经的传播作出了重要贡献，据说《毛诗》、《尚书》、《公羊传》、《穀梁传》、《仪礼·丧服》都由子夏传播到后世，而且子夏还是对《诗》、《书》、《礼》、《乐》加以注解的第一人。子夏之学后传至荀子，又经荀子传至汉代。汉代《鲁诗》、《毛诗》、《穀梁》、《左传》均传自荀子，而荀子又传授过《礼》、《易》二经，今本《礼记》中还有不少内容与荀子的著作相同。所以，子夏、荀子成为孔子之后儒学中的传经学派，对儒家六经文献的传播作出了重大贡献。

荀子名况，字卿，战国末期赵国人，生卒年不详。荀子曾游学齐国，在当时最负盛名的学术文化中心稷下学宫讲学。他学问渊博、德高望重，"最为老师"，在齐国"三为祭酒"。后来荀卿又到过秦国，又担任过楚国的兰陵令，并客死于兰陵。其言论保存于《荀子》一书之中。

荀子是先秦时期最后一位儒学大师。他"隆礼"而"重法"，以为"礼者，法之大分"（《荀子·劝学》），礼与法相辅相成，并不对立。荀子认为"分莫大于礼"（《荀子·非相》）、"礼别异"（《荀子·乐论》）。"隆礼"能够维护社会的等级、名分与秩序，"人而无礼则不生，事无礼则不成，国无礼则不宁"（《荀子·修身》）。但荀子认为单纯依靠道德礼义并不能解决现实问题，主张以法治作为教化的补充。"法者，治之端也。""隆礼至法则国有常。"（《荀子·君道》）法治不仅能齐百官、制百姓，而且能够强国家、霸诸侯。

在天人关系上，荀子主张"天行有常"，"制天命而用之"，具有朴素的唯物主义思想。荀子肯定"天"是自然的天，自然界的变化有自己的规律,不受人的意志支配,同时天也管不了人事。荀子这种"明天人之分"的思想第一次从理论上有力地批判了先秦流行的天命论。在强调"天人相分"的同时,荀子肯定了人的社会性和能动性。他说人之所以"力不若牛,走不若马,而马牛为用"(《荀子·王制》),就是因为人有分工,有道德规范维护分工。他还进一步提出"制天命而用之"的思想,认为只要人掌握了自然规律,就可以使自然为人类服务。

在人性论方面,荀子认为人性恶,主张"化性起伪"。荀子认为"人之性恶",人生而具有生理欲求和物质欲求,"目好色,耳好声,口好味,心好利,骨体肤理好愉佚"。至于人的礼义道德等善言善行,荀子认为是伪,也就是说,"人之性恶,其善者伪也"。这种伪善乃是"圣人""明礼义以代之,起法正以治之,重刑罚以禁之","礼义积伪"的结果(《荀子·性恶》)。基于此,荀子强调后天学习、"化性起伪"、去恶从善的重要。

第三节　两汉经学化儒学

两汉时期,儒学经学化。这是原始儒学在经历了春秋战国的分化和秦代的焚禁之后,出现的一个新的发展趋势。这也是儒学第一次由民间之学上升为官学,从而极大地影响了后来儒学的发展方向,并对中国封建社会的发展产生了深远的影响。

一　董仲舒与"罢黜百家、独尊儒术"

春秋战国时期,各国诸侯往往急功近利,对于儒家的仁政礼治并不感兴趣。秦王朝建立后,"焚书坑儒",禁绝私学,下令以吏为师,以法为教,儒家学说及其学派遭到了沉重打击。有鉴于秦亡的教训,西汉初年,统治者以黄老思想为指导,"与民休息"、"无为而治",在恢复生产、稳定社会秩序方面起到了积极作用。汉初儒家学者叔孙通、陆贾、贾谊等宣扬儒家仁义德治,批判法家片面崇尚法治、黄老清静无为思想,同时顺应历史发展,吸收融合道家、法家思想,为儒学的重新崛起作好了各方面的准备。经过这些识时务的儒生们的不断改造,到汉武帝继位后,经董仲舒总结发扬,儒学基本上完成了新的建构,从而顺应了时代的需要。"罢黜百家,独尊儒术"一经董仲舒提出,立即得到汉武帝的认同,于是儒学便由诸子百家之一的民间学说变为独尊于上的官学,成为封建统治的指导思想。

董仲舒(前179-前104),广川(今河北枣强县东广川镇)人,西汉著名儒学家,因治《公羊春秋》,景帝时为博士。武帝策问,董仲舒以贤良身份上"天人三策",系统地提出其新的儒学思想,圆满地回应汉武帝的种种疑惑,从而得到采纳。除"天人三策"外,董仲舒还有代表作《春秋繁露》一书。

董仲舒首先提出以"独尊儒术"为核心的"大一统"思想,以适应汉武帝加强集权、巩固和完善天下一统的要求。他说:"《春秋》大一统者,天地之常经,古今之通谊也。今师异道,人异论,百家殊方,指意不同,是以上亡以持一统,法制数变,下不知所守。臣愚以为,诸不在六艺之科、孔子之术者,皆绝其道,勿使并进。"[①] 这就是所谓的"罢黜百家,独尊儒术"。

为进一步维护封建统治,董仲舒又提出了以"君权神授"、"灾

---

① 班固:《汉书》卷五六《董仲舒传》,中华书局,1962年。

异谴告"为主要内容的"天人合一"、"天人感应"说。通过人与天数的机械比附,董仲舒以为"天亦有喜怒之气,哀乐之心,与人相副,以类合之,天人一也"①。这种"天人相副"说为论证现实社会的合理性找到了理据。也就是说,自然和社会的一切变化,国家的兴亡,都是上天意志的表现。因此,董仲舒断言:"道之大原出于天,天不变,道亦不变。"②他以"天"为"百神之君",是宇宙的主宰,是至高无上的人格神,而"受命之君,天意之所予也"③。天子秉承天意来统治万民、治理社会,是上天的代言人,因此君权神圣不可侵犯。在宣扬"天人相副"、"君权神授"的同时,董仲舒又提出"天人感应"说,认为天能干预人事,人们的行为也能感应上天,企图假借天威,限制君主胡作乱为。董仲舒认为上天通过种种祥瑞、灾异来告诉君主作为的正当与否。如果国家有道,政治清明,人民安居乐业,就会出现"凤凰来集,麒麟来游"之类的祥瑞;相反,如果国家无道,政治昏暗,民不聊生,便会出现水旱灾害等各种怪异现象。董仲舒的天人感应说从理论上论证了封建专制制度的合理性,给儒学蒙上了浓厚的神秘主义色彩,成为了"谶纬"神学的理论依据。

　　董仲舒还在继承孔、孟等级观念的基础上,片面地强化了有利于统治者的儒家伦理观念,并由此提出了绝对化的"三纲"、"五常"伦理规范。所谓"三纲",就是指"君为臣纲,父为子纲,夫为妻纲"。所谓"五常",也就是"仁、义、礼、智、信"。董仲舒

---

① 董仲舒:《春秋繁露·阴阳义》,苏舆《春秋繁露义证》本,中华书局,1992年。
② 班固:《汉书》卷五六《董仲舒传》,中华书局,1962年。
③ 董仲舒:《春秋繁露·深察名号》,苏舆《春秋繁露义证》本,中华书局,1992年。

说:"王道之三纲,可求于天。"① 三纲五常成为天的意志,不可更改,最终成为封建伦理关系的准则,成为束缚人民的精神枷锁。董仲舒认为人性也有等级,在人性论方面提出"性三品"说。他说,圣人天生性善,是当然的统治者;小人天生性恶,命中注定低微卑贱,只能作奴隶;只有中人之性可善可恶,经过"教化"可以变善。

汉武帝接受董仲舒的建议,罢黜百家,独尊儒学,立五经博士,开弟子员。朝廷不仅在中央设立太学,而且在各郡、县也设立学校,由博士传授五经,教授弟子,同时设科射策,劝以官禄。以董仲舒思想为核心的儒学不仅取得学术上的独尊地位,而且在汉代极度兴盛起来。

二 今文经学与谶纬神学

汉代博士教授弟子的经书都是传承有自,并用当时通行的隶书写成,称为"今文经"。汉朝廷崇奉的儒学就是为博士所传授的今文经学。至西汉末年,逐渐形成今文五经十四博士。其中《诗》有齐(辕固)、鲁(申培)、韩(韩婴)三家,《书》有欧阳(生)、大夏侯(胜)、小夏侯(建)三家,《礼》有大戴(德)、小戴(圣)二家,《易》有施(雠)、孟(喜)、梁丘(贺)、京(房)四家,《春秋公羊》有严(彭祖)、颜(安乐)二家。此外,《春秋穀梁》也曾一度为汉宣帝立为博士。

汉代今文经学尤重师法、家法,不允许背叛师说。所谓师法,就是指西汉初年经学确立过程中的诸位大师解释经典的基本观念。

---

① 董仲舒:《春秋繁露·基义》,苏舆《春秋繁露义证》本,中华书局,1992年。

后来五经各立数家，数家经学又各有不同的传承，于是形成不同的家法。家法源于师法，所以守家法也就必然重师法。为了阐明师法、家法，诸经学大师对诸经作了繁芜的解释，形成了汉代著名的章句之学。

今文经学以董仲舒的思想为基础，接受了邹衍阴阳五行学说，宣扬天人感应，用神学来解释经义，着重发挥符命、灾异思想。符命说论证大一统的君主专制政体的合理性，灾异则是为了适当限制君权，化解君主专制的各种弊端。到西汉哀、平之世，以阴阳灾异为基础的谶纬神学兴起，逐渐成为两汉经学的重要内容和鲜明特色。

谶或谶语是预示人间吉凶祸福的启示或隐语。纬相对于经而言，是对经的解释之作。汉代流行《诗》、《书》、《礼》、《乐》、《易》、《春秋》、《孝经》七纬。谶纬二者并不能截然区分，实际上相辅相成，融为一体。谶纬神学就是要利用阴阳五行的变化，解释政权更迭及现实统治的合理性，论证儒家伦理道德原则的正当性；运用天人感应观念，强调自然祥瑞、灾异与政治的紧密关系，以所谓的谴告来约束统治者的行为。西汉末年，王莽利用手中的权力，制造符命，篡夺西汉统治，对谶纬神学的发展起到了推波助澜的作用。东汉光武帝认为所谓"刘秀发兵捕不道，四方云集龙斗野，四七之际火为主"的《赤伏符》是自己的受命符，于是在登基之后"宣布图谶于天下"，谶纬之学便在东汉更为广泛地盛行开来。因此，两汉时期的今文经学大讲阴阳五行、灾异谴告，充满了神秘色彩。

三 古文经学与今古文之争

西汉废止秦朝挟书律，广开献书之路，散在民间、藏在山岩屋壁的古书逐渐被发现。这些书用汉以前的"古籀文字"写成，所以称为"古文"。其中的经书称为"古文经"，而研讨古文经的儒学称为"古文经学"。汉代古文经学，《诗》有毛公所传《毛诗》，《书》有孔安国所传《古文尚书》，《礼》有《逸礼》、《周官》，《易》有费氏（直）、高氏（相）二家，《春秋》有据称为左丘明所传的《左传》。

古文经学与今文经学相比，在许多方面都有差异。首先，今文经学家以五经为孔子托古改制、为后世制法之书，讲究以章句发明微言大义，经世致用。古文经学家则认为五经不过是记录王道制度和道德教训的历史文献，专意于名物制度的训诂，而不讲求微言大义。其次，今文经学家好言阴阳灾异，流入谶纬神学，而古文经学家则长于训诂、制度之学，反对谶纬神学。再次，今文经学家囿于师法、家法，多专守一经。他们虽然在今古文经学之争过程中逐渐转为兼通众经，但始终摆脱不了师法、家法的束缚。相反，古文经学家虽然学有所承，但并不拘泥于师说，大都兼通五经。为与今文经学家相抗衡，他们大都还兼通今文经学，博采众长。最后，今文经学家在师法、家法的束缚下，不断通过章句来阐释其师法、家法，章句变得越来越繁琐而又脱离现实。古文经学家讲求名物训诂，注重对字义、名物制度的解释，而以简洁明了见长。

两汉时期，今文经学一直居于官学地位，而古文经学仅在西汉末年、王莽当政时期及东汉初年短暂地立为博士，大多数时候作为私学，在民间传授。即使在东汉古文经学大盛之时，这一状况也没有得到任何改变。

西汉成帝时，朝廷命刘向、刘歆父子校理群籍。刘歆在中秘藏书中发现了用古文字书写的《左传》，"以为左丘明好恶与圣人同，亲见夫子，而公羊、穀梁在七十子后，传闻之与亲见之，其详略不同"①，遂认定《左传》是解释《春秋》最可靠的书。其后，刘歆又发现了《毛诗》、《逸礼》、《古文尚书》等古文经。于是刘歆便请朝廷立古文经于学官，结果遭到了今文经学博士们的激烈反对。为此，刘歆写了一封被称为《移让太常博士书》的公开信，指责今文博士抱残守阙，党同伐异。今古文经学由此拉开了旷日持久的争论，史称"经今古文之争"。

东汉初年，今文经学家范升与古文经学家韩歆、陈元争论《费氏易》与《左传》。章帝时，古文经学家贾逵与今文经学家李育又以《左传》为对象反复辩难。东汉政府为统一经今古文两派意见，于建初四年（79），召集今古文经学大师在白虎观讨论五经同异，由汉章帝称制临决。会后，由班固整理记录写出《白虎通义》一书，内容虽以董仲舒等今文经学思想为主，但也吸收了古文经学家的意见。不过，经今古文经学并没有得到完全统一，东汉后期还出现了今文经学家何休与古文经学家郑玄有关《公羊传》与《左传》优劣等方面的争论。

今古文经学之争虽然也有学术上的争论，但实际上是儒家内部争夺禄利、统治阶级争权夺利的一种表现形式。经过双方的相互辩难，古文经学家在汉代日渐取得优劣，虽然没有立为学官，但仍被容许讲学、出仕。此外，双方的辩难也在客观上促进了学术的发展，并最终使谶纬神学化的今文经学走向衰落。

---

① 班固：《汉书》卷三六《刘歆传》，中华书局，1962年。

四　郑学与汉代经学的衰落

东汉时期，由于今文经学陷于谶纬神学的泥潭，荒诞不经，加之繁琐的章句和僵固的师法、家法限制，在今古文经学的斗争中逐渐败下阵来。东汉末年，郑玄打破经学研究中的师法、家法界限，融会今古，遍注群经，创立"郑学"，从而结束了今古文经学纷争的局面，使经学发展到一个新的水平，实现了经学的小一统。

郑玄（127-200）字康成，北海高密（今山东高密）人。他二十多岁时已"博极群书，精历数图纬之言，兼究算术"。郑玄师事京兆第五元先，"始通《京氏易》、《公羊春秋》、《三统历》、《九章算术》"，熟悉今文经学。随后从东郡张恭祖受《周礼》、《礼记》、《左氏春秋》、《韩诗》、《古文尚书》，进一步学习了古文经学。大约在三十七岁时，郑玄西入关中，师事当时最为著名的古文经学家马融。当郑玄学毕还乡，马融感慨地对弟子说："郑生今去，吾道东矣！"①

郑玄受东汉末期"党锢之祸"的迫害，"隐修经业，杜门不出"，集中精力，潜心注经。"凡玄所注《周易》、《尚书》、《毛诗》、《仪礼》、《礼记》、《论语》、《孝经》、《尚书大传》、《中候》、《乾象历》，又著《天文七政论》、《鲁礼禘祫义》、《六艺论》、《毛诗谱》、《驳许慎五经异义》、《答临孝存周礼难》，凡百万余言"，最终创立"郑学"。流传至今的《十三经注疏》中，《毛诗》、《周礼》、《仪礼》、《礼记》仍为郑玄所注。郑玄通过精心的校勘和精审的诠释，融会今古，兼采众长，使经学从严格的师法、家法和繁琐的章句之

---

① 范晔：《后汉书》卷三五《郑玄传》，中华书局，1973年。

学中解脱出来，从而吸引了大批儒生学者归附于郑门。郑玄所注经书问世后，其他今古文经注多被后世摒弃，经学至郑玄而一变。

两汉经学至郑玄遍注群经而得到了全面的总结，但汉末外戚宦官专权，党锢之祸迭兴，加之长期战乱，阻塞了儒生的进身之阶，经学逐渐走向衰落。三国曹魏统治者开始推行九品中正制的官吏选拔制度，注重门阀等级，只靠经明行修的儒家读书人已经很难登上仕途。利禄之路的断绝，使经学更加衰微。在经学内部，三国魏经学家王肃有意与郑学作对，融会今古，遍注群经，兴起"王学"。王肃作为司马昭的岳父，其学得到日渐得势的司马氏的支持，成为经学权威。郑、王之争加速了经学的衰微。西晋以后，家世阀阅成为仕进的唯一依据，出现所谓"上品无寒门，下品无势族"的局面，今古文经学在政治上的意义已不重要。今文经学著作大多在此后散佚，只有古文经学著作借助郑学、王学简洁明了等优势延续一线之传。

第四节 魏晋玄学化儒学及隋唐义疏化儒学

汉魏之际，社会持续动乱，经学衰微，要继续推行封建的纲常名教来治理社会，就必须用新的理论和思想为儒学注入新的活力。在时代的呼唤之下，人们开始重新认识先秦诸子百家的思想，力图为纲常伦理找到更为可靠的依据。在这一探索过程中，出现了研究《老子》、《庄子》、《周易》的热潮，士大夫并称之为"三玄"。他们或夸耀出身门第、容貌仪止，或从事虚无玄远的"清谈"，以此代替讲经习礼。他们跳出皓首穷经的经学之路，以思辨义理代替章句之学，最终导致魏晋玄学的产生。

一 玄学化儒学的演变发展

魏晋时期，玄学家们以本与末、有与无、名教与自然、才与性、言尽意与言不尽意等抽象的哲理问题作为谈论对象，企图以老、庄的道家思想改造儒家名教，宣扬"名教本于自然"、"名教即自然"的玄学思想。

玄学兴起于曹魏正始年间（240－249），代表人物是何晏和王弼。何晏雅尚《易》、《老》，著《论语集注》。王弼注《老子》、《周易》，并作《周易略例》、《论语释疑》。他们引进老、庄"以无为本"的学说来诠释儒学，企图调和名教与自然的矛盾，对汉代以来烦琐的儒学进行了精心的玄学化改造。他们倾向于道家的"任自然"，提出"贵无论"的主张，将汉代天人感应的神学目的论，改造成为"有无本末之辨"的玄学本体论。依据这种理论，在名教与自然的关系上，玄学家们认为自然是本，名教是末，因而"名教本于自然"，由此为名教的存在找到了新的理论依据。将之运用到政治上，便为"圣人体无"，人君当效法自然，拱默无为，委政于臣下。这样的玄学，实际上是为当时曹爽、司马懿党争中的曹氏一党垄断政权作理论宣传。

司马氏掌控曹魏政权之后，以嵇康、阮籍为代表的"竹林名士"，蔑视和不满于司马氏标榜名教，诛除异己，杀害名士，改朝换代。但他们又不敢正面反抗，于是在行为上不守礼法，旷达不羁；在理论上谈玄说虚，师法老庄，猛烈抨击名教。阮籍说名教是"乱危死亡之术"，当时所谓的礼法之士，不过像裤裆中的虱子一样，"行不敢离缝隙，动不敢出裈裆"，"上欲图三公，下不失为九州牧",实际上是一群利禄之徒。嵇康公开"非汤、武而薄周、孔",倡言"越名教而任自然",主张"崇简易之教,御无为之治"。这实际上进一步冲击了儒家学说。

西晋时期玄学的代表人物是向秀和郭象。向秀作《庄子注》,后来郭象又加以补充、发挥,进一步振起玄风。他们发展了何晏、王弼"贵无论"思想,创立"独化论",认为"生物者无物,而物自生"。在自然与名教方面,他们提出"名教即自然"的理论,倡言"圣人虽在庙堂之上,然其无异于山林之中"①,人们都应该任由礼法名教、君臣上下、富贵贫贱等自然发展,不应干涉或强求。他们说:"以小求大,理终不得,各安其分,则大小俱足。"② 所以,向秀、郭象之论实际上是为门阀士族统治作理论论证,为门阀士族的执政与享乐找借口,因而得到官方的欣赏和提倡。

东晋以后,玄学开始同佛教结合,许多清谈名士都竞谈佛理,而许多僧侣也都长于清谈。儒学不仅玄学化,而且受到了传自域外的佛学的严重挑战,出现佛学化趋向。在南朝时期,兼通儒、释、玄成为儒学家和儒学著述的特色。

二 南学、北学与儒学传统地位的延续

由于玄学的兴起,佛、道二教迅速发展,儒学不仅玄学化、佛学化,表现出"儒玄并综"、"儒玄双修"的特征,而且远不如两汉时期兴盛。但是,官方正统统治思想仍然是儒学,儒家纲常伦理、道德礼治仍然是维系社会运转的重要思想支柱和制度保障。

---

① 郭象注、成玄英疏:《南华真经注疏》卷一《逍遥游》,中华书局,1998年。
② 同上卷六《秋水》。

东晋十六国以来，胡族统治者为争正统，"儒本道末"思想的提出和玄学向儒学的靠拢，使儒学在一定程度上重新受到统治者的重视。南北政权都采取了许多措施加强儒学，使儒学在南北朝时期得到了持续发展。其高峰，大致南朝在梁武帝统治时期，北朝则在孝文帝改制以后。

随着政治上南北分治形势的出现与发展，儒学在发展过程中也分化成南学和北学。南学指东晋南朝的儒学，而北学指北朝的儒学。南学、北学在治学趋向、所奉经典、治学方法等方面均有较大的差异。总的说来，南学继承了魏晋玄学之风，着重从综合、抽象义理的角度探求儒学精神，用老庄玄学的思想来改造儒学经义，注重文辞，较为虚浮华丽；北学延续了东汉经学，尤其是郑学的学风，注重兼通博考，讲求儒学经义，受老庄思想影响较少，较为朴实。当时就有"北人看书，如显处视月，南人学问，如牖中窥日"之说[1]。由于南朝继承了中原儒学文化，并在玄学的方向上持续发展，所以自当时起，人们均以南学为儒学正统。东魏高欢就说："江东复有一吴儿老翁萧衍者，专事衣冠礼乐，中原士大夫望之以为正朔所在。"[2]

魏晋南北朝儒学是在与玄学、佛教和道教的较量中发展起来的。儒学作为以伦理、政治为轴心的人文之学，在哲学思辨方面不如玄学和佛、道二教，但她与国家制度、法律和公私生活关系密切，因而儒学在儒、玄、释、道中仍居于首位，在国家政治生活中发挥着重大作用。在加强皇权、重振封建纲常、建立中原正朔形象、感召四夷、建立大一统，尤其是在北方"以夏变夷"方面起到

---

[1] 刘义庆：《世说新语·文学》，徐震堮《世说新语校笺》卷上，中华书局，1984年。

[2] 李百药：《北齐书》卷二四《杜弼传》，中华书局，1972年。

了不可替代的作用。

三 隋唐义疏化儒学

受到佛教经典阐释方式、佛教登坛讲经之风的影响，南北朝时期，儒学一变两汉明经之风，盛行义疏之学。义疏乃对经注而言，注以释经文，疏则演注义。南北朝诸儒治经多自出义疏。皮锡瑞说："夫汉学重在明经，唐学重在疏注。当汉学已往，唐学未来，绝续之交，诸儒倡为义疏之学，有功于后世甚大。"① 南北朝义疏于隋唐经学有筚路蓝缕之功。

南北朝时儒学分立，南北儒学经典、义疏各异。随着隋、唐全国的统一，儒学思想的统一被提上议事日程。隋朝陆法言综合南北之学，写成《切韵》五卷，统一了书面的声韵，而儒学的统一并没有完成。唐朝初年，统治者进一步采取措施改变以前儒学多门、师法各异、章句繁杂、义疏不同的状况。太宗下令颜师古、孔颖达等正定五经文字，撰著五经义训，在以南学为本、兼取南北学术之长的基础上，最终完成了官修的《五经定本》、《五经正义》。同时，唐朝在选举制度方面确立了自愿报考、分科考试、择优录取的科举取士制度，明令每年明经取士以《五经正义》为标准，儒学由此结束了分裂局面，实现了统一。

唐朝廷颁布《周易》、《尚书》、《毛诗》、《礼记》、《左传》五经义疏之后，又出现了私修的《周礼》、《仪礼》、《穀梁传》、《公羊传》义疏，合称"九经注疏"或《九经正义》。唐玄宗开元年间，新增的四经注疏也用作开科取士的标准。

---

① 皮锡瑞：《经学历史·经学分立时代》，中华书局，1954 年。

唐朝《九经正义》总结了自汉代以来的儒学，对儒家各种学说做了统一工作，并且成为科举考试的标准。不过，《九经正义》的编纂奉行"疏不破注"的原则，加之唐朝科举考试只要求墨守诸经正义的定论，不允许有所突破，儒学由此停滞不前。除此之外，当时科举以考试诗赋的进士科为重，明经科不受统治者和士人的青睐。同时，唐朝统治者奉行三教并重的原则，佛、道二教十分兴盛，并在理论思维，尤其是在心性论上占据优势。外部环境严重制约了唐代儒学的发展。

唐天宝十四年（755），安史之乱爆发。从此以后，藩镇割据，王权旁落，唐朝走向衰落。面对混乱不堪的现实，儒家学者开始站出来复兴儒学，挽救唐王朝的衰亡，由此形成一股强劲的儒学新风。韩愈提出"道统论"，尊儒排佛，发挥《大学》、《中庸》之义，宣称要把孔、孟之道继续传承下去，并加以发扬光大。柳宗元则以"天人不相预"的思想，批判"天人感应"论，进一步清算儒学中的神学迷信思想，并与刘禹锡、李翱等一道，以儒为主，统合三教。他们还在文学上发起古文运动，倡导"文以载道"，企图利用文学形式宣扬儒家的仁义道德。与此同时，以啖助、赵匡、陆淳为代表，冲决经学樊篱，荡弃家法，凭己意解经，并借以针砭时弊，兴起了"《春秋》三传束高阁，独抱遗经究终始"的新《春秋》学。中晚唐儒学新风为宋代儒学的复兴打下了坚实的基础。

第五节　宋明理学化儒学

从西汉到隋唐的一千余年间，儒学偏重于名物制度、章句训诂，讲究师承家法。历史上将这一时期的儒学称为"汉学"。进入宋代以后，经传笺注的传统遭到遗弃，代之而起的是疑经惑传、以己意解经、讲求义理的新风尚，并逐渐形成了带有鲜明时代色彩的新儒学。历史上将其称之为"宋学"。在吸收先秦诸子、佛道二教，尤其是佛教哲学基础上形成的以程朱理学、陆王心学为核心的宋明理学则是宋学中最为核心的内容。

如果说玄学开启了儒学走向精微的哲理化，那么理学则更强化了这种趋势，并使儒学成为一种极富思辨色彩、超越佛道二教的哲学。宋明理学回应加强中央集权，防止地方割据，抵抗外来侵略，镇压农民起义，挽求统治危亡等时代需求，并沿着学术自身的逻辑向前发展。它以儒家纲常伦理为核心内容，以精巧的哲学思辨为理论基础，从宇宙本源的高度论证了封建纲常伦理的合理性，成为封建社会后期六七百年的统治思想。

一 程朱理学

程朱理学又称"道学"，"宋初三先生"胡瑗、孙复、石介被称为"理学先驱"。他们尊崇儒学，排斥佛、老，不囿于传统注疏陈说，以"君臣父子、仁义礼乐"为"体"，以"诗书史传子集"为"文"，以"举而措之天下，能润泽斯民，归于皇极者"为"用"，通过其教学等活动而广泛影响于世。

继"宋初三先生"后，"北宋五子"周敦颐、张载、邵雍、程颢、程颐成为程朱理学的创始人，至南宋又出现"东南三贤"张栻、吕祖谦、朱熹，而由朱熹集理学之大成。

（一）"北宋五子"及其成就

周敦颐（1017-1073）原名敦实，字茂叔，湖南道州营道（今湖南道县）人，人称濂溪先生，后世尊称为"理学开山祖师"。周敦颐著有《太极图说》、《易通》等书，其学被称为"濂学"。周敦颐糅合儒、道思想，提出"无极而太极"的宇宙生成论，认为宇宙的本源是太极（无极），太极动静生阴阳，由阴阳而生五行，由五行而生万物。周敦颐又提出"主静立人极"的伦理修养思想。他主张"定之以中正仁义"，以建立符合统治要求的政治原则和道德标准，"俾人自易其恶，自至其中"。由于"欲动情胜"不可收拾，周敦颐又倡言"主静"、"慎动"，并以"立诚"的方式要求人们照着伦理道德标准去规范行为。

张载（1020-1077）字子厚，长安人，因家住陕西郿县横渠镇，世称横渠先生，所著有《正蒙》、《经学理窟》、《横渠易说》及《西铭》、《东铭》等。张载讲学关中，所创学派称为"关学"。张载虽为程朱理学创始人之一，但与理学正宗不同，而以"宗盟斯文，羽翼道统"，附翼于程朱理学。张载以"气"为万物本源，认为"太虚即气"，"太虚不能无气，气不能不聚而为万物，万物不能不散而为太虚"[①]。气、太虚（宇宙）与万物三者实际上是同一实体的不同状态。张载认为每个人都有"天地之性"和"气质之性"，二者乃是善恶的根源。只有"自明诚"、"自诚明"两种修养方法，才能"变化气质"，因此，要"立天理"、"灭人欲"。通过《西铭》一文，张载提出了"理一分殊"的思想，认为事物各有区别，但每事物的本性决定于存在天地间的惟一的天性。此外，张载还提出了"穷神知化"、"穷理尽性"的认识论，又认为"德性所知，不萌于见闻"。

邵雍（1011-1077）字尧夫，自号安乐先生，谥康节，人称康

[①] 张载：《正蒙·太和》，张载《张载集》，中华书局，1978年。

节先生,河南共城(今河南密县东北)人。他长期隐居于洛阳,与司马光、程颢、程颐等关系亲密,所著有《皇极经世书》、《伊川击壤集》等。邵雍糅合儒、道思想,以图书、象数之学解释《周易》,建立了一个庞大的先天象数学理论体系。邵雍借《周易》的象数变化来推演宇宙的生成变化,认为宇宙的生成是象与数的演变,如切西瓜一样,一分为二,二分为四,不断发展变化。程颢称之为"加一倍法"。同时,邵雍又以"元、会、运、世"的循环论,借助《春秋》学来看待、评定历史,形成了"皇、帝、王、霸",一代不如一代的倒退的历史观。

程颢(1032-1085)字伯淳,学者称明道先生,程颐(1033-1107)字正叔,学者称伊川先生,洛阳人,人称大程、小程,又合称为"二程"。二程少年时曾受业于周敦颐,其学被称为"洛学",对理学的形成起到了最为突出的作用。二程以"理"、"天理"作为自己思想体系的核心。程颢自称:"吾学虽有所受,天理二字却是自家体贴出来。"[①] 二程认为理是宇宙的本源,先于气而存在,是自然界和人类社会的最高准则,社会等级秩序、人伦道德都是天理的体现。在天理、人欲关系上,二程认为二者不可并立,主张"灭私欲则天理明",宣扬"饿死事极小,失节事极大"。他们还进一步提出用"主敬"、"涵养"的修养方法,"格物致知"的认识方法,去消除蒙蔽"天理"的"人欲"。二程洛学强化封建纲常伦理,最终造成了"以理杀人"的严重社会后果。

(二)"东南三贤"与朱熹的集成之功

北宋五子之学以周敦颐濂学、二程洛学为正宗,张载关学、邵

[①] 程颢、程颐:《河南程氏外书》卷一二,程颢、程颐《二程集》,中华书局,1981年。

雍象数之学则被看作理学辅翼。二程洛学经杨时、胡安国、尹焞、胡宏等人的传播，在南宋乾道（1165-1173）、淳熙（1174-1189）年间兴盛起来，并由朱熹集其大成，最终完成理学的建构。与朱熹同时而稍前，出现了以张栻为代表的"湖湘学"，以吕祖谦为代表的"婺学"。

张栻（1133-1180）字敬夫，号南轩，汉州绵竹（今四川广汉县）人。他从传承二程洛学的胡宏问学，"发明天理而见诸人事"，明人伦，剖析义利之辨，论"持养"本诸"省察"，注重"涵养工夫"，尤重"力行"，在理学上颇有建树。张栻与朱熹从过甚密，对朱熹集理学之成有重要的讲益、辅助之功。

吕祖谦（1137-1181）字伯恭，婺州（今浙江金华）人，学者称东莱先生。吕氏家学渊源颇长，有"中原文献之传"。吕祖谦为学素有"博杂"之称，"不主一门"、"不私一说"，而"兼总众说，巨细不遗，挈领提纲，首尾该贯，……浑然若出一家之言"①。吕氏婺学带有调和折衷的色彩，尤其注重史学，讲求致用，对朱熹理学的形成同样有着辅益之功。

在张栻、吕祖谦的切磋、辅益下，在与心学家陆九渊、浙东事功学派代表人陈亮、叶适等的争辩过程中②，朱熹完成了理学的集成工作。朱熹（1130-1200）字元晦，号晦庵，晚号晦翁，祖籍徽州婺源（今属江西），生于南剑州尤溪（今属福建），是二程的四传

---

① 全祖望：《鲒埼亭集外编》卷一六《同谷三先生书院记》，《四部丛刊》本。
② 按：陈亮（1143-1194）字同甫，学者称龙川先生，浙江永康人，南宋永康事功学派创始人。陈亮主张义利双行，王霸并用，而专言事功，以为道在物中，理在事中，"天地常运，人道不息"。叶适（1150-1223）字正则，学者称水心先生，浙江永嘉人，南宋永嘉事功学派的创始人。叶适主张"道虽广大"，"但终归之于物"，对程朱理学的道统说提出尖锐的批评，并认为仁义和功利是统一的，要求谋利而不自私其利，计功而不自居其功。陈亮、叶适同属南宋浙东事功学派，与北宋王安石新学、三苏（苏洵、苏轼、苏辙）蜀学一样，是程朱理学、陆九渊心学之外重要的儒学学派。

弟子，其学被称为"闽学"。朱熹是我国古代社会后期最重要的儒学家，几与孔子齐名。他著述丰富，尤以《四书集注》、《周易本义》、《诗集传》、《伊洛渊源录》、《近思录》、《通鉴纲目》、《晦庵文集》等闻名于世，其语录被后学编辑为《朱子语类》，流传广泛。今有《朱子全书》一套，备载其学术著述。朱熹"绍道统，立人极，为万世宗师"①。他"致广大，尽精微，综罗百代"，以二程理学为基础，广泛吸收、融会宋代各家学术，建立了一整套规模宏大、体系严密的客观唯心主义理学思想。

朱熹认为"理"是宇宙的本源，"气"是构成万物的材料，以为"未有天地之先，毕竟也只是理"。但就具体事物而言，他又认为"天下未有无理之气，亦未有无气之理"②，理与气同时存在，密不可分。朱熹继承并发挥了张载、二程关于事物多样性与统一性、个别与一般的"理一分殊"之说。在朱熹看来，一般的存在与否并不取决于个别，而事事物物之所以如此差异又如此统一，则是被当然之理所决定的。朱熹因此认为事物的对立与差别都由天理决定，不能改变，从而论证社会等级制度永恒不变。他说："三纲五常终变不得，君臣依旧是君臣，父子依据是父子。"③ 在人性论上，朱熹把人性分为"仁义礼智"的"天命之性"（道心）与"饮食男女"的"气质之性"（人欲、人心），以为天命之性"专指理言"，天理纯善，气质之性则"理与气杂"，有善有恶。为此，他主张以天理克制人欲，以道心主宰人心，要求"去人欲，存天理"，"正其谊不谋其利，明其道不计其功"。朱熹还进一步从修养论和认识论

---

① 黄榦：《黄勉斋先生文集》卷八《朝奉大夫文华阁侍制赠宝谟阁直学士通议大夫谥文朱先生行状》，《四部丛刊》本。
② 黎靖德：《朱子语类》卷一，中华书局，1994年。
③ 同上卷二四。

的角度作论证,提出结合"窒欲"、"主敬"的"涵养"工夫和"格物致知"的"穷理"工夫,使越来越"危"的"人心"由"危"转"安",越来越"微"的"道心"由"微"转"著",最终使"道心常为一身之主,而人心每听命焉"①。自唐代韩愈提出"道统"说后,宋代学者多有论述,努力争夺道统继承人的地位。朱熹于此也勇于自我承担,利用《尚书·大禹谟》"人心惟危,道心惟微,惟精惟一,允执厥中"所谓"十六字心诀",创造了"圣人传心"之论,或称之为"道统心传"。

(三)理学正统地位的确立

南宋理宗对周敦颐、二程、张载、朱熹等人大加表彰,确认他们的道统地位。淳祐元年(1151),理宗亲撰《道统十三赞》,"就赐国子监,宣示诸生",正式肯定二程、朱熹是孔、孟以来道统的真正继承人。程朱理学由此成为继孔、孟以来的正统思想和钦定的官方哲学。

元仁宗于延祐元年(1314)恢复科举考试,规定所用经书"专以周、程、朱子之说为主,定为国是,而曲学异说,悉罢黜之"②。程朱理学在学术思想上的统治地位变得更加牢固。明代开国就制定了以"四书五经"为考试范围、以程朱注解为宗主的科举考试制度。明成祖永乐十二年(1414)又下令胡广等纂修《四书大全》、《五经大全》、《性理大全》,整理、总结、提炼程朱理学,并用之于科举。于是株守程朱理学的学术局面长期维持不变,直到明中期心学的重新兴起才有所变化。但事实上,即便到清代,程朱理学仍然是官方哲学,其官学地位并没有改变。

---

① 朱熹:《中庸章句》卷首《序》,朱熹《四书章句集注》,中华书局,1983年。
② 苏天爵:《滋溪文稿》卷五《伊洛渊源录序》,中华书局,1997年。

二 陆王心学

在宋代,除了以二程、朱熹为代表的程朱理学外,还有始于邵雍、程颢,至南宋陆九渊总结发展而形成的"心学"。明代中期,陆九渊心学经王守仁发扬为"王学",盛极一时,直接影响了明代上百年的学术思想。陆九渊、王守仁开创的学术思想称为"陆王心学"。

(一) 陆九渊心学及朱陆之辩

陆九渊(1139-1193)字子静,抚州金溪(今江西金溪)人,学者称象山先生。陆九渊将儒家思孟学派和佛教禅宗的思想糅合在一起,又接受程颢"天"即"理"、"天"即"心"的思想影响,提出"心即理"、"宇宙便是吾心,吾心即是宇宙"的主观唯心主义思想体系,史称"心学"。陆九渊是南宋理学中对后世影响仅次于朱熹的学者。

陆九渊发挥孟子"万物皆备于我"的观点,认为"心"是天地万物的本源。他说:"万物森然于方寸之间,满心而发,充塞宇宙,无非此理。"[①] 明王守仁概括为"心外无物"。陆九渊又说:"天下之理无穷,若以吾平生所经历者言之,真真所谓伐南山之竹不足以受我辞。然其会归,总在于此(心)。"[②] 明王守仁概括为"心外无理"。在这样的基本认识下,陆九渊以"吾之本心"为认识对象,以"发明本心"为认识目的,以"切己自反"为认识途径,并由此提出"一心向内"、"安坐瞑目"、"剥落物欲"等"发明本心"的

---

① 陆九渊:《陆九渊集》卷三四《语录上》,中华书局,1980年。
② 同上。

方法。

陆九渊的"心学"与朱熹的"理学"曾在学术上进行过激烈的争论。淳熙三年（1176），陆九渊与朱熹在江西信州（上饶）鹅湖寺进行了一场大辩论，史称"鹅湖之会"。朱熹以纲常伦理为客观存在的天理，主张通过"今日格一物，明日格一物"的反复积累，最终达到"豁然贯通"的"格物穷理"工夫；陆九渊则以纲常伦理为人人所固有的"本心"，认为"此心此理，我固有之"，只须存心养性就可以恢复"本心"。朱熹将陆九渊之学称为"易简工夫"，而陆九渊则说朱熹之学是"支离事业"。后世学者称朱熹之学为"道问学"，陆九渊之学为"尊德性"。

（二）王守仁心学

朱陆之争在程朱理学取得官学地位后并没有停止。元代理学除一部分坚守朱、陆学统的门徒以外，有不少有影响的理学家，尤其是南方大儒吴澄，看到朱陆"支离"、"简易"之蔽，主张打破门户，汇综二家之长，于是出现了朱陆合流的趋势。明代初年，学风保守，程朱理学牢牢地占据着统治地位。到了明代中叶，随着社会矛盾的加剧，陈献章（1428-1500）以"静中养出端倪"为学，湛若水（1466-1560）主张"随处体认天理"，传承发扬心学思想，学风开始发生变化。王守仁承其后，将陆九渊"心学"发扬光大，成就有明一代最为显耀的学术，与陆九渊之学合称为"陆王心学"。

王守仁（1472-1529）字伯安，浙江绍兴府余姚人，世称阳明先生。其著述被编纂成《王文成公全书》，其学称"姚江之学"、"王学"。王守仁28岁举进士，任刑部、兵部主事，因得罪权宦刘瑾，被谪为贵州龙场驿丞。刘瑾被诛后，王守仁受到重用，于正德十二、三年（1517-1518）镇压江西农民起义，十四年平息宁王朱宸濠的武装叛乱。他因受当权者所忌，虽加官进爵，实赋闲居家。

嘉靖六年（1527），王守仁出征广西，镇压思恩、田州壮族反叛，接着自作主张镇压八寨、断藤峡瑶族反明武装。嘉靖八年，王守仁在归途中病死于南安舟中。王守仁汲取先秦思孟学派和佛教禅宗思想，并直接继承陆九渊心学思想，构建了更为庞杂而深邃的主观唯心主义心学思想体系。他曾用"四句宗旨"概括其思想内涵："无善无恶是心之体，有善有恶是意之动，知善知恶是良知，为善去恶是格物。"

王守仁早年信奉朱熹之学，但当他被贬贵州龙场驿丞时，面对亭前竹子，冥思苦想七天七夜，不但没有格出竹子之理，而且还大病一场。经过这次"龙场悟道"，王守仁否定了朱熹"格物致知"之说，转向心学。与陆九渊一样，王守仁认为"心"是一切事物的本源，主张"心外无物"，"心外无理"。他由此推出"心外无学"，并发挥孟子"良知良能"之说①，将纲常伦理看作是人们心中所固有的、先验的"良知"，认识纲常伦理就是所谓的"致良知"。王守仁改造朱熹"格物致知"的客观唯心主义认识论，把它解释成"致吾心之良知于事事物物"，也就是通过"正其不正，以归于正"，克服违背封建道德的思想，以纲常伦理规范自身行为，将心中固有的"良知"施诸行事，自觉地"为善去恶"。王守仁认为良知"昏蔽于物欲"，与朱熹一样，主张通过格除"物欲"以"致良知"。他有感于自己镇压人民起义之事，以为"破山中贼易，破心中贼难"。王守仁还进一步提出"知行合一"的思想，以为"外心以求理，此知行之所以二也。求理于吾心，此圣门知行合一之教"。他批评程朱将知行分为两件事，以为知行均产生于心，本来就是同一件事，知

---

① 按：《孟子·尽心上》："人之所不学而能者，其良能也，所不虑而知者，其良知也。"

是行的主意，行是知的功夫，知是行之始，行是知之成，知行二者通过内心良知的发动而达到合一。

（三）王守仁心学的演变发展

王守仁反对宦官专权、镇压农民起义，官至南京兵部尚书，颇有文才武略。其学一出，天下景从，盛行于海内，一改明前期朱学一统天下的局面。史称："宗守仁者曰姚江之学，别立宗旨，显与朱子背驰。门徒遍天下，流传逾百年，其学大行，其弊滋甚。"[①]

王学兴起后，门派众多，而主要经由王畿、王艮的进一步传播发挥，将王学推广开来。王畿（1498-1583）发挥"良知"中先验性的一面，用禅宗顿悟的方法体会"良知呈露"的境界，公开与禅学结合，导致空谈心性，逐渐向末流发展。王艮（1483-1541）创建泰州学派，顺着王畿开辟的路，对"良知"的内容加以改造，倡导"百姓日用即道"，认为饥来吃饭困来眠，世间都是圣人，更无须修为研讨，结果走向良知的反面。其学派被斥为"小人之无忌惮"，而后儒称王学末流为"狂禅"也就在于此。王畿到处讲学，在上层社会影响甚大；王艮发展平民教育，在下层社会广泛传播。但无论是王畿还是王艮，王学在明代后期逐渐失去本来面目，最终陷入空谈的境地。

第六节　清代朴学化儒学

伴随着明朝的衰亡和清政权的崛起，在反思王学的空疏、重视

[①] 张廷玉等：《明史》卷二八二《儒林传》，中华书局，1974年。

经世致用的背景下，儒学出现了新的变化。到清代中期，在"文字狱"等政治高压下，在编纂《四库全书》等文治政策的引导下，又出现了盛极一时的乾嘉考据之学。当第一次鸦片战争爆发之后，内忧外患接踵而至，清政府统治力量日渐减弱，原本隐微的今文经学蓬勃兴起。清代学术发生了三次重大的变化，而以复兴汉学为号召的考据学占主导地位，所以历史上将清代学术称为考据学、新汉学、朴学，而清代的儒学主要是朴学化了的儒学。

皮锡瑞在《经学历史·经学复盛的时代》中说："国朝经学凡三变。国初，汉学方萌，皆以宋学为根柢，不分门户，各取所长，是为汉、宋兼采之学。乾隆以后，许（慎）、郑（玄）之学大明，治宋学者已尠。说经皆主实证，不空谈义理。是为专门汉学。嘉（庆）、道（光）以后，又由许、郑之学导源而上，《易》宗虞氏（翻）以求孟（喜）义，《书》宗伏生、欧阳、夏侯，《诗》宗鲁、齐、韩三家，《春秋》宗《公》、《穀》二传。汉十四博士今文说，自魏、晋沦亡千余年，至今日而复明。实能述伏（生）、董（仲舒）之遗文，寻武（帝）、宣（帝）之绝轨。是为西汉今文之学。"梁启超也用"以复古求解放"一语概括清代学术。大体而言，清代学术可以分为初期、中期、晚期三个阶段。

一　明末清初的儒学新风

明末清初是清代儒学的奠基和启蒙时期，代表人物有顾炎武（1613-1682）、黄宗羲（1610-1695）、王夫之（1619-1692）、颜元（1635-1704）、李塨（1659-1733）等。他们具有强烈的民族意识，不与清廷合作，总结明亡教训，批判或修正明中后期王学末流"束书不观，游谈无根"的空疏学风，继承并发展宋、元、明考据学统传,开启清代考据学的先河。

此时期的学术以经世致用为主要特征。清初学者注重联系实践,反对空说与玄想。他们把明朝灭亡的原因归咎于王守仁心学,于是积极注重实际考察,学以致用。顾炎武一生足迹半天下,"自少至老未尝一日废书"。在后半生的游历生活中,顾炎武所至之地,则"以二马二骡载书自随。所至阨塞,即呼老兵退卒,询其曲折。或与平日所闻不合,则即坊肆中发书而对勘之。或径行平原大野,无足留意,则于鞍上默诵诸经;注疏偶有遗忘,则即坊肆中发书而熟复之"①。顾炎武著《天下郡国利病书》120卷,关注于有关国计民生的学术研究。黄宗羲拜王守仁学派传人、著名理学家刘宗周为师,实得王学真传,但他反对王学末流,对王守仁"致良知"说进行了修正,而归向以经术经世。他著《明夷待访录》,以处衰世而陈法于后王。以颜元为代表的学者更是反对一切玄学与考证,以为通过宋明理学家所言读书、静坐和反省的片面认识而得到的知识就像镜花水月一样虚幻,只有离开空想与书本而在日常生活中求学问,"亲下手一番"去习行、践履,才能得到正确认识。他们以苦行为宗,因主张过于激烈,两传而终。

清初学者从事踏实的学问,讲求切实的训诂考据之学。顾炎武提出"舍经学无理学"、"经学即理学",批评王学不读书的毛病,同时又提出"博学于文",认为治学之路要从文字、音韵、训诂着手,再到研究经书,最后发挥孔孟之道。他著《音学五书》,探讨音韵之学,又著考据之作《日知录》实基于此。黄宗羲著述成果丰硕,不仅编纂《明文海》以总结明史,又编纂《明儒学案》、《宋元学案》等学术史著作,开创了以史见长的浙东学派。其著作达110

---

① 全祖望:《鲒埼亭集》卷一二《亭林先生神道表》,《四部丛刊》本。

多种，1300多卷，2000余万字。王夫之提出："思不容不审，学不容不博。学非有碍于思，而学愈博则思愈远；思正有功于学，而思之困则学必勤。"① 他以"学思"相结合的治学方法，批判宋明理学，总结中国古代哲学，在自然观、认识论、辩证法、历史观等方面有所发展，达到中国古代唯物主义思想的最高峰，从而宣告了宋明理学的终结。

黄宗羲极力反对君主专制，以为"天下之治乱，不在一姓之兴亡，而在万民之忧乐"②。其《明夷待访录》一书，"梁启超、谭嗣同辈倡民权共和之说，则将其书节钞印数万本，秘密散布，于晚清思想之骤变，极有力焉"③。顾炎武主张限制君权，扩大地方权力，还继承并发挥自先秦儒家提出并逐渐形成的耻感文化传统，提出"行己有耻"的主张，大力宣扬儒家"礼义廉耻"之说。他说："礼义，治人之大法；廉耻，立人之大节。盖不廉则无所不取，不耻则无所不为。人而如此，则祸败乱亡无所不至，况为大臣而无所不取、无所不为，则天下其有不乱、国家其有不亡者乎？然而四者之中，耻尤为要，故夫子之论士曰'行己有耻'。孟子曰：'人不可以无耻，无耻之耻，无耻矣。'又曰：'耻之于人大矣，为机变之巧者，无所用耻焉。'所以然者，人之不廉而至于悖礼犯义，其原皆生于无耻也。故士大夫之无耻，是谓国耻。"④ 基于如此认识，顾炎武提出"亡国亡天下"之说，梁启超将之概括为"天下兴亡，匹夫有责"的名言。

---

① 王夫之：《四书训义》卷六，《船山全书》本，岳麓书社，1990年。
② 黄宗羲：《明夷待访录·原君》，中华书局，1981年。
③ 梁启超：《清代学术概论》，上海古籍出版社，1998年，第18页。
④ 顾炎武：《日知录》卷一三《廉耻》，景印文渊阁四库全书本，台湾商务印书馆，1986年。

清初儒家博通经、史、诸子、群书、小学、历算、舆地、音律等，汉宋兼采，各取所长，而不存门户之见，规模气象都比较宏大。

二 清代中叶乾嘉考据之学

清代中叶为清代儒学全盛时期。此时考据学兴盛，形成乾嘉考据学派。他们抛弃顾炎武等人的经世致用思想，不谈"行己有耻"，而偏重于"博学于文"的方法，重视读书，反对空谈，沉溺于文献考据，虽有科学的实证精神，却于学术思想上显得局促不堪。

首先是稍后于顾炎武、黄宗羲等人而闻名于世的阎若璩、胡渭等著名前辈儒学家。他们的经学著作，为乾嘉诸儒树立了考据的典范。阎若璩（1636-1704）字百诗，江苏淮安人，深于经史，亦精地理，著《尚书古文疏证》8卷，列举128条证据，从今古文之篇数、篇名、语言、文体、内容等诸多方面，用比较的方法，一一揭示出今传《古文尚书》及孔安国传之伪，使《古文尚书》疑案大白于天下，成为清代振聋发聩、令人耳目一新的杰出成就。梁启超称之为"近三百年学术解放之第一功臣"。胡渭（1633-1714）字朏明，浙江德清人，长于经义，尤精舆地之学，所著以《禹贡锥指》20卷、《易图明辨》10卷最为出名。在《易图明辨》中，胡渭论证由宋代陈抟等人传出的《河图》、《洛书》之伪，以为"凡为《易》图以附益经之所无者，皆可废也"，在当时的思想界影响甚大。

阎若璩、胡渭之后，清代考据之学得以全面展开，按师承和地域划分，清代中期学术可分为吴、皖、浙东史学三派。

吴派擅长经、史，表现出博详的特点。他们宗汉而近于佞汉，以惠栋为主帅，包括惠周惕、惠士奇、钱大昕、王鸣盛、余萧客、江声、顾广圻、汪中等学者。惠栋（1697－1758）字定宇，号松崖，人称小红豆先生，江苏吴县人，所著有《古文尚书考》、《九经古义》等。吴派代表中，惠周惕、惠士奇是惠栋的祖父和父亲。余萧客、江声则是惠栋有名的弟子。著《汉学师承记》的江藩是惠栋的再传弟子，对吴派的记述特详。吴派中从治经到治史的学者有钱大昕、王鸣盛等人。他们不专攻经，重点在于史学，不分经史。钱大昕有《廿二史考异》和《十驾斋养新录》等，并研究元史及地理。王鸣盛著有《十七史商榷》和《蛾术篇》等。

皖派擅长经、子、小学，表现出博而精的特点。他们不佞汉，宗古求是。其代表人物是戴震，主要学者包括江永、金榜、卢文弨、孔广森、凌廷堪、段玉裁、王念孙、王引之等。皖派开始于江永，成立于戴震。戴震（1723－1777）字东原，安徽休宁人。他精于名物训诂，并且进而探讨古书义理。皖派只有他一人沿着文字、音韵、训诂之学到儒家经典再到哲学的研究途径前进，成为清代为数不多的哲学家之一。其《孟子字义疏证》即以经学为基础而谈政治哲学。戴震的得意门生是段玉裁、王念孙、王引之等。段玉裁治学根柢于经学，著有《说文解字注》。王念孙、王引之父子是文字训诂学专家，王念孙著有《读书杂志》，王引之著有《经传释词》和《经义述闻》。此外江永的音韵学、卢文弨的校勘学都十分出名。

浙东学派以史学为主，主要学者有万斯大、万斯同、全祖望、邵廷寀、邵晋涵、章学诚等。浙东史学派重视南明史的研究。其中，万斯大研究《三礼》，万斯同参编《明史》，是黄宗羲的学生，再传至全祖望，著有《鲒琦亭集》。三者均是浙东史学派的主要人物，并逐渐转向史学考据。到章学诚著《文史通义》、《校雠通义》，着重于史学理论的建设，浙东学派就中变了。

三 清代末叶的儒学转型

道光以后,外有资本主义列强不断的侵凌,内有白莲教、太平天国等一系列大规模的农民起义,清政府的统治实力、学术管控转弱。在学术上,今文经学异军突起,经历了由学术到议政的变化。此时期以常州学派为中心,又有皖派支流的存在。

乾隆、嘉庆以后,吴派中断了,皖派则继续发展,出现了俞樾、孙诒让、章太炎、陈汉章等人物。俞樾(1821-1907)字荫甫,号曲园,其学问来自王念孙、王引之。他重视民间文学,于文学颇有成就。但他专攻经学,其全部著作名曰《春在堂全书》,代表作有《古书疑义举例》、《群经平议》、《诸子平议》等。孙诒让(1848-1908)字仲容,浙江瑞安人。其《周礼正义》是集礼学大成的著作,其《墨子闲诂》在校勘训诂方面做了不少工作,推动了诸子学的研究,其《契文举例》则是研究甲骨文的开创性著作。章太炎(1869-1936)是俞樾的弟子,其著作收入《章氏丛书》中。他是皖派最后的大师,其《检论》、《清儒》、《国故论衡》等都是重要的学术思想著作。民国时的学术大师王国维还承袭了他们的治学方法。

常州学派产生于乾嘉年间,但真正发生作用是在清后期。常州学派以鸦片战争为界,分为前后两个阶段。前一阶段有庄存与、刘逢禄、宋翔凤等,后一阶段有龚自珍、魏源、邵懿辰、戴望、廖平、康有为等。

常州学派开始于庄存与,奠基于刘逢禄,主要偏重于纯学术的研究。庄存与(1719-1788)字方耕,江苏武进(今常州)人,与戴震同时,著有《春秋正辞》11卷等。其后传其外孙刘逢禄、宋翔凤。刘逢禄（1776－1829）字申受，江苏武进人，著《左氏春秋考证》2卷等，专破古文经学，认为《左传》不传《春秋》，与《春秋》经无关。他又为立公羊学而作《公羊经何氏释例》10卷，阐发公羊学微言大义，成为清代今文经学的重要著作，获得过古文家章太炎的恭维。宋翔凤（1776－1860）字于庭，江苏长洲（今苏州市）人，治西汉今文经学，喜附会，又杂采谶纬，实不足称，影响也不大。

由于鸦片战争与太平天国起义的影响，后期的常州学派发生新的变化，提倡经世致用。龚自珍（1792－1841）号定庵，浙江仁和（今杭州市）人。他是著名汉学家段玉裁的外孙，在赴京会试中从刘逢禄学《公羊春秋》，从而开始研究今文学，成为当时今文学派重要的代表人物。其《六经正名》、《泰誓答问》等是经学史上重要的文章。龚自珍批评乾嘉学派沉溺于烦琐考据而脱离实际，以为时人"避席畏闻文字狱，著书都为稻粱谋"。他也反对宋明以来崇尚空谈道德修养的理学，而主张通经致用，将学术研究同解决现实政治问题联系起来，发出"我劝天公重抖擞，不拘一格降人才"的时代强音。魏源（1794－1857）字默深，为龚自珍好友，撰有《诗古微》反对《毛诗》，主张齐、鲁、韩三家《诗》。他又著《书古微》，辨《古文尚书》之伪。魏源认为理学"心性迂谈"，毫无用处，中国必须"更法改图"才有出路。他提倡学习西方先进的科学技术，提出"师夷长技以制夷"的口号。

在龚自珍、魏源高扬今文经学旗帜的同时，研究今文经学的人越来越多，使今文经学开始出现兴盛的局面。邵懿辰、戴望等是其中的代表。邵懿辰撰有《礼经通论》，认为《仪礼》十七篇并无残缺，乐在《诗》、《礼》之中，本来就没有经书存在。戴望有《论语注》，主张"征之古训，求之微言"，折衷今古文经学。

从龚自珍开始，常州学派开始了综合性研究。至十九世纪中期以后，皮锡瑞、廖平、康有为等更发展为通论式的综合研究。皮锡瑞（1850-1908）字鹿门，湖南善化（今长沙市）人，著有《经学通论》、《经学历史》、《今文尚书考证》等。皮锡瑞力主今文经学，但也不排斥古文经学、宋学，学术上较为持平。他还是积极参与维新运动的人物之一，通过讲演等号召经术与政事相结合，宣扬变法图存。廖平（1852-1932）字季平，四川井研人，受张之洞、王闿运影响颇深，著有《今古学考》、《古学考》、《知圣篇》等。廖平一生学凡六变，而以第一变平分今古文经学、第二变尊今文经学而抑古文经学影响最大。康有为在学术上受廖平影响，编著《新学伪经考》、《孔子改制考》，集中宣扬其托古改制思想，为维新变法制造舆论。他还著有政论性著作《大同书》，从《公羊传》"三世"说出发，附会《礼记·礼运》"大同"、"小康"之说，主张人类社会由据乱世进入升平世，最后达到太平世，实现世界大同。

四 清代程朱理学的演变发展

清代儒学以汉学为主，宋学为次；以古文经学为主，今文经学为次。在清代，与朴学化儒学相伴而行的是官方崇奉的程朱理学。不过清统治者提倡程朱理学，乃是"利用了元明以来做八股应举的程朱招牌，他们绝不愿学者认真效法程朱，来与闻他们的政权"[①]。正因学清统治者仅仅以"四书五经"程朱注解为内容的科举考试牢笼士大夫，借程朱理学所提倡的纲常伦理维护统治，而乾隆帝公开批驳宋儒"以天下为己任"的精神，故清儒多以考据立学，而以程

[①] 钱穆：《国史大纲》（修订本），商务印书局馆，1996年，第861页。

朱理学修身立事,如惠士奇手书楹帖云:"六经尊服(虔)郑(玄),百行法程(颢、颐)朱(熹)。"

清初理学家多矫王学空疏,主张"博习穷理"。孙奇逢、李颙等接续王学,而逐渐趋于务实;张履祥、陆世仪、王懋竑、陆陇其等矫王学而倡程朱之学,伏处岩穴、默然自修,以气节德行相砥砺。一大批朝士大夫出于各种目的,也动言"天理"、"人欲",推崇理学,与统治者用意相合,故部分人得到宠信和重用,享受特殊的恩荣和优厚的俸禄,被奉为"理学名臣"。汤斌、李光地、张伯行等是其中的代表人物。但他们大多不过是从维护清政权统治出发的御用文人罢了。李光地就曾据孟子"五百年必有王者兴"之说,不惜吹捧康熙"承天之命,任斯道之统",比孔子、孟子、朱熹只得儒学道统之传而不得登位为帝还要高明,认为这是上天"复启尧、舜之运,而道与治之统复合"[①]。康熙听了之后非常高兴,盛称"知光地者莫若朕,知朕者莫若光地"[②]。

乾嘉时期,程朱理学人物大都是鹦鹉学舌的御用学者。他们献媚邀宠,觅官求职,志气沦丧,不顾廉耻,同时又无扎实的学问根基,理学在实际上走向衰落。不过,以翁方纲、姚鼐、汪绂为代表的部分有远见的理学之士,在推崇程朱理学的同时,破除门户之见,注意吸取汉学的考据之长,以弥补理学之短。姚鼐还提出了义理、考据、辞章相结合的主张,影响深远。而唐鉴著《学案小识》、方东树著《汉学商兑》,固守门户,排斥汉学,为程朱理学申辩。

清代后期,士大夫中一部分人为维护清朝岌岌可危的统治,收拾人心,再度高举理学的旗帜,并对之加以改造,以适应变化了的

---

① 李光地:《榕村集》卷十《进读书笔录及论说序记杂文序》,景印文渊阁四库全书本,台湾商务印书馆,1986年。

② 章梫:《康熙政要》卷四《任贤下》,华文书局,1969年。

新形势。通过曾国藩、罗泽南等湖湘士人及倭仁、陈澧等的发挥，理学出现了复兴的局面。曾国藩以理学经世，会通汉宋，师法诸子，发扬儒学中的积极精神。他的治学与为人都以理学为师，按照理学的要求，非常注意自身的道德修养。他批判汉学的琐碎支离、无裨实用及其门户之见，将宋儒所讲的义理、修身养性、治国平天下等具体化为"礼"，所以人们又把曾国藩所宣扬的理学称为"礼学"。理学虽因曾国藩等人的提倡而有所复兴，但时局变迁，江河日下，主张革新的儒家人物通过王守仁心学发挥人的主体精神，解放思想，救亡图存，自然走到了理学的反面，在今文经学及外来学术的冲击下，最终衰落变异了。

第七节 现代新儒学

第一次鸦片战争以来，伴随着西方文明的不断入侵，中国传统儒学遇到了前所未有的新挑战。面对民族危亡，社会各阶层从仿造坚船利炮的洋务运动到政治维新的变法运动，再到推翻满清帝制的辛亥革命，掀起了一次又一次的经济、军事、政治、文化方面的救亡图存运动。与此同时，传统儒学已远远落后于现实需要，出现"儒门淡薄，收拾不住"的局面。然而在经历一次次惨败后，人们将目光转向了中国文化精神层面上，"五四"新文化运动由此爆发。与此同时，以"返本开新"为特色，以中西融会为手段，以接续宋明理学而开创"新宋学"为己任，以文化保守主义面目出现，力图恢复儒学真精神来接引现代科学、民主的新儒学产生了。

一　新儒学的兴起

辛亥革命推翻帝制，建立共和，中国历史掀开了新的一页。作为封建社会时代的官方意识形态，传统儒学一时间面临着极为严重的危机。南京临时政府颁布命令，废止读经，禁用清代教科书，加剧了对新文化的输入。中国人旧有的价值体系全面崩溃，导致了权威信仰的危机。随后袁世凯复辟帝制，一度掀起了尊孔读经的逆流，康有为也伙同一批封建余孽大肆鼓吹孔教救国，但这都难以挽救传统儒学衰微的态势。"五四"新文化运动高举民主与科学的旗帜，在输入西学的同时，也对儒学进行了全面批判。1916年，易白沙在《新青年》上发表《孔子评议》，拉开了对传统儒学的最猛烈也是最全面的批判。吴虞提出"打倒孔家店"，鲁迅更深刻地揭示了旧礼教的"吃人"本质。

现代新儒学发端于"五四"新文化运动。新文化运动主将对传统儒学的猛烈抨击，引起了保守的知识分子的不满。他们挺身而出，重新维护孔子和儒学的传统价值。梁漱溟（1983-1988）于1920年、1921年先后在北京大学和济南讲演《东西文化及其哲学》，公开维护和提倡孔子开创的儒家学说，特别是孔子的人生哲学和道德伦理学说。在书中，梁漱溟第一次将中国文化纳入世界文化的架构中来平等地加以讨论，以为文化是"意欲"活动的后果，西方文化以意欲向前要求为根本精神，中国文化以意欲自为调和持中为其根本精神，印度文化以意欲反身向后要求为其根本精神。虽然三者各有贡献，并没高下优劣之分，但梁氏认为印度人反身向后要求的路是遥远的将来的事情，今天只有以孔子为代表的中国文化所表现的人生态度于现实最为合理，可以拯救西方人在功利竞争中的精神烦恼，最为可取。牟宗三评价道："在新文化运动中反孔顶盛的时候，……他独能生命化了孔子，使吾人可以与孔子的真实生命及智慧相照面，而孔子的生命与智慧亦重新活转而披露于人间。同时，我们也可以说，他开启了宋明儒学复兴之门，使吾人能接上宋明儒者之生命与智慧。"①

第一次世界大战的爆发，暴露了西方资本主义文化的弊端，粉碎了西方文明的权威，就连西方人自己都开始怀疑其文明的真实价值。梁启超1920年旅欧归来，著成《欧游心影录》，宣称："欧洲人做了一场科学万能的大梦，到如今却叫起科学破产来。"作为清末维新变法的主将，梁启超的现身说法，使人们动摇了对西方物质文明和科学万能论的信任，转而乞灵于中国传统的儒家学说。1923年，张君劢（1887-1969）在清华大学作《人生观》的演讲，反抗当时流行的科学主义，尤其"科学救国"、"科学万能"的主张，认为"科学无论如何发达，而人生观问题之解决，决非科学所能为力，惟赖诸人类自身而已"②，从而引发"科玄论战"。张君劢明确提出："心性之发展，为形上的真理之启示，故当提倡新宋学。"③他由此确立现代新儒学在哲学上的终极目标不是对客观世界的科学认知，而是对人生价值的体认、对道德形上的追求。

梁漱溟、张君劢虽然开启了现代新儒学的精神方向，但他们并没有建构起精致的哲学体系。熊十力（1885-1968）潜心向学，甘于纯粹的哲学玄思，1932年出版《新唯识论》文言文本，1944年又出版《新唯识论》语体文本，从而建构起以儒学精神为根本内涵的"新唯识论"哲学体系，为新儒学奠定了理论基础，并在哲学上

---

① 牟宗三：《生命的学问》，台湾三民书局，1970年，第112页。
② 张君劢：《科学与人生观》，上海亚东图书馆，1923年，第9页。
③ 同上，第97页。

开启了新儒学的思想发展之路。后继的新儒家唐君毅、牟宗三亲炙于熊氏，并且代有传人，于是熊十力被后人尊为现代新儒学的开山祖师。

20世纪三四十年代，中国社会进入到国共合作的抗战时期，发端于20年代的新儒学进入到了新的历史时期。以冯友兰、贺麟、钱穆为代表的新儒家，通过一系列的理论建设，使新儒学变得更加成熟。一方面，民族危亡的严重局势刺激了主张发扬民族精神、复兴民族文化的思想学说的发展。国共两党都高举民族主义大旗，宣扬传统文化，舆论环境极有利于新儒学运动打开新局面。另一方面，新儒学自身经过较长时期的理论准备，进一步学习、了解、消化和吸收了西方学术，有能力创造出更为完整系统的理论体系，明确提出自己的纲领和口号。1941年，贺麟（1902－1992）发表《儒家思想的新开展》，概括总结了"五四"以来的儒学发展，认为"中国近百年来的危机，根本上是一个文化上的危机"，因此，"民族复兴本质上是民族文化的复兴、儒家文化的复兴"，指出中国现代思潮的主流是进一步发展儒家思想。贺麟利用西方哲学改造陆王心学，建立起"新心学"哲学思想。三十年代末、四十年代初，冯友兰（1895－1990）写出《新理学》、《新事论》、《新世训》、《新原人》、《新原道》、《新知言》"贞元六书"，以贞下起元喻意旧时代的结束、新时代的来临，运用西方哲学方法处理中国哲学史料，改造中国哲学，在程朱理学的基础上，建构起"新理学"哲学思想体系。此外，钱穆（1895－1990）通过撰著《中国近三百年学术史》、《国史大纲》等书，在史学领域里高举现代新儒学旗帜，反对"尽废故常"的历史虚无主义，维护中国历史文化精神。

二 港台新儒学的发展

新中国成立以后,几位前期现代新儒学的代表人物梁漱溟、熊十力、冯友兰、贺麟等人留在大陆,思想逐渐发生转变。即使熊十力等保留自己的学术观点,并被允许出版个人的思想著作,但其影响非常有限。传统儒学在大陆逐渐被淡化,直到上世纪80年代后期才出现了新的转机。

流寓港台和海外的新儒家钱穆、唐君毅(1909-1978)、牟宗三(1909-1995)、徐复观(1903-1982)、方东美(1899-1977)等人,一方面感受着失去故国家园的"天涯流落",一方面感受着传统文化的"花果飘零",怀着悲怆的心境,禀持着"知其不可为而为之"和"舍我其谁"的儒家精神和勇气,投入到儒学的现代化改造中去。1950年,钱穆、唐君毅等人在香港创办新亚书院,欲以教育传播和发扬传统文化。在此前后,徐复观创办《民主评论》、王道创办《人生》,与之相呼应,成为新儒家的文化舆论阵地。1958年元旦,唐君毅、牟宗三、张君劢、徐复观联名发表《为中国文化敬告世界人士宣言——我们对中国学术研究及中国文化与世界文化前途之共同认识》(又名《中国文化与世界》),向世界人民宣告新儒家对中国文化和世界文化的认识和看法,成为体现"当代新儒家性格及基本方向的最重要的文献"。在他们的影响下,西方社会逐渐关注起东亚的儒学来。

20世纪60年代以后,深受儒学传统影响的汉文化圈国家日本和"亚洲四小龙"新加坡、韩国、台湾和香港经济起飞,走上现代化,打破了韦伯《中国宗教》所提出的儒学无助于资本主义的兴起,儒学传统是中国现代化的一大障碍的说法,更加激励了新儒学的向前发展。1963年,新亚书院并入香港中文大学,1966年《民主评论》关闭,预示着新儒学又发生了新的转变,唐君毅、牟宗三、徐复观等人逐渐潜心于学术研究中去,重建起了新的儒家道德形上学思想体系,而尤以牟宗三的贡献最为显著。

上世纪80年代以来,杜维明、刘述先、蔡仁厚等唐、牟后辈更是开启了现代儒学的新局面。他们受过系统的西方教育,对西方现代哲学与现代社会政治有深入了解,有能力与西方当代思想流派进行对话。东亚工业文明的兴起更为他们提供了丰富的材料。比起贺、冯、唐、牟诸前辈,他们的探究更贴近社会现实,使现代新儒家成为遍及华人社会的世界性学术潮流,成为真正能与世界学术进行交流的中国学术文化学派,并深刻地影响了世界汉学界。

作为一个学术流派,新儒学在近百年的时间发展中,形成了一些共有的基本特征:(一)尊孔崇儒,以儒家学说为中国文化的正统和主干,以继承和弘扬儒家"道统"、弘扬儒家学术为己任。(二)继承宋明理学精神,推重"心性之学",注重人自身道德本体的建设,认为新儒学是建立在道德实践基础上的道德主体性学说,即所谓的"内圣"之学。人只有挺立了道德主体性,才能由"内圣"通"外王"。(三)主张"文明对话"和"文化中国",把儒家文化纳入世界文化架构中来平等地加以对话研究、开放交流。(四)援西学入儒学,一方面认同传统儒学,一方面适应现代新潮,走融合中西、"返本开新"的特殊道路,在儒家人生哲学即道德心性之学上,吸取西方哲学尤其是近代文明的成就,为中国开出新的民主制度下的政治结构和科学精神下的工业文明,同时避免西方文明的弊端。

阅读书目:

1. 庞朴主编:《中国儒学》四卷,东方出版中心,1997年。

2. 汤一介、张耀南、方铭主编：《中国儒学文化大观》，北京大学出版社，2001年。

3. 赵吉惠、郭厚安、赵馥洁、潘策主编：《中国儒学史》，中州古籍出版社，1991年。

4. 吴雁南、秦学颀、李禹阶主编：《中国经学史》，福建人民出版社，2001年。

思考题：

1. 儒学原典主要有哪些？《四书》具体指什么？
2. 孔子如何创立儒家学派的？
3. 汉代的今古文经学是怎么回事？
4. 唐代儒学的成就与不足在什么地方？
5. 宋明理学的主要代表人物是哪些人？
6. 乾嘉考据之学指的是什么？
7. 新儒学的主要代表人物及其特征是什么？

第三章　宗教文化

人类学家研究发现，世界上没有无宗教的社会。人类社会发展到今天，宗教不仅没有减弱和消亡的迹象，反而呈现出强劲的发展势头。据最新统计，全世界有基督教徒20亿人，伊斯兰教徒15亿人，佛教信徒3.6亿人，道教信徒268万。

在中国，原始社会便有以自然崇拜为主要特征的宗教观念，商周时代有以天神、地祇、人鬼为主要内容的多神崇拜，汉魏以后有土生的道教、外来的佛教、基督教、伊斯兰教等宗教传播。它们互相排斥、互相交融，构成了中国传统文化的重要组成部分，其中佛教和道教对中国政治经济、思想文化和社会生活影响尤深。

第一节　佛教文化

佛教在两汉之际开始传入中国，到明清时期已形成了三大系统：汉语系佛教，即内地佛教；藏语系佛教，即藏传佛教，俗称"喇嘛教"；巴利语系佛教，流行于云南傣族、布朗族、崩龙族、瓦族等少数民族中。千百年来，佛教与我国汉、藏等民族文化融合在一起，形成了特色鲜明的佛教文化。

一　佛教在古代印度

佛教产生于公元前6世纪的古代印度。随着时间的推移和社会条件的变化，佛教在印度的迅猛传播中逐渐形成了不少派系，经历了原始佛教、部派佛教、大乘佛教和密教四个发展时期。至13世纪初，佛教在外族的侵入和自身的粗浅演变中绝灭了。

（一）释迦牟尼创立佛教

佛教的创始人是迦罗卫城（今尼泊尔境内）释迦族王子乔答摩·悉达多（公元前565－485）。据佛教文献记载，悉达多天资聪慧，相貌堂堂。父王对他寄予厚望，期望他建功立业，成为"转轮王"。可在14岁那年的一次郊游中，悉达多目睹了现实世界充满痛苦，从而导致了人生态度的巨大改变，萌发了出家追求解脱苦难的念头。29岁时，悉达多不顾父王的劝阻，毅然离别妻子，抛弃王位，剃除须发，披着袈裟出家了。6年过去，他并未获得解脱痛苦的真谛，而在毕钵罗树下东向跏趺，端身正念，立下誓愿："我今若不证无上大菩提，宁可碎此身，终不起此座。"经过七日七夜的冥思苦想，他终于超越了过去、现在、将来的时空障碍，心如平镜，疑惑全释，烦恼尽失，豁然悟出了一切真理。从此，人们称或他为佛陀，即真理的觉悟者；或称他为释迦牟尼，即释迦族的圣人。

悉达多得道成佛后，开始了说法济世的宗教活动。在其后的45年间，他奔走印度各地，足迹踏遍了恒河两岸，凡是同他接触过的人无不受感化而衷心的信奉，其慈悲救世的精神教化着成千上万的世人，直到 80 岁在拘尸那揭罗城外的婆罗双树林涅槃。每逢农历四月初八佛之诞生日，十二月初八佛之成道日，二月十五日佛之涅槃日，我国内地的佛教徒都要举行盛大法会，以纪念、缅怀这位佛学先祖。

（二）佛教在印度的发展演变

佛教在印度大致经历了原始佛教、部派佛教、大乘佛教和四个历史发展时期。

原始佛教：佛祖在世和去世后的一百年间为原始佛教阶段，当时教内团结，教徒对教义的理解和修持的戒律基本一致。但随着时间的推移和社会条件的改变，佛教在迅猛外传中逐渐产生了很大的分歧，形成了众多的派系。

部派佛教：大约在公元前 4 世纪第二次结集前后，佛教发生了第一次大分裂，形成了尊重传统、保守旧规的上座部和与时俱进、改革创新的大众部，史称"根本分裂"。两派在教理、教规上都有着不同的看法，甚至对教主也有着不同的理解。上座部认为，佛祖是一个历史人物，其伟大在于他思想正确、智慧精湛、人格高尚。大众部则认为，佛祖具有无量寿命和无边法力，是超自然的神灵，历史上的佛陀不是真身，而是为教化众生而显现的肉身。其后，佛教内部的分歧愈演愈烈，在公元前一世纪到一世纪间，上座部七次分裂，成为十二派。同时，大众部四次分裂，成为八派。史称"枝末分裂"。这便是部派佛教时期。

大乘佛教：佛教内部的分歧和论争为佛教的改革和创新奠定了基础。公元一世纪，佛教进入"大乘佛教"时期。大乘佛教宣称能够承载无量众生从生死轮回的此岸到涅槃解脱之彼岸，故称"大乘"，而贬抑原始佛教和部派佛教为"小乘"。小乘佛教亦自以为正统，指责大乘为歪理邪说。大乘与小乘的区别既反映在教义、教理上,又体现在持戒修行上。在看待佛陀的问题上,小乘还保留着佛祖身上的历史迹痕,而大乘彻底神化佛祖,提出佛陀有三世十方的说法。在追求理想的境界和目标上,小乘重视自度(自觉),即自我解脱,以证得阿罗汉果为最高理想,而大乘重视度他(觉他),即普度众生,以修持成佛为终极目标,并创设成佛前的阶梯"菩萨"。大乘佛教还有其自身发展历程:以龙树和提婆所创立的中观派为代表的初期大乘(公元1—5世纪)、以无著和世亲所创立的瑜伽行派为代表的中期大乘(6—7世纪)、与密教并行的后期大乘(7—12世纪)。

密教:公元4世纪前后一度衰落的婆罗门教在吸取民间信仰、佛教思想的基础上演化成新婆罗门教,即印度教。佛教则在吸收印度教的仪规、方式的基础上于六七世纪形成了新形态,即密教。密教主要信奉《大日经》和《金刚顶经》,仪规繁琐而复杂,设坛、供养、诵咒、灌顶等皆有严格规范,8世纪以后成为印度佛教的主流。后来,密教越发粗俗,走向邪门左道。10世纪以后,中亚伊斯兰国家打着消灭"异端"的旗号侵入印度,捣毁佛教设施,杀害佛教信徒。到13世纪初,佛教在印度绝灭了。

二 佛教在华的发展演变

佛教在中国有着二千多年的传播、发展、演变的历史,一致经历了初传(西汉至西晋)、发展(东晋南北朝)、鼎盛(隋唐)、衰落(宋元明清)四个时期。

(一)佛教在华的初传

西汉哀帝元寿元年(公元前2),西域大月氏国使节伊存向博士弟子景庐口授《浮屠经》①，为佛教传入中国最早的确切文献记载。从那时到西晋为佛教初传阶段。其佛事活动主要是译经，所展示的特征则是佛教的神学化。

佛教最早在汉朝的上层社会传播。东汉明帝夜梦天降金人，遂遣使西域求法，抄回佛经四十二章，名曰《四十二章经》，并延请西僧到洛阳传教译经，还创建了中国第一座寺院白马寺。其异母弟楚王刘英晚年笃信佛教，设法堂，做佛事，祭祀释迦牟尼。然而刘英因广结党羽、图谋篡位而被废，佛教受到株连。在其后的一百年中，不见佛教活动的文献记载。

东汉末年，社会动荡给佛教的传播以新的契机。《后汉书》有桓帝合祭浮屠、老子和"百姓稍有奉佛者，后遂转盛"的记载。此时，一批印度、西域僧人来到中土洛阳，传法译经，如安世高翻译小乘经籍，传授默坐静虑禅法。又如支娄迦谶讲说《般若经》，传播大乘教义。

三国而西晋，求法译经更盛。东都洛阳成为译经中心，大批佛经被译为汉语，其代表人物是竺法护、竺叔兰。竺法护，月氏国人，世居敦煌，是一个汉化很深的胡僧，精通西域三十六种方言，翻译有《光赞般若经》、《法华经》、《维摩诘经》等159部，计306卷。竺叔兰，天竺人，精通梵、汉两语，与无叉罗合作译出《放光般若经》，立即风行洛阳，掀起了西晋佛教界研究《般若经》的热潮。还有朱士行者，亲赴西域求取真经，得梵文本《大品般若经》九十章、二万余颂、六十余万字。佛教信徒开始增多，洛阳和长安两地已有寺院180所、僧尼3700人。

---

① 按：浮屠亦作"浮图"、"休屠"，佛陀之异译。《浮屠经》即《佛经》。

（二）佛教在华的发展

东晋南北朝是佛教在中国的高速发展时期。一方面，佛教自身适应了中国的文化环境，中国化进程加快，从而增强了在华的生存能力和发展后劲；另一方面，动荡不安的政治局势给佛教发展提供了广泛的社会基础。还有，后赵、前秦、北凉和梁朝统治者的大力推崇推动着佛教的迅猛发展。后赵国主石勒、石虎敬重西僧佛图澄无以复加，定佛教为国教，废除西晋禁止汉人出家的规定，诏允汉人出家。又如梁武帝萧衍潜研佛经，四次舍身出家南京同泰寺，其《断酒肉文》断禁汉代以来僧侣可食"三净肉"①的习惯。允许汉人出家、禁止出家人吃肉饮酒，对后世佛教的发展和教徒的生活影响巨大而深远。

佛教迅猛发展主要表现在几个方面：

一是寺庙广建，僧尼巨增。在北方，据《魏书·释老志》统计，北魏太和元年（477）境内有寺院6478座，僧尼77258人。北齐灭亡时，寺院增至三万多座，僧尼达200万人。在南方，东晋有寺院1768所，僧尼24000人。到萧梁时，寺院增至2846座，僧尼达82700人。

二是高僧辈出，译经讲法。鸠摩罗什，天竺人，后秦请入，厚待如"国师"，组织译经集团和讲经活动，亲译佛经35部，294卷。法显（？－422），山西武阳人，三岁出家为沙弥，20岁受具足戒②，历时14年，途经29国，亲赴印度取经求法。道安（312－

---

① 按：小乘佛法至今允许教徒吃"三净肉"。"三净"指眼不见杀（即没有亲眼看见动物临死的凄惨景象）、耳不闻杀（即没有听见它惨叫的声音）、不为己所杀（即不是为了自己想吃才杀的）。

② 按：具足戒又称近具戒、大戒，略称具戒，为比丘、比丘尼所应受持的戒律。因与沙弥、沙弥尼所受之戒相比，戒品具足，故称具足戒。

385），俗姓卫，山西常山人，12岁出家，日诵佛经五千言，弘法襄阳，全面整理已译佛经，编纂成《综理众经目录》，开创了佛教目录学。慧远（334－416），山西楼烦人，先儒后释，卜居庐山西林寺，移居西林寺，"影不出山，迹不入俗"达30年，曾针对东晋《沙门应尽敬王者》的诏书，撰写《沙门不敬王者论》，提出儒、佛异途同归，把印度佛教的业报轮回说改造成中国佛教的因果报应说，推动了佛教的中国化进程。

三是义学形成，宗派创建。自东晋始，随着佛经的大量传入，研究佛教教理、教义之风日盛，并因此形成了七宗十四派。其中研究《般若经》得名的般若宗最盛，而道安、慧远的本无宗又是般若宗中最大的一派。

其间北朝佛教的迅猛发展引发政权与教权的矛盾。寺院占据土地，广泛度人，接受布施捐赠，通过高利贷、出租耕地等办法聚集财富，严重影响国家的财政收入和兵源补给。因此，北魏和北周进行大规模的捣毁佛教运动。太武帝太延四年（438），下达第一个排佛令，将50岁以下的僧侣全部充作兵役。太平真君六年（445），北魏发生盖吴内乱，平叛中发现长安一寺院内私藏兵器和财物。皇帝怀疑僧侣与叛军勾结，下令杀尽长安和各地僧人。因太子故意拖延宣布，才使大批僧侣和经书幸免于劫难。北周武帝信谶纬，重儒术，建德三年（574）五月，下令200万僧道还俗，财产分配给王公朝臣。

（三）佛教在华的鼎盛

隋唐是中国汉语系佛教的鼎盛时期。隋朝二帝扶持佛教的发展，尤其是炀帝自称"菩萨弟子"，自度僧人1620个。《辨正论》说，杨氏二君在位37年，寺3985所，僧尼236200人。唐朝利用国家财力、物力、人力进行译经、求法、建寺等活动，不仅使汉地佛教极盛一时,而且推动了佛教向朝鲜、日本、越南的传播,尤其是武则天统治时期,全国有寺院数千所,僧尼达50余万,寺院经济实力雄厚。唐武宗"会昌毁佛"中,被捣毁寺院就有4600余所,强令还俗僧尼26万,没收寺田数千万公顷,解放寺院奴婢15万。

当时汉地佛教出现了八大宗派:

天台宗创始于隋代,盛行于唐朝,尊印度龙树为初祖,以北齐慧文为二祖、南陈慧思为三祖,而实际创始人是四祖智𫖮(537-597),世称智者大师。智者师从南岳慧思,潜心精研《法华经》,后来在南京瓦官寺开讲此经。南陈太建七年(575),智者率弟子二十余人入居天台山十年,创立了在佛教义理和观行两方面都独树一旗的天台宗。天台宗奉《法华经》为经王,因而又称法华宗。

三论宗是以印度大乘中观派龙树所著《中论》、《十二门论》及弟子提婆所著《百论》为依据形成的宗派。此"三论"由鸠摩罗什译成中文,其弟子僧肇和刘宋僧朗进行过研究,并分别提出了"关河旧说"、"山门义说"。吉藏(549-623)在二僧"古三论"的基础上创立了三论宗。吉藏后来居会稽秦望山嘉祥寺,世称嘉祥大师。此派生搬硬套印度大乘理论,不适应中国国情,遂至中唐而绝。

律宗是以研习及传持戒律而得名的宗派。创始人慧光师从佛陀扇,潜心研究《四分律》,撰写《四分律疏》,成为律宗开山祖。此宗实际创立者是道宣(596-667)。道宣改造了印度的《四分律》,使之适合中国人的口味,并撰写有《续高僧传》、《广弘明集》。因道宣住终南山丰德寺,故又称律宗为南山宗。东渡日本传法的鉴真和尚就是道宣的三传弟子。

净土宗以至诚念佛,凭借陀佛的接引,进入西方净土。此宗信奉主要经典有《无量寿经》、《阿弥陀经》。实际创始人善导(613-

681)一生盛弘净土,主张一心专念阿弥陀佛,以期往生西方净土。此派简便易行,深受社会各阶层信众欢迎。

密宗是"开元三大士"善无畏、金刚智、不空创立的。大乘佛教在印度有显、密之分。显教是佛祖公开对一般信徒的说教,而密教是佛祖化身大日如来对内部众徒密传的法门。这三位南亚人在玄宗开元年间把密教传到中土,兴盛一时,但至唐末五代就绝迹了。

法相宗又名唯识宗,或称慈恩宗,是玄奘及其弟子窥基依据《成唯识论》创立的汉地大乘佛教宗派。玄奘俗姓陈,河南偃师人,13岁出家,法名玄奘,行程5万里,历时19年,去西天取回佛经。《西游记》据之演绎而成。

华严宗以《华严经》为立宗依据,唐初法顺首创,三传至法藏(643-712),建立完善的理论体系,故法藏实为创始人,武则天赐号"贤首大师",因而此派又称"贤首宗"。

禅宗是中国僧人独创的佛教宗派。传说禅宗初祖菩提达摩南朝时到中国嵩山少林面壁九年,创立了禅宗理论。实际创始者是六祖慧能(638-713)。慧能目不识丁,师从五祖弘忍,曾作偈曰:"菩提本无树,明镜亦非台。佛性常清净,何处惹尘埃。"遂得五祖器重,亲授《金刚经》,使之南归。十六年后大显于广东法性寺。后来弘法曹溪三十年,形成独具特色的禅宗南派。慧能门下禅师辈出,风靡天下。尤其是"会昌毁佛"后,各派相继走向衰落,而"不立文字"、"顿悟成佛"的禅宗一枝独秀,宋元以后几乎成了中国汉地佛教的代称。

(四)藏传佛教的兴盛

藏传佛教,俗称"喇嘛教",相对汉语系佛教和巴利语系佛教,又称藏语系佛教。当汉地佛教走向衰落时,藏传佛教却在青藏高原蓬勃兴起,并向甘肃、蒙古、东北传播,在清朝统治时期极为昌盛。

1. 藏传佛教的兴起

佛教早在公元7世纪就传入西藏。历代"藏王崇信佛教",以致西藏"佛法之盛,印度似亦未有"。但吐蕃王朝的最后一任赞普达玛"秉性暴恶,厌恶正法","西藏之圣教遂灭。"

11世纪,佛教以喇嘛教形式在西藏复兴。当时西藏封建农奴主分裂割据,喇嘛教也是流派林立,各自标榜,大则有噶举(白教)、萨迦(花教)、宁玛(红教)、本波(黑教)之分,小则在各派之下又各有分支,仅噶举派内就有四派八支之别。至明朝中后期,新兴的格鲁派后来居上,一举统一整个西藏,成为藏传佛教的正统。

格鲁派,因大德们戴桃尖顶黄帽,又称黄帽派、黄教。格鲁派是宗喀巴改革噶当派教义、教规而形成的新教派。宗喀巴出生于青海湟中县,7岁出家,师从著名喇嘛顿珠仁钦。17岁,进藏参访名师,以后长期游离于西藏佛寺,与不少名僧研习教理,显、密双修。29岁时受比丘戒,开始收徒讲经。洪武二十一年(1388),宗喀巴抛弃当时藏僧所戴的红帽,改戴黄帽,标志着宗教改革的开端。针对当时各派戒律松弛,上层腐化堕落,宗喀巴大力提倡严守戒律,同时著书立说,其《密宗道次第广论》和《菩萨道次第广论》建立了显密结合的黄教理论体系。永乐七年(1409),宗喀巴发起并主持了拉萨传召法会,听讲僧众达万余人,从此成为西藏佛教界公认的领袖人物。同年,宗喀巴命弟子达玛仁钦修建黄教母寺——甘丹寺,标志着黄教作为独立教派的诞生。

永乐十七年(1419),宗喀巴圆寂了,而黄教却在弟子们的全力推动下迅猛发展,尤其是根敦朱巴在日喀则建成扎什伦布寺,与先前创建的甘丹寺、哲蚌寺、色拉寺,合称"黄教四大寺"。接着,黄教的势力开始向藏外传播。在这一发展时期，三世达赖锁南嘉措起着极其重要的作用。锁南嘉措是根敦嘉措的转世灵童，天资聪敏，12岁就能在传招法会中宣讲佛经。其师是全藏享有崇高声望的灌顶国师阿旺扎西扎巴，因而，西藏僧俗对他无不敬服。万历五年（1577），锁南嘉措应统治青海地区的蒙古部族首领俺答汗的邀请，到青海讲经传法。据《西藏民族政教史》，青海"原有宰杀牛羊祭天之恶风，每年杀生不可数计，由师善巧说法，感化悔改，令往善业"。青海地区的蒙古、藏族民众普遍信奉黄教。锁南嘉措还在青海修建了塔尔寺，作为藏外黄教传播基地。

明末清初，四世班禅和五世达赖掌教期间，黄教不仅在西藏社会取得绝对优势，而且得到了清王朝的认可，达赖和班禅的称号先后被顺治和康熙承认。这两大活佛既是藏传佛教的大教主，又是西藏地区的世俗统治者。五世达赖还将西藏首府迁到拉萨，并重建布拉达宫，后经藏王桑结嘉错扩建，遂成今日之宏伟壮丽。拉萨正式成为西藏的政治文化中心。

2. 达赖、班禅的由来

达赖喇嘛和班禅额尔德尼是藏传佛教中的两大活佛。

达赖的全称是"圣识一切瓦齐尔达赖喇嘛"。"圣识一切"是汉语，系指受封者的佛学知识博大精深，无所不知。"瓦齐尔"为梵文，原意为金刚菩萨，有坚强不坏的意思。"达赖"是蒙语，意为大海。唯"喇嘛"才是藏语，意为"上人"，与汉语称佛教僧人为"和尚"的意义相同。整个称号的大意是：无所不知的坚强的象大海一样伟大的和尚。

达赖之号始于三世达赖锁南嘉措。嘉靖二十二年（1543），哲蚌寺僧众在前藏地区找到一个三岁农家小孩，认定是根敦嘉措的转世灵童，即锁南嘉措。这就是黄教活佛转世的开端。锁南嘉措不仅在西藏享有盛名,而且为青海的藏、蒙民众所慕仰。万历六年(1587),统治青海的蒙古部族首领俺答汗为了感谢锁南嘉措的佛法功德,特赠"遍知一切瓦齐尔达赖喇嘛"的尊号。"达赖喇嘛"之名自此始。最初,这个尊号专指锁南嘉措,后来黄教寺院集团又追认锁南嘉措的前世根敦嘉措为第二世达赖,追认根敦嘉措的前世、宗喀巴的最末一个弟子根敦朱巴为一世达赖。如此,锁南嘉措便是三世达赖了。

万历四十四年(1616),四世达赖云丹嘉措圆寂,西藏三大寺喇嘛于次年在前藏琼结宗找到转世灵童,这就是著名的五世达赖喇嘛罗桑嘉措。当时西藏正处在信奉白教的噶马王朝统治下。黄教的功成名就引起白教的不满,噶马政权乃多方阻止黄教的发展,甚至在四世达赖死后下令终止其转世。后经曾治好第悉藏巴(藏王)重病的四世班禅苦苦劝说,达赖转世才得以继续下去,但噶马政权并未停止对黄教排斥打击的方针。在这生死存亡关头,五世达赖与四世班禅秘密派人前往新疆,请求信奉黄教的蒙古族和硕特部首领固始汗领兵入藏。固始汗本是黄教的虔诚信徒,又有向外扩张之意,遂于崇祯十年(1637)率兵入青海,消灭了信奉白教的喀尔喀蒙古部落首领却图汗。接着,挥师入藏,推翻了噶马政权。崇祯十二年(1639),进军甘孜,消灭了迫害黄教僧人的白利土司顿月多吉。返藏后,帮助五世达赖建立了"噶丹颇章王朝"。从此,黄教集团正式统治西藏,达赖成为西藏政教的最高首领。

中国古代边境各族政教首领的名号只有得到中央王朝的御封才算合法。清初,顺治帝特别关心西藏,派专使进藏敦请五世达赖来京会晤。顺治九年(1652),五世达赖入京,受到顺治帝隆重欢迎,特为其新修黄寺,并赏赐了大量的黄金、白银、大缎、珠宝、玉器、骏马。次年,达赖因水土不宜,请求返藏。回藏途中,顺治帝又专派特使,携带以满、汉、蒙、藏四种文字刻写的金册金印,敕封达赖为"西天大善自在佛所领天下释教普通瓦赤喇怛达赖喇嘛",简称"达赖喇嘛"。

  一世达赖根敦朱巴   (1391-1474)
  二世达赖根敦嘉措   (1475-1542)
  三世达赖锁南嘉措   (1543-1588)
  四世达赖云丹嘉措   (1589-1616)
  五世达赖罗桑嘉措   (1617-1682)
  六世达赖仓央嘉措   (1683-1706)
  七世达赖格桑嘉措   (1708-1757)
  八世达赖强白嘉措   (1758-1804)
  九世达赖隆多嘉措   (1805-1815)
  十世达赖楚臣嘉措   (1816-1837)
  十一世达赖凯珠嘉措 (1838-1855)
  十二世达赖成烈嘉措 (1856-1875)
  十三世达赖土登嘉措 (1876-1933)
  十四世达赖丹增嘉措 (1934-现在)

班禅的全称是"班禅额尔德尼"。其中"班"就是梵语"班弟达"的简称,印度称学识高深的学者为"班弟达";"禅"是藏语"大"的译音;"额尔德尼"是满语,意为珍宝。全称意为智勇双全的珍贵的大学者。

  班禅之号始于四世班禅。顺治二年(1645),固始汗为了削弱、分散五世达赖的政教权力,以巩固其在藏既得权益,赠给参与推翻噶马政权的扎什伦布寺池巴①罗桑却吉坚赞尊号"班禅博克多",

---

① 按:池巴,藏语译音,其意相当于汉语之住持。

并让他永驻扎什伦布寺，分治后藏。此为班禅名号的开始。罗桑却吉坚赞圆寂后，扎什伦布寺开始活佛转世，追赠一世达赖的二师兄克主杰为一世班禅，锁南却朗为二世，罗桑顿珠为三世。如此，罗桑却吉坚赞便是四世班禅。康熙四十八年（1709），清廷因废立六世达赖仓央嘉措引起西藏局势动荡。康熙五十二年（1713），正式敕封五世班禅为"班禅额尔德尼"，简称"班禅"，并赐予金册金印，还规定班禅的转世和达赖一样，得经朝廷批准。

一世班禅克主杰　　　　（1385 - 1438）
二世班禅锁朗确朗　　　（1439 - 1504）
三世班禅罗桑顿珠　　　（1505 - 1566）
四世班禅罗桑曲结坚赞　（1567 - 1662）
五世班禅罗桑益西　　　（1663 - 1737）
六世班禅罗桑贝丹　　　（1738 - 1780）
七世班禅丹白尼玛　　　（1782 - 1853）
八世班禅谭丹白旺秋　　（1854 - 1882）
九世班禅却吉尼玛　　　（1883 - 1937）
十世班禅却吉坚赞　　　（1938 - 1989）
十一世班禅坚赞诺布　　（1990 -现在）

3. 活佛转世规制

活佛转世以佛教报身、法身、化身学说为理论依据，始于元末藏传佛教中的噶马噶举派。格鲁派创始人宗喀巴在宗教变革中为了恢复佛教的纯洁性，禁止僧人娶妻生子，使教主承传成为问题。自三世达赖喇嘛锁南嘉措开始采用了活佛转世规制，以解决教主传承问题。藏传佛教活佛转世是宗教史上的一大创举，被称为世界七大神秘现象之一。

活佛转世的基本程序和主要内容神秘而复杂，且因活佛级别、寺院地位而不同。一般由寻找灵童、辨识灵童、确认灵童三个阶段相续而成。寻找灵童的办法和途径很多,可以根据活佛生前的陈述、预示和遗嘱为线索寻访,也可以通过观湖、占卜、降神等方式确定转世灵童出生的方位、地貌特征。被访寻到的灵童往往很多,可以对灵童看相体检,也可以对灵童智力测评,还可以把儿童带到前世活佛居所让其辨认器物。这样步步考察、层层筛选,把最优秀的几个留下。这几个灵童都具备转世灵童、新任活佛的先天条件,而最终确认可以抓阄,也可以由世俗统治者指定。不过,清代四大活佛的转世灵童确定一般都得通过金瓶抽签。根据乾隆五十八年(1793)清王朝颁布的《钦定善后章程二十九条》第一条的规定,大活佛继承采取金瓶抽签,即在认定灵童时四大护法将灵童姓名及出生年月用汉、满、藏三种文字写在签牌上,放入由皇帝赐予的金瓶内,经佛学高深的活佛祈祷七日,在大昭寺释迦牟尼像前抽定。如果只有一个灵童则用空签一支,与实签摇抽,抽得空签则另寻灵童。此金瓶平时放在大昭寺宗喀巴像前。清朝另铸一金瓶置于北京雍和宫内,用以解决蒙古和北京等处的活佛转世问题。

到清末,黄教的转世高级活佛达168人,而中、低级活佛不可胜计,每一喇嘛寺院的住持皆称活佛,到西藏民主改革时有大大小小的活佛三四千人。在这些众多的活佛中,达赖、班禅与喀尔喀蒙古的哲布尊丹呼图克图(八世哲布尊丹呼克图于1924年圆寂,时逢苏军占领库伦,停止转世)、内蒙古的章嘉呼图克图(七世章嘉呼图克图随蒋介石到台湾,1978年在台去世,未闻转世),在清代称为"四大活佛"。

三 佛教基本教义

佛祖把觉悟出来的真理讲说下来，教导佛教信徒怎样做人与怎样成佛的方法，称之为"佛法"。在所有宗教中，佛法博大精深，极富哲理，备载于经藏之中。

（一）经典的形成

佛陀毕生致力于教化众生的事业，但教化的形式囿于当时印度师生相承、口口相传的传统框架，一直限于口头传播，没形成书面文字。佛灭后，其弟子唯恐佛教教义日久散失，更担心异端邪说渗入佛法，遂有结集之举。所谓结集，梵文的原意是召开僧众大会，实际上就是集会讨论，结成经藏。

在印度佛教史上有过四次"大结集"。第一次结集由摩诃迦叶在王舍城七叶窟召集五百比丘而进行的。多闻第一的阿难陀背诵佛法，结成"经藏"（佛悟讲说的教义）。持戒第一的优波离背诵戒律，结成"律藏"（佛制定的教规）。众比丘对二僧所述佛法没有异议，随即书之于贝叶，而成为正式典籍，即所谓"贝叶经"。至于"论藏"（教徒和佛学家发挥和研究经律两藏的著作）尚未结集，后由摩诃迦叶补充结集。这便奠定了佛教文献的经、律、论"三藏"的基础。"藏"字本意是一种可以盛放东西的篓篌，以后成为佛教典籍的代称。

第二次结集发生公元前四世纪。为了排解佛教内部因经藏和律藏引起的纷争，以耶舍为首的诸长老比丘在毗舍离城召集七百比丘第二次结集，对佛经进行了修订。第三次结集发生在公元前三世纪。为了统一信仰与教规，清除混入教内的异教徒，孔雀王朝的阿育王（公元前273－公元前232在位）在华氏城组织召开，邀请目犍连子帝须为上座，组织千名比丘参加。用巴利文和梵文两种文字编写成经、律、论定本，随后极力推动佛教的向外传播。其中，巴利文佛典传入斯里兰、缅甸、泰国、柬埔寨、老挝等国和我国云南的傣、崩龙、布朗等族，称为"南传佛教"，或"南传上座佛教"。南传佛教属于小乘佛教。梵文佛典则传入尼泊尔以北西域诸国，由西域传入我国内地和西藏，继而再传至朝鲜、日本等地，称北传佛教，属于大乘佛教。第四次结集发生在公元前一世纪，由犍陀罗贵霜王朝迦腻色迦王召集。

佛教徒四次结集所形成的佛经由不同时期、不同国度的大德高僧翻译成各种文字，先后传播到世界各地。中国翻译佛经的工作持续千余年，自南北朝以来几乎各代皆编辑有佛教文献总集，称之曰《大藏经》。20世纪80年代编辑的《中华大藏经》汇集了历代佛教文献典籍，是世界佛教史上最有影响和最有价值的文献总结。

(二) 佛教的教义

佛教基本教义由四圣谛、八正道、十二因缘组成。

1. 四圣谛

四圣谛是佛教全部教义的总纲，包括"苦谛"、"集谛"、"灭谛"和"道谛"。

苦谛：讲说人生皆苦，通常概括为"八苦"，即生、老、病、死、怨憎会、爱别离、求不得、五蕴盛。世俗审视人生有苦有乐，而佛教审视人生则有苦无乐，乐不过是苦的另一表现形式。"苦海无边"道出了全部佛教学说的出发点。

集谛：讲说造成痛苦的原因或根据。苦根是"无明"，即愚昧无知，沉于贪欲，从而种下种种惑业。依业受报，便有生死轮回诸苦。

灭谛：讲说断灭造成诸苦的根源，从生死轮回中解脱出来，进入无苦的涅槃境界。这是佛教的最高理想和终极目标。

道谛：讲说解脱痛苦、进入涅槃的思想理论和修习方法。

2. 八正道

八正道是八种通往涅般境界的正确途径或方法，实际上是对道谛的发挥。这八种方法是正见（对四谛佛理的正确见解）、正思（按四谛之义正确思维）、正语（不说非佛理之语言）、正业（住于清净之身业）、正命（符合戒律的生活）、正精进（努力勤修涅槃道法）、正念（铭记四谛之理，离尽邪非）、正定（收心禅定）。佛教认为，按照这些正确的途径和方法修行就可以由迷转悟，达到解脱的彼岸，故又称八正道为"八船"、"八筏"。

后来高僧和佛学家把"八正道"归纳为戒、定、慧三学。正语、正业、正命属于戒，正念、正定属于定，正念、正思、正精进属于慧。戒有五戒、八戒、十戒等不同规定。定就是禅定，专注一境而不散乱的精神状态。慧即智慧，是洞察宇宙、人生的一切实相，断绝无名烦恼的智慧。戒、定、慧概括了学佛修行的全部内容。三者扩展为具有丰富社会内容的"菩萨行"，即布施、持戒、忍辱、精进、禅定、智慧，合称"六度"。

3. 十二因缘

十二因缘也称十二缘起。缘起论是全部佛教教义的理论基础，即所谓"诸法由因缘而起"。因缘即关系和条件。佛教认为，一切事物的生起和出现都是一种相互依存，互为因果，互为条件的关系。佛陀定义说："此有故彼有，此生故彼生；此无故彼无，此灭故彼灭。"十二缘起的具体内容是：无明、行、识、名色、六处、触、受、爱、取、有、生、老死。其中无明与行是前世之因，识、名色、六处、触、受是现世果，爱、取、有是现世因，生、老死是来世果。人皆由前世因而辗转轮回于天、人、阿修罗、畜生、地狱、饿鬼的"六道"之中。现世行善,来世轮回升天做人;现世作恶,则来生轮回作畜生、饿鬼。

四　佛教的主要规制

唐武宗"会昌毁佛"之后,内地佛教唯简便易行的禅宗盛行于世。著名禅僧百丈怀海根据中国国情和禅宗特点,折中大小乘戒律,创建丛林清规,即《百丈清规》。至元朝元统三年(1335),朝廷敕令江西百丈住持德辉禅师修订、校改,遂成《敕修百丈清规》。因后世"十寺九禅",《百丈清规》也就成了全国统一的寺院丛林制度。

(一) 寺院机构

佛教认为,僧众和合共处如同树木丛集,故而称寺院为丛林,禅宗寺院则称禅林。禅林以住持承传方式,主要分为两大类:寺院由自己所度的弟子轮流住持的为甲乙徒弟院,又称剃度丛林;寺院公请各方名僧住持的为十方丛林。还有由朝廷任命住持的,称敕差住持院。

住持为一寺之首,因其所住之处称方丈,故而也称住持为方丈。住持为寺内各堂之头,俗称堂头和尚。住持之下分序职和列职,再各分东西两序,作为寺内管理人员。东序一般设有监院、副寺、维那、悦众、侍者、庄主,西序一般设有首座、堂主、书记、知藏、知客。列职中一般设有饭头、茶头、火头、水头、园头。

丛林遇事采取开会合议制。座次按僧人的法腊长短排列,法腊最长者称"上座",其发言很有权威性和影响力。

(二) 僧尼与居士

佛教分教徒为四众:出家男女二众和在家男女二众。出家男性名"比丘",俗称僧人、沙门、和尚。出家女性名"比丘尼",俗称尼姑。

一般情况下,信佛出家者首先要到寺院请一位比丘或比丘尼作为自己的"依止师"。再由这位"依止师"征得全寺僧众同意后,方可收留为弟子,为之剃除须发,受男弟子"沙弥戒",受女弟子"沙弥尼戒",男弟子即为"沙弥",女弟子为"沙弥尼"。"依止师"对沙弥或沙弥尼有教养的责任。沙弥年满20岁时经僧众同意,召集十位大德长老共同为之受"比丘戒",成为正式比丘;沙弥尼至年满18岁时受"式叉摩罗戒",成为"式叉摩罗尼",20岁时再受"比丘尼戒",成为正式比丘尼。年龄在七岁以下七十岁以上者、未经父母同意者、身负债务者、身体残毁者、患有精神病者以及现任官员皆不得授戒。

宋元以后出家受戒为三坛:初坛沙弥戒,二坛具足戒,三坛菩萨戒。二三坛之间要烧戒疤,又叫热顶,俗称"烫香洞",以这种残害身体的苦行来表达内心的诚笃。这也是汉僧与喇嘛的区别所在。直到1983年中国佛教协会才废除这一陋俗。

比丘、比丘尼每天早晚两次上殿念诵五堂功课。早晚斋时要依《二时临斋仪》以食供诸佛菩萨,为施主四向,为众生发愿。其余时间或习教理,或参禅念佛,或劳动生产。每月望晦集于一处,共诵《戒本》,自查是否违戒律,若有违则依法忏悔。比丘或比丘尼皆须剃发除须,只能穿披在左肩上的"袈裟"。这是一块块布条拼接起来的,以黄赤为主色,称"福田衣",也称百衲衣。和尚因此自称"衲子"。

在家男性称"优婆塞",在家女性称"优婆夷"。居士则是在家佛教信徒的统称。居士也得履行一定的手续。如果自愿将身心性命投靠佛、法、僧,所谓皈依"三宝",在家修道,那么即可请一位法师为之传授"五戒"(不杀生、不盗窃、不邪淫、不妄语、不饮酒)或"菩萨戒"(十条重戒、二十八条轻戒),从此便为居士。

(三) 结夏安居

结夏是唐宋以来丛林的重要清规之一。从旧历的每年四月十六日到七月十五日为安居期,僧人必须定居一寺,专心修道,禁止出游。部分丛林还有冬天安居期,即实行所谓结冬参禅、结夏讲经的"冬参夏讲"制。安居满日(七月十五日),众僧聚集一堂,任凭他人检举自己的违戒事,从而依法忏悔,名曰"自恣"。每自恣一次,则戒龄增一腊。

(四) 度牒与僧籍

度牒是国家颁发的出家许可证,也是僧人的身份证。唐朝以前度牒只是地方政府为僧人出游提供的证明材料。唐朝度牒成为由祠部颁发的出家证件,而且要收费,甚至在社会上一度成为有价证卷。僧死或还俗必须交还地方官府。直到乾隆三十九年(1774)废止僧道度牒。

僧籍则是国家依据度牒编造的僧人簿籍,如同一般百姓的户籍,内容包括僧人姓名、出家度牒、所隶寺院等。僧籍每三年编造一次。由僧正、僧统、僧录负责掌管僧籍。

(五) 佛教节庆

佛教节庆很多,其中对社会影响大者莫过于盂兰盆会、佛诞节、观音会。

七月十五日本为佛教的自恣节,然据《佛说盂兰盆经》载,佛陀弟子目犍连初得六神通,用法眼观察到母亲在饿鬼道受苦,非常伤心。他遂用神力为母送饭。可饭到母手立即化成火炭,乃请佛陀救母。佛陀让他在七月十五日自恣日设盂兰盆供,以百味供养十方众僧,依仗众僧神力拯救其母。目犍连依此而行,果然把母亲救出了饿鬼道。佛陀由此规定每年七月十五日，众僧可广设盂兰盆供，为在生父母增福延寿，为过世父母荐亡离苦。盂兰盆会便成为佛教的"孝亲节"。然宋元以降，失去本意，变成了"祭鬼节"。

四月初八为佛诞节。有佛经载，佛陀出生、出家、成道、涅槃皆在此日。每逢此日，各个寺院都要举行盛大的"浴佛法会"。在大殿内用水盆供奉太子像，众僧及居士以香汤沐浴太子像，用以纪念佛祖。

五 佛寺的典型构成

每一座佛教寺院都是由众多的殿堂组成。随着寺院经济实力和教派组织的不同，佛寺的殿堂建构各具特色。但唐宋以来，汉地佛教寺院殿堂还是具有一定的规范。

（一）建筑原则

殿堂是寺院中重要屋宇的总称。一般说来，殿是供奉佛像以供瞻仰、礼拜、祈祷的处所，堂是僧众说法、行道和日常生活起居的地方。其名称或按所供奉的主要佛像而定，如供佛陀者称"大雄宝殿"，供观音菩萨者则称"观音殿"；或按其用途而定，如讲经说法之堂称"法堂"，而僧尼吃饭之厅则称"斋堂"。

按照中国的营造法式，主要建筑摆在南北中轴线上，附属设施安在东西两侧。由南往北，主要建筑次递：山门殿、天王殿、大雄殿、藏经楼或法堂。这些殿堂楼阁都是坐北朝南的"正殿"。东西"配殿"则有伽蓝殿、祖师堂、观音殿、地藏殿等。寺院的"生活区"集中在中轴线左侧（东侧），包括僧房、香积厨、斋堂、职事堂、茶堂等。"旅馆区"则常设在中轴线右侧（西侧），主要是禅堂，以容四海之来者。

(二) 殿阁配置

1. 山门殿

佛寺大门称为"山门"。一般有三道门,象征"三解脱门",即空门、无相门、无作门。与三座门结合在一起是一小型殿堂,叫山门殿。殿内塑两大金刚力士像。金刚力士是手执金刚杵守护佛法的护法神,共同特征是体貌雄伟,头戴宝冠,手执金刚杵,两脚张开,作忿怒相;不同在于左尊怒颜张口,作以金刚杵打击状,右尊忿颜闭口,平托金刚杵,作怒目凝视状。《封神演义》称大力金刚士为哼、哈二将。

2. 天王殿

由山门往北的第一重殿便是天王殿。天王殿因供奉四大天王而得名,或称兜率天。殿内供奉佛像六尊,正面是大肚弥勒佛,满脸堆笑,座北朝南,间有对联:"开口常笑,笑天下可笑之人;大肚能容,容世间难容之事。"与之隔壁相背靠的是面北而立的韦驮护法王像。其塑像通常有两种姿势:一种是双手合十,横空杵于两腕,直挺挺地站立;一种是左手握杵拄地,右手插腰,左足略向前立。其胸前或头上嵌着照妖镜。弥勒东西两旁供奉着东方持国、南方增长、西方广目、北方多闻四大天王像。随着佛教汉化的加深,尤其是受《封神演义》、《西游记》等文学艺术作品的影响,四大天王名称、武器、神职整齐划一:南方增长天王名魔礼青,执青光宝剑一口,职风;西方广目天王名魔礼红,执碧玉琵琶一面,职调;北方多闻天王名魔礼海,执混元珠伞一把,职雨;东方持国天王名魔礼寿,执紫金龙花狐貂,职顺。四大天王的神职奇妙地组成了"风调雨顺"。

3. 大雄宝殿

大雄宝殿位于天王殿之北,俗称"大殿"。大雄是对佛陀道德法力的尊称。此为佛寺的正殿，供奉着佛教缔造者佛陀。随各时代崇尚的发展变化和宗派之不同，正殿的佛陀造像有一、三、五、七尊四种情况：

第一种供奉一位主尊，即释迦牟尼佛像。常见的塑像有四种姿势：一为"成道相"，结跏趺坐，左手横放在左脚上，名为"定印"；右手直伸下垂，名为"触地印"。二为"说法相"，结跏趺坐，左手横放在左脚上，右手向上屈指作环形，名为"说法印"。三为"旃檀相"，传说释迦在世时，优填王用旃檀木按照释迦的形象雕成。身体站立，左手下垂，作"与愿印"，表示能满足众生愿望；右手屈臂向上伸，作"施无畏印"，表示能解除众生苦难。四为"涅槃相"，是佛祖涅槃时的卧像。

第二种供奉三位主尊。其安置方式有二：一是供"三身佛"。据天台宗的说法：一为"法身"，指佛从先天就具有的佛法之身，体现了佛法的佛本身。二为"报身"，指以法身为"因"，经过修习而获得佛果之身。三为"应身"，指佛为度脱世间众生需要而现之身，特指释迦牟尼之生身。其顺序是中尊为"法身佛"，名"毗卢遮那佛"；左尊为"报身佛"，名"卢舍那佛"；右尊为"应身佛"，即是释迦牟尼佛。二是供"三世佛"。"三世佛"又有三个空间世界的"横三世"和三个时段的"竖三世"。在殿宇中，"横三世佛"的安排是：正中为娑婆世界的释迦牟尼佛，胁侍为文殊、普贤两菩萨。此为"华严三圣"。左侧为东方净琉璃世界的药师佛，胁侍为日光、月光两菩萨。药师佛的典型形象是左手持钵，内盛甘露，右手持药丸。此为"东方三圣"。右侧为西方极乐世界的阿弥陀佛，手执莲台，胁侍为观世音、大势至两菩萨。此为"西方三圣"。在殿宇中，"竖三世"的安排是：正中为现在佛释迦牟尼佛，左侧为过去佛燃灯佛，右侧为未来佛弥勒佛。

大雄宝殿内两侧靠壁而塑的是十八伽蓝神,世俗称为十八罗汉。据《释氏要览》卷上,其名曰美音、梵音、天鼓、叹妙、叹美、摩妙、雷音、师子、妙叹、梵响、人音、佛奴、颂德、广目、妙眼、彻听、彻视、遍视。

第二节 道教文化

鲁迅先生曾说:"中国文化的根底在道教。"道教不仅是中国土生土长的具有广泛信众的民族宗教,而且同中国民间风俗习惯有着十分密切的联系,因而是中国传统文化的重要组成部分。

一 道教的发展历程

(一)道教的起源

商周时代的鬼神崇拜是道教的重要源头。中华民族的远祖在原始社会后期就已经有了宗教观念。在原始宗教理念中占主导地位的是对自然的崇拜及对鬼魂的敬畏。到公元前15至公元前11世纪的殷商时代,逐渐形成了以上帝为中心的天神系统,对上帝和天命的信仰取代了自然崇拜,原始的鬼魂崇拜演变成为以血缘为纽带、结合宗法体制的祖先崇拜。周朝时鬼神崇拜更为系统,出现了天神、地祇、人鬼三大支系。上帝及日、月、星、辰等为天神,三山五岳、四水四渎、社稷等属地祇,祖先及前代圣贤属人鬼。对道教而言,它们则是道教神系的主要来源。

战国至秦汉盛行的神仙方术是道教的又一源头。《庄子》、《列子》等对神仙生活、仙家世界有着许多激荡人心的描绘：服气辟谷、长生久视、白日飞升。这些颇为时人所仰慕。秦始皇曾几度巡行天下，专为寻求不死之灵药，还不断派遣方士入海寻找"三神山"。汉武帝亦好神仙，慕长生，李少君、少翁、公孙卿、栾大等辈都以"祠灶丹砂"之类方术颇受宠信。统治者的好尚和追求对当时社会风气产生了决定性的影响，而后来的道教也从这里吸取了自己需要的法术成份。

道教的第三个源头是产生于战国、盛行于西汉的黄老之学。黄老之学是先秦道家思想的变种，最初为讲求"君人南面之术"的政治哲学派别。齐宣王时，稷下先生假托黄帝之名、杂糅老子学说而倡言"黄老"，传习"黄老道德之术"者"各著书，言治乱之事以干世主"。战国末，黄老学已相当流行。西汉开国将相多受其影响，如曹参以"善治黄老言"的盖公为师，陈平"少时本好黄帝、老子之术"，景帝母窦太后"好黄帝、老子之言，帝及太子、诸窦不得不读《黄帝》、《老子》，尊其术"。而武帝时期极为活跃的方士尊崇黄帝、附会老子以文其说。可以说，武帝以后的"黄老学"已经渐渐具有宗教的色彩，成为后世道教的哲理基础。

两汉之际，佛教开始传入中国，流行于宫廷。汉明帝之弟楚王刘英"晚节更喜黄老学，为浮屠斋戒祭祀"。佛教初来，便与中国固有的神仙方术相杂，显现出同黄老学结合的苗头。至东汉之末，"桓帝好黄老道"[①]，不仅频频派遣官员到苦县（今河南鹿邑）祭祀老子，而且本人亲在"濯龙之宫设华盖以祠浮图、老子"。道家创始人老聃被神灵化、宗教化。黄老学的学术气息在这里已经荡然无存，演变为宗教性质的"黄老道"。初入东土的佛教尚被视为"黄

---

① 范晔：《后汉书》卷七六《王涣传》，中华书局，1973年。

老道"的附庸。实际上,佛法东渐,在客观上刺激了道教的萌生。

(二) 道教的形成

"宗教是劳动者的呻吟。"东汉末年,政治腐败,农桑失所,转死沟壑,各种社会矛盾十分尖锐。这就为道教的产生提供了客观条件。农民起义领袖往往利用方术及迷信思想以号召和组织徒众,又为道教的产生提供了广泛的群众基础。

东汉后期出现的原始道教派别主要有两支:

1. 五斗米道

东汉顺帝时有张陵在蜀中鹄鸣山(今四川省大邑县内),"造作道书,自称天师",以咒法符水为人治病。"百姓翕然奉之以为师,弟子户至数万。学道者须出五斗米,故世号五斗米道。"五斗米道奉老子为教主,尊为太上老君,以《老子》五千文、《太平洞极经》为主要经典,建立了以"治"为单位的教团组织。教徒中的骨干称"祭酒","治"的首领称"治头大祭酒",初入道者则称为"鬼卒"。还制定了教义教规,即道教所谓"正法"。五斗米道的建立标志着道教的正式形成。张陵是道教的创始者。张陵死后,其子张衡、孙张鲁相继掌教。张鲁割据汉中三十年,建立了政教合一的政权组织,其后裔移居江西贵溪龙虎山,世代为教主,绵延不绝。

2. 太平道

顺帝时有于吉者,整理各类黄老道书而成《太平清领书》170卷,后人称之曰《太平经》。在宗教信仰上,《太平经》承袭了殷周以来对天神、地祇、人鬼的崇拜,总结了战国至秦汉的神仙方术之说,提出天、地、人三者合一可以致太平,精、气、神三者混一可以成神仙。书中还记载了许多"道术",即修道的方法、途径,认为世人可以通过修道积德而登仙界,成为长生久视的仙真。后来此书为张角所得,乃据之创立了最早的道教派别"太平道"。张角以

《太平经》组织发动群众,"十余年间,众徒数十万"。张角欲利用"太平道"达到取代东汉政权的政治目的,最终以其失败造成"太平道"的绝灭。

(三) 道教的发展

建安二十年(215),曹操兵临汉中,五斗米道"天师"张鲁被迫降曹。从此,道教的发展发生了重大转变:一方面积极向上层社会渗透,使道教官方化;另一方面大批道教学者对教义、教规、斋醮、法术等加以整理,使道教规范化。

1.《抱朴子》

葛洪(283-343)是东晋时著名的道教理论家、炼丹家、医学家。所著《抱朴子内篇》共二十篇,构建和完善了神仙道教的理论体系。《抱朴子内篇》除了多方面地阐述神仙之存在、可信、可求,而且对降布风雨云雾、形成山川、驱逐鬼神与虎豹、水火不伤、寒暑不觉、腾云游空、分形隐形、千变万化等各种方术,都作了鼓吹;对辟谷等养生法,长生不老药之采集、制作法,金丹烧炼法,神符之效验等,都作了较具体的阐述。葛洪反复强调他的理论和方法都是可信的,并非虚妄之言。他还列举了天仙、地仙、尸解仙等神仙之种类;列举了道经、神符之名称。可以说,《抱朴子内篇》集神仙思想及方术之大成,蔚然形成了一个系统。葛洪将玄学与道教纳为一体,将方术与神学纳为一体,将道教丹鼎、符水从理论上纳为一体,从而确定了神仙理论体系。

2. 经箓派

哀帝时期(362-365),江东天师道大量造作道书,从而形成了以经箓授受为特点的经箓派,先后产生了上清派、灵宝派和三皇派,使原先以符箓为主的天师道大步迈向义理化。

上清派为魏存华创始,杨羲、许谧等共同造作而成。此派造作了大量经书,其代表经典是《上清大洞真经》,故称上清派。灵宝派所崇奉《灵宝经》有新旧两种,旧者指《灵宝五符经》,新者指《灵宝度人经》。其后陆修静在此基础上增修科仪,立成仪规,灵宝之教遂大行于世。三皇派实为鲍靓造作《三皇文》而来,其主要内容是"驱召鬼神"的符图及存思神仙"真形"之术。

3. 新天师道

天师道在南北朝时期发生了重大变化,呈现出一种全新的形态。由于南北对峙,天师道亦有南北之分。在北天师道的转型中,北魏道士寇谦之起着重要作用。他调整、改善了道教与皇权的关系。经他"清整"后的"新天师道"一度成为北魏国教。在南天师道的转型中,刘宋道士陆修静更是影响巨大而深远。他广集道书,"总括三洞",将上清、灵宝、三皇汇归一流,分道教经籍为洞真、洞玄、洞神三部,使之系统化。陆修静还大力提倡内持斋戒、外持威仪,重视斋仪科范。道教典仪因而完备,"道教之兴,于斯为盛"。

4. 茅山宗

在南朝盛行南天师道的同时,还出现了一个新的道教流派,即茅山宗。梁朝道教大师陶弘景儒、释、道并修,主张三教合流,开创了对三茅真君为依托的茅山宗。此派提倡佛、道双修,而实际上又以道为主,从而使道教的义理化在原有的基础上又得到很大发展。

5. 全真道

宋初道士陈抟高隐华山半个世纪,以"飞精锁鼻术"名世,创作《无极图》、《先天图》,借《周易》阐发炼精化气、养性修真之道,使内丹道进一步理论化,开启宋明理学和全真道教之先声。

全真道的兴起于宋金对峙时期的北方。传说全真教创始于"五祖"，即东华子王玄甫、正阳子钟离权、纯阳子吕洞宾、海蟾子刘操、重阳子王嚞。其实际创始人为陕西咸阳人王嚞。王重阳创教于陕西，传教于山东，收纳丹阳真人马钰、清静散人孙不二、广宁真人郝大通、长真真人谭处端、玉阳真人王处一、长生真人刘处玄、长春真人丘处机等"七真子"，广为布道，盛极一时。至丘处机继掌全真，博得成吉思汗礼敬，奉命掌管天下道教，全真道发展成为与正一道并立的道教两大派别之一。

二 道教的基本信仰

刘勰《灭惑论》称道教："上标老子，次述神仙，下袭张陵。"道教是多神教，崇拜神灵达数百种之多。所以，马端临在《文献通考》中说："道家之术，杂而多端。"但其基本信仰还是十分明确的。

（一）道生天地

道教信仰的根本核心是"道"。这个"道"源自先秦思想家、道家学派创始人老子。道教将"道"取来加以宗教化、神化，认为"道"是宇宙的主宰，是产生和支配天地万物的造物主。《太平经》说："夫道何等也？万物之元首，不可得名者。六极之中，无道不能变化。元气行道，以生万物。天、地、大、小，无不由道而生者成。"《太上老君说常清静经》说："大道无形，生育天地；大道无情，运行日月；大道无名，长养万物。""道"是"虚无之系，造化之根，神明之本，天地之元"。这就是道教的宇宙论，也是道教神学思想体系的核心。或因其无形无名，早期道教不搞偶像崇拜。

道教所崇奉的祖师太上老君则是"道"的化身。据道经记载，"散形为气，聚形为太上老君"，"一气化三清"。"三清"或称"三宝"、"三元",即玉清境清微天元始天尊(天宝君)、上清境禹余天灵宝天尊(灵宝君)、太清境大赤天道德天尊(神宝君,太上老君)。称号不同,实质一样,都是"道"的人格化和别名。三清为经教的祖师,各传经书 12 部,分别称为洞真、洞玄、洞神。或分三洞真经为 7 部,以洞真、洞玄、洞神 3 部为正经,以太玄、太平、太清、正一 4 部为辅经。因而,道教内部统称之曰:"三洞尊文,七部玄教。"

(二)长生成仙

道教是乐生、重生的宗教,是以追求长生不老为最高目标的宗教。《老子想尔注》把《道德经》中的"公乃王,王乃大"改为"公乃生,生乃大";把域中"四大之说"改为"道大,天大,地大,生亦大"。生乃道之别体,生、道相守,生、道相保。教徒坚信"我命在我不在天,还丹成金亿万年"。《内观经》说:"道不可见,因生以明之;生不可靠,用道以守之。或生亡,则道废;道废,则生亡;生道合一,则长生不死。"所以,"养生者慎勿失道,为道者慎勿失身;使道与生相守,生与道相保"。即认为,人体可以与道合一,达到长生不老。

为实现长生成仙这一目标,道士们发明了众多的修炼之术。其中丹术是基本之形式。外丹以铅、汞为原料烧炼成丹药,以服丹药求长生。内丹不假外药,以人体之精、气、神为三宝,进行内部修炼,以实现不老。道教理论家则证明"仙人可学致",如同五谷之可播种得。他们宣传成仙有着不同的品级,"上士举形升虚,谓之天仙;中士游于名山,谓之地仙;下士先死后蜕,谓之尸解仙"。

(三)因果报应

道众相信"神在天上如水在地中",无处不在,无时不有,随时监视着人间的一切,并且"设生以赏善,设死以威恶"。道教宣扬"人欲地仙,当立三百善;欲天仙,立千二百善。若有千一百九十九善,而忽复中行一恶,则尽失前善"。道教认为"善不在大,恶不在小";"积善事未满,虽服仙药亦无益也;若不服仙药,并行好事,虽未便得仙,亦可无猝死之祸矣"。

道教宣传:天日昭昭,善恶必报。至于报应方式,在《太平经》中有两种说法:一是隔代承负,即报在后人身上;二是当代承负,即报应本人身上。道教认为,人之祸福缘于善恶之报,"人有一善,心定体安;人有十善,气力强壮;人有二十善,身无疾病",修积千善,则成神仙真人。

为了劝善惩恶,南北朝时期的道士们伪托三清,编造了不少清规戒律。其内容多属儒家纲常伦理。道教认为,神仙禀质高洁,祭祀前当斋戒沐浴,洁静身心,以示虔诚。后来"斋"与"戒"分离,"戒"发展成为条款式的戒律。"戒律"是劝善的成文,如"五戒"、"八戒"。《玉清经》说:"上品之人,身先无犯",故用不着持戒;"下品之人,恶心万般,难可禁制",戒也戒不住。因而,戒律只适合于"中品之人",使之以戒自律。而"清规"则是对触犯戒律者的处罚条例,如贪睡、不敬、争吵者跪香,结党、荤酒、斗殴者迁单(开除),触犯国家大法者火化。

三 道教的养生之术

(一)静功:养性积蓄的各种功法

静功在道教中又叫性功。所谓"性",是指性情、理性、心神。修心养神,即为性功。修炼以修心养性为主,教人锻炼其纯真之心,不被杂念所淆乱。

心神、性情最易外驰追逐,沉溺于官场、情海、名利之中,以至气血亏损,生命短促夭折。"夫喜怒者,道之邪也;忧悲多恚,病乃成积;好憎繁多,祸乃相随。故心不忧乐,德之至也;通而不变,静之至也。""喜乐无极则伤魄,忿怒气逆则伤肝,悲哀狂妄则伤魂,思虑过度则伤神。""道不在烦,但能不思衣,不思食,不思声色,不思胜负,不思失得,不思荣辱,心不劳,神不极,可千岁。"

《玄都律文》中有"百病律",列举世人之百病,喜怒无常、好色无德、舛戾自用、见利忘义、危人自安等皆是病。又有"百药律",恬淡无欲、仁恕谦让、好生恶杀、不自尊大、行宽心和等皆为药。

(二)动功:强身健体的各种功法

动功由古代相传的导引术发展而来。它将行气、漱咽、按摩、肢体运动相结合,形成了以动物象形动功和导引体操两大类为主体的健身术。

(三)气功:呼吸锻炼的各种功法

如果说静功主要着眼于内心的"静"、"定",动功注重肢体之"动",那么可以说气功则动静兼容,但核心在于"导引行气"。道教认为:"夫人在气中,气在人中。善行气者,内以养生、外以却恶。""服药虽为长生之本,若能兼行气者,其益甚速;若不能得药,但行气而尽其理者,亦得数百岁。"《服气经》说:"道者,气也。保气则得道,得道则长存。神者,精也,保精则神明,神明则长生。"

(四)房中:两性生活的卫生之术

房中术源于古代的巫觋。道教倡导此术的着眼点在于"顺天地阴阳之和,全人身性命之真",认为此术可以爱精固气,避免损伤,求得"还精补脑"。因而,在两性生活上,道教提出了一系列主张:

第一,"欲不可绝"。男女相需如天地相合,一阴一阳谓之道,偏阴偏阳谓之疾。男女失合,"如春无秋,如冬无夏"。第二,"欲不可早"。男破阳太早则伤其精气,女破阴太早则伤其血脉。第三,"欲不可纵"。房中术旨在利用性刺激增强人的活力,运用得当有强身益寿之效,且能保证下一代的强壮。"二十者四日一泄,三十者八日一泄,四十者十六日一泄,五十者二十一日一泄,六十者即当闭精,勿复更泄也。若体力犹壮者,一月一泄。凡人气力自强盛过人者,亦不可抑忍;久而不泄,致痈疽。若年过六十而有数旬不得交接,意中平平者,可闭精勿泄也。"第四,"欲不可强"。"欲有所忌"、"欲有所避",即行房要注意禁忌,懂得有关的卫生知识。《素女经》指出,自然界的变化给人以很大的影响,当日月晦朔、日蚀、月蚀、大风、暴雨、地震、雷电、大寒、大暑之时,天地交感,阴阳错乱,不可同房。

(五)外丹:服食丹药以求长生的方法

外丹由服食发展形成。道教修真炼养方法有内修和外养两类,以服食药物而求长生者属于外养。"夫金丹之为物,烧之愈久,变化愈妙,黄金入火,百炼不消,埋之毕天不朽。服此二物,炼人身体,故能令人不老不死。此盖假求于外物以自坚固",达到长生久视的目的。

(六)内丹:道教炼养功夫的综合集成

内丹是人身体之内精、气、神三者的一种结合物,是道教炼养工夫的核心,是静功、动功、气功、房中、服食等功夫的综合发展。内丹家将人体的某些部位比作炉鼎,以精、气、神为内炼三宝。所谓的精、气、神,乃指人体先天秉赋的元精、元气和元神。炼精化气,炼气化神,炼神还虚,与天地合一,长生不老。

四　八仙的传说和信仰

在道教神话传说中影响最大的莫过于"八仙过海"。鲁迅先生在《中国小说史略》中对"八仙过海"的传说作过概括：铁拐李（名玄）得道，度钟离权，权度吕洞宾，二人又共度韩湘、曹友、何仙姑，张果老、蓝采和则别途成道，是为八仙。一日，八仙俱赴蟠桃大会，归途各履宝物渡海。有龙子爱蓝采和所踏玉板，摄而夺之，遂大战。八仙火烧东洋，龙王败绩，请天兵来助，亦败。后得观音和解，乃各谢去，"天渊回别，天下太平"，自此始矣。

据野史琐闻，"八仙"在历史上是虚实混杂的人物，八仙并不同时代的神仙。这里以时为序，分别介绍如下：

张果老为唐代中条山的一位道士。据《新唐书》和《太平广记》载，武则天曾召见他。他装死不赴。唐玄宗把他迎到东都洛阳，他隐瞒乡里世系，谎称汉武帝时人，利用魔术骗得玄宗的信任，赐号"通玄先生"，还将公主嫁给他。老道坚辞不受。

何仙姑是唐代广州增城县何泰的女儿，出生时仅六根头发。十四岁时得吕洞宾指点，吃了云母粉，遂行走如飞，通晓人间祸福。武则天遣使征召入宫，途中消失。

韩湘子字清夫，为文豪韩愈的亲侄。据《酉阳杂俎》，他放荡不羁，嗜酒成癖，后被吕洞宾拉入仙班。实际上，韩愈确有一个叫韩湘的侄子，但不曾入道，而是在朝做官。

蓝采和是一个怀才不遇的破落书生。《南唐书》和《续仙传》载他为唐人。他打扮奇特，言行古怪，常手执三尺大板，歌行乞讨。所得铜钱，全部用绳子串着拖行，即使散失，也不回顾。他机敏谐谑，应答话语，闻者"笑皆绝倒"。他总喜欢踏唱这样一首歌：

"踏歌蓝采和，世界能几何？红颜一春树，流年一掷梭。"

钟离权，又称汉钟离，自称名权，字云房，道号正阳子，为五代道士，曾题诗于邢州开元寺。传说他是吕洞宾的师傅，后来被全真教奉为"五祖"之一，元朝时得封帝君。

吕洞宾是八仙中影响最大的人物。历史上似有其人。本名吕绍先，出身在河中府一个官僚家庭。自幼立志光大家门，多次参加科举考试，在屡考不中的情况下遂避世之心。在长安酒店借酒消愁时，吕洞宾得到高道钟离权点化，从此云游洞府，苦修岩穴，改名吕岩，字"洞宾"，道号纯阳子。后来，全真教奉之为祖师，成为"北五祖"之一。元朝时加封孚佑帝君。他长生不老，慈悲劝善，仗义行侠，世间有"狗咬吕洞宾——不识好人心"之说。元代剧作家马致远把吕洞宾搬上戏台，编导了《黄粱梦》、《吕洞宾三醉岳阳楼》和《吕洞宾戏白牡丹》。在古典戏剧中，吕洞宾被进一步世俗化，酒色财气，七情六欲，人情味很浓，也更为民间喜闻乐道。

曹国舅乃宋仁宗皇后之弟，历史上确有其人，官至同平章事，封济阳郡王。他谦恭忠实，不以皇亲国戚而骄横。《列仙全传》和《逍遥墟经》说他因弟弟依仗权势，欺压百姓，深以为耻，乃隐迹山岩，得吕洞宾点化，引入仙班。

铁拐李，年轻时酷慕玄教，出家真修岩穴。太上老君降斋授以玄旨。一次，灵魂赴约华山，留躯体在山洞，告诫弟子，若七日不归，即可火化。第六天，其徒因家有急事，焚躯体而去。第七天，魂归而无所依附，遂投路旁一尸体而起，成跛脚。据神话专家研究，他的故事在明初才出现。

八仙实际上是八位有原型的传说人物。早期的神仙传说并未将他们系为一班。唐代已有"八仙"之称，但直至明朝前期，"八仙"究竟指哪八位神仙，仍无固定说法，有"关中八仙"，也有"蜀中八仙"。明太祖的孙子朱有敦在《八仙庆寿》的剧本中定出七位,无何仙姑,却有徐神翁。万历时罗懋登在《三宝太监西洋记》的小说中,无张果老和何仙姑,而有风僧寿、元壶子。也就是万历年间通俗小说家余象斗合刊四部小说《四游记》,其中由吴元泰编著的《上洞八仙传》又名《八仙出处东游记》2卷56回,把"八仙"所指固定了下来。随着"八仙海过"神话在中国封建社会中后期的广泛流传,八仙信仰亦最终形成。在道教宫观内,或八仙俱供一殿,或选供其中一两个神仙,香火至今不绝。

阅读书目:

1. 周叔迦著《佛教基本知识》,中华书局,1991年。
2. 王志远主编《道教百问》,今日中国出版社,1997年。
3. 王志远主编《佛教百问》,今日中国出版社,1997年。
4. 弘学主编《藏传佛教》,四川人民出版社,1996年。

思考题:

1. 佛教的基本教义是什么?
2. 道教的基本信仰是什么?
3. 佛教与道教的主要异同在哪些方面?
4. 如何理解"宗教是自然压迫和社会压迫的产物"?

第四章 民俗文化

民俗是人类民间社会精神生活和物质生活中，经文化传承而形成的相对稳定的习尚风俗。民俗文化的发展与人类社会的进程紧密相连。在人类史和民族史上，民俗文化反映了社会文明发展深化的历程。

民俗文化包含了整个民间的物质、精神生活与文化。民俗中所表现出的文化事象，具有如下一些特征：（1）世代传承，并对现实生活继续产生影响；（2）相对稳定；（3）表现在人们的日常行为、口头和心理上；（4）具有传统文化内涵。

中国民俗文化是指我国各族民众在长期历史生活过程中创造、享用并传承的物质生活与精神生活文化。根据其不同的特点，我们大致可以将中国民俗文化的内容分为经济民俗、社会民俗、信仰民俗和游艺民俗等四个方面。

今天对中国民俗文化进行探讨，有助于我们加深对中华民族辉煌深邃的文化的了解，也有助于用历史的、唯物的眼光看待各种民俗事象的过去和现状，从而提高我们移风易俗、改造社会的自觉性和科学性。

第一节　经济民俗文化

　　经济民俗文化是指人类在物质的生产、流通、消费三大领域内具有文化色彩的民间习俗。根据马克思主义的观点，物质生活的生产方式决定着社会生活、政治生活及精神生活的一般过程。因此，物质资料的生产是决定社会民俗构造及其发展的力量。我们探讨民俗文化的发展，首先应当重视经济生产的民俗传承，它是民俗文化的起点。

一　物质生产的礼仪民俗

　　人类在物质生产上的文化事象，包括对自然现象的认识，对劳动技巧及其相关知识的总结与学习，对劳动成果的处理等，一般都通过生产民俗体现出来。物质资料的生产包括很多方面，就我国民间而言，首先体现在民间村寨经济的民俗中。村寨经济民俗是物质生产民俗的基础，也是我国社会、信仰、游艺民俗发展的基础。我国是一个农业大国，这一点更为明显。

　　我国民间村寨经济主要包括山村经济、渔村经济、牧村经济和农村经济等四个方面。在这四种类型的经济发展中，各自形成了相对稳定的民俗事象。

　　山村经济民俗是指山地生产的民俗。它与山区自然条件和生态资源的影响密切相关。其民俗传承更多地受到山地生产方式的制约。山村经济习俗以自然采集、狩猎、驯养、林木、采矿等为主要内容。一般来说，民俗文化的发展在这里具有较强的保守性、封锁性和孤立性。山村经济习俗的特征主要体现在山村经济生产的过程中，如狩猎中的捕猎方法和形式，采集中的采集品种和部位、采集的技巧等。

渔村经济民俗是指渔业生产民俗。一般而言，渔村经济以水产捕捞为主，依地理特征不同，可分为海上捕捞和内地江河湖泊捕捞两类。渔村经济习俗主要体现在渔业生产的过程中，即体现在水上捕捞（多种多样的捕捞方法传承）、人工养鱼（以草、青、鲢、鳙四大家鱼的饲养为主）、水产加工（及时处理水产物）和渔具修造（修船、织网的技艺传承）四个方面。同时，它还具有时序、节令性、海上占验，以及禁忌、祭祀的习俗特征。

牧村经济民俗是指畜牧业生活民俗。牧村经济是从古代狩猎经济发展起来的畜牧业经济。这一民俗事象主要体现在畜牧业生产过程中。在我国古代，由于牧村经济以不定居为主体，因此，游动所带来的畜群管理方法与技术，牧草水草区划的惯制，成为牧村经济习俗的主要内容。在牧村经济习俗中，放牧方式（个别家族游牧、集团性游牧）选择，畜产品的生产加工，都有其稳定的习俗惯制。

农村经济民俗是指农业生产民俗。农村经济从原始的采集植物的古俗发展而来。农业村寨经济习俗的形成，与农业生产的进行密切相关。农村经济习俗主要内容有：第一，土地的精耕细作，包括北方的耕、耙、耱，南方的耕、耙、耖。第二、水利资源的合理使用，包括水利工程建设、各种水源的利用。第三，施用肥料，包括肥源种类（草木灰肥、人畜类粪便、绿肥、骨肥）、肥料储存、施肥技术等。第四，农田管理方法，包括保苗、除草、驱鸟兽、灭虫、防旱涝等经营管理方法。第五，农业工具的创造和发展，包括木、石、骨、青铜、铁器等农业工具的创造与改进。第六，农作物种子的选择与栽培技术等等。农村经济在发展过程中，形成了以下几个重要的习俗特征：重视耕作的时序、节令性；占天象、测农事；禁忌与祭祀的习俗。

二　工匠民俗

与民间经济发展相适应，有一种世代传承的经济生产力量存在于各种经济结构之中，那便是游动性的工匠职业者集团。工匠民俗的传承，对民间经济习俗的发展有着不可或缺的作用。山村经济中狩猎工具、伐木工具、采矿工具的制作，渔村经济中船、网的制造，牧村经济中马具、皮革、车辆的制作，农村经济中各种大小农具、运输工具、贮存工具，以及人们生活必备条件的创造，都要依赖这些工匠职业者。他们利用自己的手工业技术，在各种经济生产领域中游动，成为发展传统经济的重要势力。

在工匠习俗中，工匠的技法传承尤为重要。我国民间工匠所创造的"百工五法"，历数千年而不衰。"百工五法"和各种工匠行业的工具使用结合在一起，便形成了各种工匠生产技术最基本的民俗形态，代代师承，发展着各种工匠行业独特的生产职能。在我国，工匠生产的行业习俗主要表现在行业分工、师承制度、职业行话、行业禁忌和祖师崇拜等方面。工匠习俗在传承过程中，因其职业的特殊性，体现出下面三个特征：一是师承关系的系谱性，二是生产活动的神秘性，三是技术传授的封锁性。

三 交易和运输的民俗

（一）交易民俗

物质生产的发展必然引起生产品的使用和交换的发展，在物质生产习俗发展的过程中，交易的习俗也就产生了。交易习俗主要是指在物品交换中所形成的一系列交换准则的习俗，它体现在市的民俗和商的民俗两个方面。

市的民俗是指市场交易的民俗。据史料记载，我国的市俗大约产生于商、周时期，最先是一种定点定时的原始集体贸易。在古代，市的民俗发展主要有四种形态：原始的无言交易、按需进行的自然交易、按数量和质量进行的等价交易、用商品媒介和支付手段进行的交易。到现代，由于货币、票据等信用货币的广泛使用，古市习俗逐渐被取代。在标志上，市民俗以"市声"为代表。"市声"分两种：一种是叫卖声，一种是代声。叫卖声是直接说明所售商品的口头传承，内容带有极大的宣传性或诱惑性，形式上多有节奏性。代声则是以其它物器声音代替叫卖的一种方式。

商的民俗是指商人的民俗传承。商人产生于频繁的市的交易过程。在我国古代交易中，商的民俗类型主要有三种：第一，居间商。这是纯媒介式的商俗形成的类型。它的最典型形式是我国古代即已发展起来的垄断交易的"行"、"栈"。第二，行商。它是从市的交易发展起来的游动性交易形式。行商的买卖习俗是交易习俗中较为活泼生动的内容。第三，坐商。它是由市的交易形式发展起来的固定性交易形式。它以定地点、定时间、定商品为其主要习俗特点。商的民俗标志主要以坐商的招牌（俗称"幌子"）为主，具体类型有七种：商品实物、实物模型、商品附属物、含有隐语暗示的物件、灯具、旗帘、文字匾牌等。

（二）交通运输民俗

交通运输民俗是与人们的物质生产和消费，尤其是商品交易习俗密切相关的民俗传承。交通运输习俗主要包含三个方面的内容：第一，交通运输设施的传承。最基本的是陆路与水路的开辟，具体体现在道路的开辟和修补、桥梁设计、水道开凿、航标创设等方面。第二，交通运输工具的创造与使用。传统的运输工具有背、扛、抬的木具、铁具，利用动物作运输工具的车、橇和广泛运用于水路的船舶。第三，交通运输职业集团。交通运输的发展相应地出现了专业分工，并逐渐形成"车、船、店、脚、牙"五大行业，各行业又各自传播着特有的行业习俗。

四 消费生活民俗

消费生活是民间经济生活中的重要内容。其礼仪习俗是经济民俗中最为活跃的事象，也是民俗文化中最有影响的民俗传承。它主要有三大方面：食、衣、住。

（一）饮食民俗

饮食民俗是经济生活民俗的一个重要组成部分。它是指人们在加工、制作、食用有关食物和饮料过程中形成的习俗风尚，是民俗中最有特色的事象之一。饮食习俗的产生是人类在知道火的使用，并用火来烹调食物后开始的。饮食民俗的发展，一般要受以下四个因素的影响：经济发展状况、自然环境与条件、民族风俗习惯和宗教信仰原因。

饮食民俗的范围很广。其内容主要包括：（1）饮食调制法的传承与类型，主要是菜肴的调制、米面食品的调制和各种酒类的酿造；（2）炊具、食器的传承及其类型，以陶瓷器、铜铁器、金银玉制食器为主，并有少量木漆制器等；（3）饮食方式、餐制的传承及其类型，包括集餐制、一日三餐制、一日两餐制；（4）食物原料、结构的传承及其类型，包括各种可食用的动、植物原料调配；（5）饮食职业者的传承及其类型等。此外，饮食习俗在发展中还受到社会民俗、信仰民俗的影响，出现节日仪礼需要的饮食惯制和信仰上需要的饮食惯制。前者有岁时节令中的饮食习俗、民间婚丧礼仪上的饮食习俗，以及宴席上的座次、礼节等；后者则有祭祀中的食制、民间禁忌中的饮食习俗等。这些也都是饮食民俗所应探讨的内容。

我国饮食民俗在发展的过程中，逐渐形成特有的文化内涵。我国饮食文化的特点主要表现在这三个方面：一是和谐的饮食调配原则，二是强烈的"食补"观念，三是倡导节俭的饮食观。

（二）服饰民俗

服饰民俗也是经济民俗的一个组成部分。服饰是人类智慧的产物。服饰民俗是人类特有的文化现象。服饰民俗所要研究的就是构成服饰的所有要件，以及人们在穿戴服饰方面形成的行为和文化习惯。服饰民俗作为一种物质文化现象，既是人类物质生产的产物，又是精神文化的一种反映，也是人们政治、宗教、哲学、伦理、审美等观念的结晶。

在服饰习俗中，衣服（上、下衣）的传承范围最广，是最基本的、最典型的事象；脚下的鞋、袜，头上的帽子的使用并不广泛，是次要的、不典型的、附属的事象。服饰在世世代代的民俗传承中形成为各种类型和品目。它们又形成了多彩多姿的民俗风貌。影响服饰习俗构成的主要因素包括：性别、年龄、职业、地位、用途、民族、季节、质料、色彩、工艺、样式等。这十多个要素融会在一起，才形成了整个服饰的民俗。同时，从消费生活的特征来看，服饰习俗还有它自身的习俗惯制，这就是实用的习俗惯制、观赏的习俗惯制、礼仪上的习俗惯制和信仰的习俗惯制。

服饰习俗是人类消费生活中的一大内容。服饰民俗所展现出来的民族文化传统和物质文明、精神文明的程度，异常醒目。我国服饰民俗的文化内涵体现在四个方面：（1）反映了我国传统的崇宗敬祖、礼仪伦常的观念；（2）反映人们一种普遍的社会心理意识——求吉心理；（3）反映了民众的民族自我意识；（4）反映不同历史时期的一定政治观念。

（三）居住民俗

居住，包括一切供人们生活的建筑及其附属设施，同时又指人类关于何时居住于何地，又如何居住休息的行为活动。居住民俗就是指人们在住房选址、修造、居住过程中形成的民俗传承。居住习俗是在人类适应自然与改造自然过程中逐渐形成的，并伴随物质生产力的不断提高，居住方式的演进而向前发展的。我国居住习俗的形成大约经历了三个阶段：初创阶段、过渡阶段和发展阶段。从原始文化史料看，初创阶段相当于旧石器时代。这时，我们的祖先在夏季开始用树枝、树叶、树皮等植物编制成遮蔽风雨的粗糙棚屋，古文献称之为"庐"；冬季则用泥土或树枝、茅草封盖地穴，留出入口，留天窗的一种住所，古文献称之为"窟"。这样，人类居住生活的古俗产生了。过渡阶段相当于新石器时代。这时期，人们改进和创造了三种住室：一是沿着"庐"的发展演变，构成更为坚固的窝棚，有了粗大的构架；一是沿着"窟"的发展演变，构成了土窑，由穴居上升为半穴居；一是可以拆除或迁移的帐幕或穹窟。发展阶段是指人类由野蛮时代向文明时代过渡的时期。这时期，人们创造了有顶盖与四墙结合的建筑，多数是永久性固定住所。

进入文明时代以后，由于我们祖先的辛勤创造，最终形成了我国住房的特殊建筑体系。从我国民居景观的式样上看，我国住居可以分为四大类型：第一类是利用自然物可居住的条件进行加工修造的固定生活空间。这类居室基本上沿袭了古俗，用挖掘窟穴的办法修造的。它的主要结构特点是利用地形、地势、地物等天然条件，修造"窑洞"、"地窨子"而形成住屋。第二类是利用自然环境，根据生产生活的需要制造成的移动生活空间。这种住屋不固定，经常拆卸迁移，处于游动状态，如蒙古族的"蒙古包"和鄂伦春族的"歇人柱"等。第三类是有天棚、地基和四壁的固定生活空间。这种居所一般称为"上栋下宇"式房屋。它是我国最普遍的民居形式。第四类是流行于我国西南少数民族地区的"干栏"式住房①。

从民俗文化考查，我国居住习俗的若干事象主要表现在住屋设施与格局（居室、厨房、厕所、仓库、畜圈等设施和布局）、住室的造型工艺（建造艺术、内外装饰等）、住宅的分布与坐落（群体建筑、坐向等）、有关住屋的仪礼和信仰（建造住房时的各种仪式）等四个方面。这四个方面所表现出来的民俗事象汇集在一起，构成了我国居住习俗的多种类型和样式。

第二节　社会民俗文化

社会民俗是指民间社会风俗传承和家族的习俗惯制，是最具有

---

① 按："干栏"住房实则是古代百越民族的基本住房。《新唐书》卷二二二下《南蛮传下》（中华书局，1975年）称："南平獠，……户曲千余。多瘴疠。山有毒草、沙风、蝮蛇。人楼居，梯而上，名曰干栏。"

普遍意义的礼仪习俗。社会习俗深刻地支配着社会生活的事务，直接关系着社会发展的进程。

一　家族的民俗

家族（或家庭）是社会的基本细胞。它通常是指一定范围内的亲属所构成的生活单位。家族民俗是社会民俗发展的基础或传承单位。社会民俗文化首先体现在家族的习俗方面。我国古代家庭习俗经过千百年的发展而形成比较稳定的形式，并具体体现在以下众多的民俗事象上：

其一，家世。家世是家族世系的社会地位。这种社会地位一般以其家世的职业特征为标志。在古代，家世一般指家族的世业或门弟、门柞、门阀。新社会所讲的家庭出身，大致与家世相似。家世在家族内部及整个社会中都有重要影响。这种影响往往表现为两种状况：一是家世受到社会（主要指民间社会）舆论肯定、称赞、尊重而形成的积极、正面的影响；一是家世受到社会舆论的否定指责、鄙视而形成的消极、反面的影响。在这里，历代民间社会广大人民对家世的评价起决定作用。

其二，家谱。家谱是我国家族民俗发展中的一种记录家族世系及重要成员事迹的谱表或文书。家谱俗称谱书、宗谱、族谱。它本是古代封建大家族记录血亲延续系统的文字，多流于仕宦之家。家谱的修立为我国旧世家的家族制度起到了一定的巩固作用。家谱的形式分为叙述式、图表式二种。叙述式家谱又称为"谱书"，记录的内容比较详细；图表式家谱又称"谱单"，多用于民间族谱，记录的内容较为简单。在现阶段，由于家族结构已发生极大的变化，尤其是计划生育政策的影响，家谱的作用和意义已逐渐消失。

其三，家风。家风是就一个家族的传统风气而言，是家长或主要成员影响下自然形成的、潜移默化的传统习惯和生活作风。这种家族内部的风习，往往世代传承，具有极大的稳定性。它是全家族代代相承、习以为常的共同生活样式。我国古代大家族都十分重视家风。一般而言，好的家风如尊老爱幼、互谦互让、家庭和睦、勤俭持家等，对家族发展有着极大的积极影响，同时也影响着社会民风。

其四，家教。家教是家族长辈对幼辈子女的教育所形成的惯俗，是教养子女相续成材的主要手段。传统家教包括育德、育才二个方面，后来提倡的体育、美育实际上都包容在其中。家教是培育家族继承人德才兼备的重要民俗手段，也是向社会输送合乎要求的人材的必经阶段。我国现阶段的基础教育，照例也应以家教为先导。这是我国社会民俗发展的必然趋向。

其五，家法。家法或称家约、家规，是旧式家族家长训诫和制裁家庭成员的法规、条例，也可以说是家族共同信守的规约。家法与家教是相辅相成的家庭习俗，是"管'与"教"的结合。在今天的民间家庭生活中，由于家庭的民主化发展，家法的约束力已相对减弱。

其六，家产。家产或称家缘、家财、家私、家业、家计、家当，是一家所拥有的财物或产业。在私有制下，家产是家族制依附的经济基础，是家族体系赖以发展的命脉，对内维系着家族成员间的生产、分配与消费的诸种关系，决定着大家族体系的组合与分化，对外决定着家族的经济影响和社会地位。在封建制度和资本主义制度下，家产在家族社会中起决定作用。在我国传统的父系大家族中，家产的继承制集中地体现在分家的习俗中。我国各族的民俗史上，家产的继承主要有四种类型：第一，长子继承或以长子为主要继承人的类型；第二，季子（幼子）继承或以季子为主要继承人的类型；第三，家族成员不分长幼，实行平均分家的类型；第四，女儿继承或女子及女婿继承家产的类型。在当代，由于私有财产的残存状态在家产支配上仍沿袭旧俗，分家就是分产的观念仍起重要作用的表现。

其七，家务。家务或称家政、家事，是指一个家族的日常生活事务。它包含家庭的饮食、衣着、起居、家务劳动等项的管理，以及社交往来的安排和应付等。家务是家族习俗中最具有普遍性的内容。在古代社会，家务习俗的主要传播者是妇女。家庭主妇是承担家务的主要角色。在当代生活中，由于妇女广泛参与社会生产、社会生活活动，使相当大一部分妇女脱离了承担全部或大部家务状态，男性越来越多地参与到家务管理中。

其八，家长与家属。家长即所谓一个家族之主，家属则是家主以外的其他家属成员。家长对内统管家族共同生活秩序，对外代表家族全权处理事务。旧时代，家长有绝对权威，通常以家长个人意志决定族内大小事务，极少受其他成员约束。家长在内部有至高权力，成为旧制度在家庭中的支柱。家属及寄养在本家的人一律在家长统管下按尊卑、长幼、男女，各行其是。

其九，家庙与家祭。古代大家族供奉祖先的祠堂叫做家庙或宗祠。有的家庙把本家信奉的神灵供奉在内，作为家族守护神对待。家祭则是祭扫祖先，祭扫宗祠，是封建家族发展的重要信仰形式。它利用祖灵观念与祖先崇拜作为家族体系的精神支柱。现代，追念祖先的纪念性活动已大体上取代了祭祀宗祠。

其十，家庆与家难。家庆是指家族内部的喜庆事，家难则是指家族内部的不幸事。家庆包括家族成员的诞生礼、冠礼（成年礼）、婚礼、寿礼等。家难主要指家族成员的丧亡、重大伤病及意外灾祸。家庆与家难在民间常常伴以仪礼，通常都与亲族往来、乡里往来结合成俗，因此它们的社会作用和意义也十分重要。

其十一，家号与家讳。家号指标志本家族门第的特殊名号或记号（或图记）。这些称号、记号从各个角度反映出不同家族的特征。家讳指古老的禁忌习俗渗入家族礼法中的称呼习俗。在日常言谈或使用文字时，要求回避父、祖及所有长辈的名字。

家族的民俗传承有其历史时代的发展特点。从前代家族中继承良好的习俗传统，革除不适应当代的恶俗、陋俗，是民俗发展史的总趋势。

二　亲族的民俗

亲族是由家族扩展而成的社会集团。它由若干家族以近缘关系错综联接而成。通常人们俗称的亲属、亲戚都属于这一范围。亲族集团是由血缘关系发展起来的血亲（血族）及其配偶，加姻缘关系发展而成的姻亲（姻族）及其配偶的总和。

亲族的民俗传承主要内容包括两个方面：其一是亲族系统的排列，其二是亲族的称谓。

我国亲族系统的排列是依据亲族民俗传承的"九族"制而总结出来的。一般说来，我国古代血缘关系上的亲族范围包括直系血亲和旁系血亲。直系血亲是以本人为基准，垂直向上推衍直系长辈四代，向下推衍直系晚辈四代。旁系血亲比较复杂，大致包括四个系列：第一，本人兄弟姊妹及其有限后代（下三代子孙）；第二，父兄弟姊妹及其有限后代（下三代子孙）；第三，祖父兄弟姊妹及其下三代子孙；第四，曾祖父兄弟姊妹及其下三代子孙。姻亲范围的亲族包括直系姻亲和旁系姻亲。直系姻亲是以本人为基准，垂直向下推衍直系晚辈到玄孙的四代配偶,也包括经过本人配偶垂直向上推衍配偶的直系长辈到高祖父母。旁系姻亲是指旁系血亲的配偶,也包括本人配偶的旁系血亲。

亲族的称谓是亲族民俗传承中的另一重要内容。亲族称谓是以本人为中心,确定亲族成员和本人关系的名称。它是由各代婚姻关系构成的男女双方血缘关系排列的亲族次序确定的。我国汉族自古以来采用叙述法,把亲族关系分析到十分具体和严格的程度。我们以第一旁系的亲属长辈为例,列表如下:

父的兄,本人称伯
父的弟,本人称叔] 标明父系,长幼。

母的兄,本人称舅
母的弟,本人称舅] 标明母系,不标长幼。

父的姊,本人称姑
父的妹,本人称姑] 标明父系,不标长幼。

母的姊,本人称姨
母的妹,本人称姨] 标明母系,不标长幼。

我国少数民族的亲族称谓法与汉族不完全一致。其异同点大致有:(1)不标明父方母方(夫方妻方)的称谓法,如海东佤族、永宁纳西族;(2)只区分姑舅亲,其余则采取相类分的称谓法,如澜沧江拉祜族,碧江怒族;(3)从不同性别发出不同称谓和方法,如西双版纳的傣族。

三 乡里社会的民俗

乡里社会又称村落社会。它是用地缘关系把若干不同家族、亲族集团组合起来的生活共同体,是固定在特定地方的更大范围的社会单位。我国古代的村落社会包括三种类型：单一家族村落、亲族联合体村落和杂姓移民聚居村落。

乡里社会的习俗惯制主要表现在四个方面：第一，严格维护村境的习俗。这是一个村落成员从土地观念出发维护全村利益的一种惯俗。它是由传统的地缘关系和强烈的村境意识决定的。在民俗意义上，这一习俗惯制最为典型的事象就是村落之间的械斗陋俗。第二，组织乡里社会的协同生活。我国村落中自古以来便传袭着一些固定的或不固定的协力组织及共同活动。我国各民族村落由于地缘观念（乡亲观念）特别强，所以显示出很强的内聚力，构成十分紧密的集体，因而乡里居民互助协力成为代代相传的惯制。这种习俗惯制包括婚丧大事的协力互助、修建房屋的协力互助、耕种收割换工互助等内容。第三，管理村落的共同生活秩序。村落社会的正常运转需要靠村落内部加以管理，由此产生了村寨管理职能机构，产生了村长、村头人和他们的权力。村管理习俗惯制的内容和形式主要有：村议事、村规约、村制裁、村调解、村保卫、村财产等。第四，开展乡里社交往来，主要是村寨中喜庆、年节、庙会等群众集体活动的开展。

乡土观念是国家、民族观念中的组成部分。村落社会的习俗仍在我国广大村落中发展，成为民风、国风的发源地。对于我国现存的以村落社会为主体结构的特点来说，研究村落习俗，发展并改革村落习俗，使新村落尽快摆脱大量不适应新情况的旧俗，已成为民俗学肩负的重任。

四　个人生活仪礼民俗

个人生活仪礼简称人生仪礼。每个人一生中都有必经的几个生活阶段。每个人的社会属性就是通过这些重要阶段不断确立起来的。在各阶段中,自古以来便用一定的仪礼做出表示,以便获得社会的承认和评价。在人一生中各阶段所标志出的仪礼就是人生仪礼。

人生仪礼的全过程是按人年龄的增长过程显示的,通常以"岁"为单位计算,几乎每岁都有一定的仪礼。但是,人生的重大仪礼只在几个重要阶段出现,由此而构成人了人类生活中普遍遵循的四大仪礼习俗,即诞生礼、成年礼、婚礼、葬礼。在我国传统习惯中,"寿礼"也占有重要位置。

人生仪礼作为社会民俗的仪礼,在实践中往往又与信仰民俗发生极大的关联。全部仪式表现出社会特征与信仰特征交织在一起,形成复杂、多样、多重的民俗结构。

诞生礼是人生的开端礼。在人生仪礼中,诞生礼本应作为一种重大仪式,但是,由于产育的生理特殊性及婴儿出生的某些信仰禁忌原因,诞生礼往往在极小范围内举行。这一仪礼包括一系列风俗习惯,如求子习俗、孕期习俗、诞生习俗等。从诞生礼及其相关过渡仪礼可以看到,传统诞生礼具有二个鲜明的特点:一个是所有仪式的意义都在于祈求长命、长寿,这也是中国传统的育儿观;另一方面则表现出重男轻女的落后观念。此外,诞生仪礼也带有较为浓厚的神秘色彩。

成年礼是人生重要的通过仪礼。它象征着一个人生命中儿童时代的结束,而进入成年人阶段。成年仪礼标志着人生社会角色的转换,是一个人承担社会所要求的责任的开始。在我国古代,成年礼通称"冠礼",在近代逐渐被废止。我国古代的成年礼是指男子二十岁时加冠和女子十五岁时举行及笄仪式,从而转入成年阶段的仪礼。这种仪礼以"加冠"和"及笄"作为标志,得到社会承认并接纳其进入成人行列。在现阶段，我国只有一些少数民族还保留着成年礼。有的少数民族的成年礼不仅保留了某些特殊的标志，如黎族妇女的"绣面"，纳西族、摩梭人的"穿裙"仪式等，而且往往伴随着某些身心考验，如瑶族男子成年礼中的"上刀梯"、"捞油锅"考验。

　　结婚礼是人生中十分重要的大礼，过去作为"终身大事"看待。结婚礼明确标志一个人进入到建立个体家庭、发展家族的重要阶段，属于人生仪礼中"划时代"的仪礼，是社会发展必需的仪礼。因此，婚礼历来为我国各民族所特别重视。我国自古以来为婚礼制定了"六礼"，对我国历代婚礼的演变始终起着主导作用，成为封建制度下婚礼的模式，甚至对当代新婚俗仪式也不无影响。"六礼"是婚礼六阶段的不同仪式，即纳采、问名、纳吉、纳正、请期、亲迎①。纳采是婚礼的第一个阶段，有初步达成协议、交纳定金之意。问名，俗称"下帖"，即纳采礼后，男方家托媒人到女方家问清女方姓名和出生年、月、日、时，准备合婚的仪式。纳吉是把问名后占卜合婚的好结果通知女方家的仪式。纳征是男女双方父母邀集部分亲友订立婚约、男方向女家交纳聘财仪式。请期是男女两家商订结婚日期的仪式。亲迎是新婿亲往女家迎娶新娘的仪式。今天的婚礼虽然形式有很多变化，但传统"六礼"的主体内容基本保存。

　　丧葬礼是人生终结的仪礼。简称丧礼或葬礼，是人结束了一生后，由亲属、邻里、友好等进行哀悼、纪念、评价的仪式，同时也是殡殓祭奠的仪式。这个仪式既有社会习俗的特点，又有人类特有的处理死者的信仰性质。葬礼的习俗史是民俗史中最有科学依据的

---

① 李景林等注译：《仪礼译注》，吉林文史出版社，1995年，第24-28页。

部分。从出土的古代墓葬考察,至少在二万年以前就已经有相当完整的葬仪了。我国各民族的葬礼习俗主要体现在葬式、葬法和葬仪三个方面。葬式是指对死者尸体采取的埋葬方式。传统的葬式多采取仰身直肢葬,并以多人葬为主。葬法则是指对尸体的安置方法。传统的葬法主要有土葬、火葬、水葬、天葬,包括悬棺葬、鸟葬、风葬等。葬仪是指丧葬礼仪。我国葬仪以汉族为代表,从古代周礼演变而来。我国古代有"生有所养,死有所葬"的原则。人们往往把处理死者看做是非常庄严的事情。在传统葬仪发展过程中,大致形成下列几项程序:属圹、招魂、沐浴、停尸与小敛、吊丧、殡仪、送葬等。

人生仪礼在各民族社会文化发展中发挥着重要的作用和影响。它的发展、变异或改革,对社会的进步都有直接关系。

五 婚姻的民俗

婚姻又称"婚娶"。婚姻是构成家族,产生亲族的基础。婚姻是维系人类自身繁衍和社会延续的最基本的制度和活动。婚姻的民俗传承是社会民俗中至关重要的内容。研究不同时代、不同社会的婚姻习俗,对了解和认识历史与社会有着重要作用。

婚姻在发展过程中形成了不同的习俗惯制。这些俗制大体上标志了家族、亲族甚至整个社会的结构和它们的不同阶段。回溯人类社会的发展历史,大致可以看到人类婚姻经历了五个阶段:原始杂婚、血缘群婚、亚血缘的伙婚、对偶婚和一夫一妻专偶婚。

在人类社会经验中发展起来的婚姻习俗惯制,在婚姻的构成形式上呈现出多样性。婚姻的每一种形式都展现出婚俗发展的历史、社会、经济、民族等特征。从构成婚姻的性质、方式和手段,结合我国汉族及其它少数民族的婚俗加以分析，我国婚姻大致有以下十多种民俗形式：

掠夺婚，俗称抢婚，是一种古老的婚姻形式，是古代氏族、部落外婚时期用战争手段俘获妇女的一种野蛮的强制婚姻形式。这种习俗在许多民族生活中已由习俗转为遗风，在现代的婚礼中只保留了某些仪式。

服役婚，是一种古老的婚姻形式，是以男子到女方家服劳役为结婚条件。这种劳役婚等于男子向女家支付妻子的身价，是对女家失去一个女劳动力的先期赔偿。服役婚通常有一定时间期限（因各地风俗不同而时间不定），服役期满，男子才可以带妻子返回男家。男女双方婚姻的缔结可以在婚礼前，也可以在婚礼进行之后。

买卖婚，是古代氏族外婚制议婚的一种发展形式，也是私有制婚俗的一种代表形式。它是以男方用相当数量财物为代价换娶女方为妻的特点出现于婚俗中。私有制是这种婚俗的基础和靠山。我国现行婚姻法规已经明确禁止买卖婚。

表亲婚，是古老的血缘婚、亚血缘婚的遗风构成的古婚形式之一。这种形式是由兄弟的子女与姊妹的子女之间的婚姻组成。它的成立有三个民俗传统依据：一是亲族之间固有的感情基础；二是兄弟姐妹间在财产继承方面的某种联系；三是古老的姑舅观念，即古代认为舅家娶姑家女儿为媳，是对当年姑的出嫁的一种赔偿或互换。在我国，这种婚姻形式占有非常重要的位置。我国现行婚姻法规已经明确禁止三代以内旁系血亲间通婚。

交换婚，是古老氏族外婚的一种古俗形式。它是两个氏族的男方协议互换其姊妹为妻，或互换其女儿为媳，是一种几乎完全对等的交换议婚形式。

转房婚，又称逆缘婚，是古代"夫兄弟"、"妻姊妹"共夫共妻的残余形式。在我国许多民族历史上都有这种遗俗,具体又分为"顺缘婚"和"逆缘婚"二种形式。"顺缘婚"是指姊亡妹续,妹嫁给姐夫,或弟死弟媳转嫁给兄。"逆缘婚"则是指兄亡嫂嫁给弟、儿子娶亡父之妾,以及伯叔母转嫁侄儿等。转房婚是古代一种财产继承转移的变异形式。它既继承和维护了原有的亲族系统,使财产、死者子女、劳动力都不致外流,又维持了原有两个家族间的感情和睦关系。

招养婚,是入赘婚形式的典型样式。这是一种母系家族婚制,是从妻居、服役婚的古婚遗俗的发展。它的表现是女不出嫁,招男方入女家为婿。这种婚姻形式的形成与发展,主要是由于女方需要养老接代,同时也因女方家缺乏劳动力而造成。

招养夫婚,是一种重婚的一妻多夫的变异形式。这种婚俗在法律上没有依据,但却为民间承认,俗称"搭伙"、"拉帮套"。其特点是已婚女子的本夫患重病不能抚养妻子儿女或老人,家境十分贫困,只得依靠另招一夫,负责担负全家生活重担。这种两夫一妻的婚俗一直到新中国成立后仍有残留。

典妻婚,是旧社会买卖婚派生出来的临时婚形式。它的形式是以男方用财物租用已婚女子作为临时妻子为特点。绝大多数情况是男方已婚无子,家财富足,需要子嗣,女家经济贫困,丈夫无力维持生计,只得同意将妻子按一定期限典当给别人。男方支付一定的租金,到期将妻归还。当今社会时有发生的"借腹生子",应是这种婚俗的变异发展。

童养婚,是受封建剥削制度、家长制影响而产生的一种畸形婚姻。童养婚有两种情况:一是家有子嗣后,同时抱养或买进别家幼女作为养女,适龄期与本家子成婚,养女转为儿媳。一是婚后暂时无子嗣,先抱养别家女为养女,或买进养女,待生子再将养女转为子媳。这种形式的童养婚又称"等郎婚"。有的养女十二三岁才等来郎。如果始终等不来郎，则将养女出嫁。

指腹婚，俗称"胎婚"、"子腹婚"，是封建时代兴起的一种包办婚姻形式。其特点是两家女主人同时有孕，指腹相约，产后如一男一女，结为夫妻。指腹为婚是家长制下为子女包办预订婚约的一种形式。这种婚姻大约兴起于东汉，魏晋南北朝以后相沿成习，直到新中国成立前仍然存在。

冥婚，又称为"嫁殇婚"，或俗称"鬼婚"，是一种古老的封建迷信的婚俗类型。它以男女双方为已死儿女联姻的婚嫁关系为特点。这种婚俗早在周代就已被列入禁止范围，但并没有多大成效。此婚俗至新中国成立后逐渐消灭。但近三十年来，在台湾省却由于历史和政治的原因，仍将此俗沿袭下来，出现了"娶鬼女"的新类型。

共妻婚，是一妻多夫制的婚姻，是古代血缘婚、亚血缘婚的对偶变异型式。这种形式多以兄弟共妻为特点。其方式是：结婚是长兄为主夫，诸弟为副夫，子女虽为集体所有，但与古代不同，不称共父，均依生育顺序兄弟分配，长女长子归长兄名下，以下依次。这种婚姻形式的构成有其经济因素，尤其是许多富家兄弟实行此婚，是为了保持兄弟财产始终是一个统一体，不致分散。

阿注婚，是我国纳西族、普米族、摩梭人现行的一种"望门居"或"走婚"的婚俗形式。它是以女系为主招夫，男不过门，只到女家偶居为特点的一种古老婚俗。"走婚"男女无共同的经济生活，仅有同居关系，所生子女由女方扶养，认舅不认父。

试验婚，是过去西南少数民族中常见的婚姻形式。它以未正式结婚前先举行试婚同居仪礼为婚俗特点，是自愿婚的一种萌芽形式。我国佤族、怒族、布朗族、彝族阿细人、撒尼人都有不同的试婚阶段。

　　自愿婚，是以男女双方性爱为基础和手段的自由婚俗形式。它是以双方在经济、生活、感情等各方面都保持着平等与均衡，不受其它外力左右或支配为特点的正常婚俗。

　　在婚姻习俗的传承中，除以上主要的婚俗外，还包括离婚和媒这两种习俗惯制。

　　离婚也是一种古代婚俗。在多偶群婚的原始早期，结婚与离婚都具有极大的随意性。随着氏族外婚的发展，结婚有了一定条件的限制，离婚也自然受到一定条件的制约。对偶同居的从妻居、望门居在离婚习俗上开始有了简单的形式，即母方（或女方）明确告知男方携带自己用的什物离开女家，母系或另行择偶，就解除了婚姻关系。到一夫一妻制时代，离婚习俗受到较为严格的限制。我国封建时代的离婚条件早在先秦时期就有所规定，后来逐渐形成"七出三不去"的原则。所谓"七出"，《大戴礼记》记载："妇有七去：不顺父母去，无子去，淫去，妒去，有恶疾去，多言去，窃盗去。"所谓"三不去"则是指妇女"有所取无所归，不去；与更三年丧，不去；前贫贱后富贵，不去"①。此外，在中国古代离婚习俗中，也有"和离"的婚姻，但比例很小。

　　媒，古时又称"媒妁"，是婚姻习俗中派生出来的婚姻职业。操此业者称为媒人，也就是说合婚姻的中介人。媒的产生在我国有悠久的历史，大约在父权制、私有制产生时，婚姻逐渐向专偶制、议婚形式发展时期，就已产生了。在我国长期的封建社会中，婚姻家庭制度最重要的特征之一就是"父母之命，媒妁之言"。媒在维护和巩固私有制，维护封建婚姻制度方面，起到了重要的作用。媒

---

　　① 高明：《大戴礼记今注今译》，天津古籍出版社，1988年，第469页。

作为封建包办婚俗的关键和要害，拥有操纵"万民之判"的特权。它往往与反动统治制度纠合在一起，对广大人民施行残害。因此，媒人历来受到人们的讽刺、咒骂。

媒的习俗在现阶段呈现两种状态：一是残余影响，主要表现在广大农村，沿袭旧俗，为获取一定酬劳做媒谋婚；一种是转变适应新情况的"仲人"、"婚姻介绍人"，为自愿婚牵线达桥。总的来看，随着自主婚的发展，媒的旧俗逐渐消失了。

第三节　信仰民俗文化

信仰民俗就是民间信仰，是在长期的历史发展过程中，因受到社会物质条件和生产力发展水平的限制，而对自然现象和社会现象缺乏认识或歪曲反映，在民间大众中自发产生的一整套有关神灵崇拜的思维观念、行为方式及其相应仪式的习俗惯制。

在民间的经济、社会生活中，从古至今始终纵横交错地表现出众多具有信仰色彩的事象，或表现在行为上，形成为某种手段或仪式，或表现在口头上，形成为一些信仰语汇或口头文学，或表现在心理上，形成为影响精神生活的某种力量。这些信仰色彩的事象曾作为一种传统的思维观念，支配着人们的物质和精神生活。所以，信仰民俗是民俗文化中非常重要的组成部分。

一般说来，民间信仰具有五个基本特征：第一，功利性。民间信仰中所有迷信事象都与每个人的切身利益或生活共同体的局部利益密切相关。第二，神秘性。迷信的神秘特点往往成为信仰传承和发展传播的重要因素。大量信仰习俗事象的不可被理解，往往都成为诱人迷信的神秘力量。第三，保守性。这个特点表现在施行迷信手段的人或集团当中，阴阳、风水、相面、算命、测字、卜卦、扶乩等，都不轻传，或托词"天机不可泄漏"，或设置许多禁忌，防止扩散。第四，多样性。民间信仰从远古原始信仰传袭而来，信仰对象可以说是漫无边际，涉及万事万物。它不仅包括自然力和自然物，就是某些特殊的人或物（如弓、箭、刀等）都受到信仰。第五，多重性。这是民间信仰自发的、活泼的特征，又称为"多层复合信仰"或"多层结构特点"。这个特点正是各民族信仰得以交流，各种人为宗教信仰在民间得以传播的内在原因。

信仰习俗的内容体现在原始信仰、岁时节日活动和各类迷信习俗方面。

一　原始信仰形态

原始信仰主要包括自然信仰、图腾信仰和祖灵信仰等多种形式，成为后世信仰习俗传承的主要来源。

（一）自然信仰

自然信仰是把自然现象视为神灵并加以崇拜的原始信仰。自然信仰的对象非常广泛，几乎包括了大自然的全部事物，充分体现了古老的"万物有灵"观念。不过在对自然的信仰中，人类从来都不是对所有事物和现象加以等同的崇拜，更不是笼统地、抽象地对自然的整体膜拜，而是对人们认为最有威力的、最惠于人类的、具体的自然力和自然物才加以崇拜。换句话说，只有那些对人类生产、生活有巨大价值的自然力和自然物，才在原始信仰中占有重要的位置。自然崇拜主要有以下几个方面：天象信仰、土地信仰、山石信仰、水火信仰、动植物信仰等。

第一，天象崇拜。它包括对日、月、星、雾、风、雨、雷、电等的信仰。民间最早对天的信仰以对太阳的崇拜为代表。我国民间很早就有迎送太阳的习俗。早在《卜卦》、《尔雅》、《尚书》等上古文献中都有记载。至于其它天象在民间的崇拜也比较普遍。

第二，土地崇拜。把大地作为神秘的超自然力量加以崇拜是民间原始信仰的普遍形式。这是和我们祖先的生活依赖土地这个物质基础是分不开的。我国对大地之神的信仰由来已久，《史记》上就把地神称为"地一"神或"地祇"。汉代普遍把地神称"地母"或"地媪"。对土地的信仰自古以来都伴有相应的仪式，最早就是以人血和牲血祭地的习俗。今天，在农村中，祭地的习俗已转化为祭祀"土地公公"，祭品主要是肉食、水果、酒水之类。此外，在建筑行业中，开工祭地的习俗也非常普遍。

第三，山石崇拜。对山的崇拜，一是由于古人把山作为通往上天的路，具有神秘性；二是由于古人把山作为幻想中神灵的住所，因而值得崇拜。我国古代传说就把昆仑山作为神仙居住之地。我国沿海地区也有想象中的蓬莱仙山。对石的信仰首先是人们敬奉那奇异的巨大的山岩之石，以后随着人们利用和制造石器，或从石取火、取金属，对石的崇拜逐渐加深。对石的崇拜最有代表性就是新石器时期各种关于石的神化。我国古代神化中有女娲练五色石补天的故事，已经反映出这种古老的习俗。在我国少数民族中，比如羌族至今保留着对白石的信仰。

第四，水火崇拜。人类对水的依赖性超过任何其它自然物。水给人的恩惠和水加于人的祸患都是引起人们信仰水的客观依据。世界各地流传的大洪水故事是对水的神奇威力的描绘。我国古代神话中，早就有对海神娘娘或海龙王的信奉。在少数民族中，对水神信仰也比较普遍，如佤族、景颇族、傣族等都有祭祀水神的习俗。火是人类从蒙昧走向文明的重要标志。对火的崇拜不仅是因为人类直接观感到火的自然威力具有极大的神秘性，更重要的是火的使用标志着人类原始文化的诞生和物质文明的划时代进程。

第五，动植物崇拜。与自然崇拜密不可分的便是对大自然中与人类同生息的动植物的信仰。在原始社会，人们最早以采集与狩猎为生，把人类依赖动植物的生存条件提到必不可少的程度。人类祖先的采集和狩猎是十分艰险的，于是他们对获取植物果实或猎物都以为是动植物对人类的支持和帮助，并常常把得到果实或猎物看作是动植物的损失，应当在感恩的同时，用奉献表示报偿、致歉。这样，对动植物的原始信仰便产生了。

（二）图腾信仰

图腾信仰是古代大自然信仰及动植物信仰发展起来的一种原始氏族标志的信仰形式。在原始信仰中，人们认为本氏族人源于某一个特定的物种。这类物种以动物为主，也包括某些植物或自然物象。人们把这种特定的物种当作自己的祖先和神灵去崇拜，看着是本氏族的保护神。

图腾是母系氏族社会的产物。因此，人们通常把母系氏族社会称为图腾社会。一般来说，图腾具有以下几个特征：其一，各氏族都相信其氏族与图腾动植物有密切的血缘关系，或直接承认它是本氏族的祖先，并创造出有关图腾的神话。其二，崇拜图腾，并有若干禁忌。许多氏族对图腾动植物禁杀禁食，甚至禁说禁摸。其三，对本氏族图腾有一套祭祀的活动，氏族成员在身体装饰、日常用具、住所墓地等方面用图腾作为标记，表明所属氏族。其四，同一图腾集团内的男女成员之间禁止结婚，实行外婚制。

从我国图腾发展的情况看，图腾崇拜有一个衍化的过程。最早的图腾形象是图腾自身的形象，如蛇、鸟、熊、虎等，此后则出现半人半兽的图腾,如传说中的炎帝人首牛身,女娲人首蛇身等,最后图腾进一步神圣化,形成了如龙、凤等具有多种动物特征的综合性图腾形象,如龙兼有蛇、兽、鱼等多种动物形态,是以蛇为主的综合性幻想物。

图腾崇拜对民间生活的影响是巨大的。它不仅给我们留下了许多神话传说,而且还在服饰、绘画、雕刻、舞蹈等文化艺术方面产生了影响,甚至我国的姓氏的发展也与图腾崇拜紧密相关。

(三) 祖灵信仰

祖灵信仰是人类对祖先的信仰。这种信仰由来已久,与古代对"鬼魂"的信仰有密切关系。原始人类意识发展的依据是经验,其中从人的死亡经验和人做梦的经验中派生出一个原始思维观念,即灵魂观念。这种观念认为,人死后肉体与灵魂分开了,灵魂不死;人睡后做梦是灵魂暂时离开肉体出走,躺在那里的完全是肉体,于是把梦境完全理解为灵魂的活动。这种把肉体与灵魂分离开来,认为单独存在的观念,正是"鬼灵"观念产生的主要因素。鬼灵观念与氏族观念相结合,从而形成了祖灵信仰。

氏族观念、家庭观念在祖灵信仰中的突出反映是血缘关系支配下,认为本氏族、本家族死者的善灵观念。它的特点是认为祖灵是庇护保佑自己子孙后代的灵魂,具有降福本氏族的超神秘力量。在我国少数民族中,祖灵信仰与汉族的祖先供奉不完全相同,还保持着某种原始形态。如傈僳族有一种"鬼"称作"屋豆尼",又称"其午尼"。这种"鬼"据说是虎氏族的祖先,只有虎氏族的人敬奉它,而其它氏族并不祭祀。但无论怎样,各民族都有一个共同特点,就是相信祖灵能够保佑子孙后代。

祖灵崇拜发展的基础是氏族的祖灵信仰,这是对本氏族集团共同祖先的信仰。从这里出发,这种观念向两方面发展:一方面随着氏族不断扩大,形成了若干新氏族的联合,于是氏族祖先上升为这个氏族联合体的祖灵,如华夏族的炎、黄二帝;另一方面也随着家庭不断个别化发展,又形成了许多家庭祖先的信仰和供奉,祖灵于是便成为一家一户最具体的祖先崇拜了,如后来家庙、宗祠所供的祖先。

二 信仰习俗类型及其手段

民间信仰在传承、发展过程中不断积累了信仰的经验,逐渐形成多种类型,而每种类型都有各自特定的信仰表现形式,甚至派生出许多相应的职业者,影响着人们的信仰和社会生活。这些类型我们通称为迷信类型。迷信是从诸多原始信仰活动中残留下来的意识和手段。它不仅是对事物因果关系的歪曲荒诞的认识,而且是歪曲并破坏社会生活的行为。迷信的存在对人类生活有着极其严重的弊害。

迷信作为一种民俗的信仰传承,在残留过程中走了两条途径:一条是在人为宗教的兴起过程中逐渐与之结合,成为宗教信仰的迷信形式或手段,把从原始信仰中继承下来的种种意识和活动,几乎都纳入到人为宗教的体系之中。另一条依然以原始信仰的自发状态在人类生活中自然泛滥,形成广泛的毫无规范的迷信习俗,把原始信仰残留下来的种种意识与活动,全部纳入到人间日常生活秩序之中。民俗学着重研究的真正是这后一种迷信习俗。

我国由于长期处在封建社会统治下,迷信活动往往又与封建政治、经济、文化等发生联系,因此,迷信特别具有广泛性。迷信习俗的主要类型有占卜、禁咒、巫蛊、祭祀等。

(一) 占卜

占卜是极为古老的迷信形式。古代盛行的占卜,也就是用火烧龟壳，察看其龟裂横竖纹理以测吉凶的一种迷信手段。这早在殷商时期就已经十分流行。卜筮类迷信在发展中衍化出多种形式，最常见的形式有占卦、相面（手）、看风水、测字及相应产生的变异形式，如"合婚"、批八字等等。所有这些形式所采用的卜筮方法，大致包括两个方面：一是利用"兆"进行占卜，二是利用"数"进行占算。

兆，又可作"象"、"征候"，《说文解字》解释为"灼龟诉也"。兆字是由龟壳被火烧而出现的龟裂纹状象形而来。可见最早的占卜方法是依据龟裂形状的不同现象确定吉凶祸福的。以后发展引申为对事物产生的某些征候或迹象、预示的都是兆，通常称为"先兆"、"预兆"或"兆头"。在民间迷信习俗中，最常见的兆是有关大自然象兆、动物兆、人体兆、梦兆以及其它事物怪异现象。占兆的依据又往往有直接和间接两种。占卜人根据间接提供的征兆以断吉凶谓之间接占卜，大多数要靠问卜人向占卜人提供，如梦兆等。占卜人根据自己直接观察的征兆以断吉凶叫做直接占卜。在古代，占人亲自观察日月星辰、风云雷雨，做出占断记录，载入史册的事象很多。在职业占卜人中，从事"相术"者正是直接占卜的代表。这种直接占卜相术，在测试时往往多根据问卜人的多种民俗心理状态及问卜事由的轻重缓急，随机应变地进行占断，比间接占卜更具有迷惑性。在兆类迷信习俗中，最为常见的方法有占星术、测字术、占梦术、面相术、手相术等等。

数，全称叫"术数"，俗称"算卦"。《周易·说卦传》说："昔者圣人之作《易》也，幽赞于神明而生蓍，参天两地而奇数，观变于阴阳而立卦。"卦是"象"，也就是前面所说的兆。它是指天地万物的变化之体而言，同时它用某些纪形符号表示各类事物，后来又用以指代阴阳五行等。"蓍"就是指"数"，用"六、七、八、九"

等奇偶数的推算以定"象"。所以,"数"是我国占卜方法中最重要的一个方面。我国古代术数家创造并利用了八卦,成为传统占卜的最初源头之一。古代占卜术数流传多种,除八卦之外又有"六甲"、"六壬"、批八字、紫微斗数、星命术等等。

卜筮类迷信手段在使用占兆和术数的同时,也往往与仙灵的迷信结合起来,利用愚昧民众的神仙崇拜,举行占验,不仅具有更多的神秘性,还有较大的毒害与迷惑作用。

(二) 禁咒

禁咒主要是指民间信仰中的禁忌、咒语、符箓等迷信活动。

1. 禁忌

禁忌是关于社会行为、信仰活动的某种约束限制观念和做法的总称。在信仰民俗中,禁忌是国际共有的普遍迷信形式。

禁忌的产生有四个方面的因素:其一,是对灵力的崇拜和畏惧,也就是对超自然的神秘力量的崇拜与畏惧。其二,是对欲望的克制与限定。欲望是人的本能要求,但是作为"社会的人"便要对欲望进行某种抑制。对欲望的抑制便是禁忌产生的重要原因。其三,对仪式的恪守和服从。仪式是社会制约作用的表现,它代表了一种"无理的""社会规定性"。一般来说,靠仪式规定的禁忌是人们必须无条件服从的一种禁制。所以,要保证仪式的顺利、圆满,也需要某些禁忌。其四,禁忌是对教训的总结和记取。教训是从失败或错误中取得认识。这种认识的过程是一种因果关系的推导过程。由于早期人类的愚昧和科学的不发达,这种推导往往造成偏差,从而形成人们对某种"偶然因素"的共同误解。这种"共同误解"而得出来的"教训"也是形成禁忌的一个缘由。

禁忌通过口头传承及行为示范,在我国民间已经广泛流传了数千年之久。禁忌事象五花八门,千奇百怪,渗透在人们生活生产的方方面面。归纳起来大体上可划分为五类：第一，把大自然中的自然力或自然物看成神圣不可侵犯的事物。第二，把某种动物或植物看作是和本氏族祖先有近缘关系的神圣物，形成了严禁捕杀或禁止冲犯等禁忌。第三，对祖灵的崇拜所派生的关于祖先象征或遗物的禁忌。第四，对鬼灵、精灵的崇拜所派生出来的关于所谓鬼、怪之类及其活动场所的禁忌。第五，对吉凶祸福命运的迷信派生出来的趋吉避凶观念所形成的禁忌。

禁忌的迷信是一种消极防范性的信仰行为和手段，在生产落后、生活贫困及人们不能充分掌握自己命运的条件下，禁忌习俗有较强的麻痹作用。

2. 咒语

"咒语"或称咒词、祝咒、明咒、口诀、真言、密语等。它本是一祝祷辞。上古时期的祝仪多以祝咒为与神灵相通的手段。在以后所有的迷信活动中，各种各样的祝辞、口诀都被看作是有交感魔力的咒语。如"招魂"的呼唤词被看作是可与灵魂相通的语言，祭灶的祷辞可以上达天遭，育儿的口诀可以医治百病等。在佛教兴起后，人们又把咒和真言看作同义词。在道教及方术流传过程中，咒又变成驱邪禳灾的口诀。当这种迷信转为社会俗信后则变成为"诅咒"。

咒语在民间信仰中是一个比较广义的概念。在巫术和宗教中，人们普遍认为某些语言具有神力、魔力和法力。这种具有神力、魔力、法力的语言便被称为咒语。但是，作为一种迷信手段，它又专指江湖术士、巫医神汉驱邪看病时的念咒作法。

民间咒语具有这样一些特点：一是反复吟诵的重复性，二是词意的艰深及莫名的神怪的不可解释性及神秘性，三是音节的节奏性，四是念咒过程中伴有一定的动作性（如舞蹈等）。

在表达方式上,咒语与一般祝辞、口诀不同,往往有音无义,或无音默念,即以所谓"口中念念有词"的神秘语言,欺骗愚弄迷信者。不过,在长期的民俗传承中,有的咒语已发生变异,由迷信转为俗信了。

3. 符箓

咒语由文字图画或符号取代以后,则形成了方术中的符箓。符箓作为迷信手段由来已久。早在公元一世纪东汉张道陵创五斗米道时,就公开施用符法治病传道。符大致分为二种:一种是符水,是在水中画符或烧符箓灰溶水中,然后让病人服用这种符水,以为可治百病。另一种则是符箓,道教又称为"符字"、"墨箓"或"丹书",是一种用墨或朱砂书画在特定的纸帛上的文字或变形文字图案,用来作为驱鬼镇邪的神物。

符箓的产生对后世影响甚大。《隋书·经籍志》著录的符箓就多达17部103卷。在道教经典《太平经》第104至107卷的整整四卷中,载有大量的"复文",就属于符箓这一类。从民间迷信的角度看,符咒更具有神秘的迷惑力。在民间生活中,咒符的影响范围非常广泛,不仅民间的请神祭祀仪式多离不开咒符术,而且民间的许多民俗活动乃至日常生活都离不开咒符术,如治病救人、避邪护身、祈求丰年、发财积财、祈求平安、安胎保身、六畜驱瘟等等,无不用咒符。破除咒符迷信仍然是民俗研究的重要课题。

(三) 巫蛊

巫蛊类迷信是从原始巫术发展而来的。它的形式多样,神秘色彩更为浓厚。

1. 巫术

巫术是民间最古老、最普遍的信仰。它是企图借助超自然的神秘力量,对人或事物施加影响,以达到某种目的的一种迷信。它是源于世界上事物的同样重复，以表明联想或模拟的能动性的信仰。巫术最初只是一种准宗教现象的方术，与鬼神迷信无关，但随着鬼神观念的发展和巫术形式的变化，才使民间巫术增加了鬼神精灵崇拜成分。

能熟练地演出巫术的各种固定程式的人就是巫师。所谓固定程式，是指一套用来表示为控制某一事物所必需的情绪性行为模式。巫术和巫师有其特定的历史地位。在原始社会中，巫师利用巫术作为人类与自然界作斗争的一项附属性手段。巫术提供给原始人一些现成的仪式行为与信仰，能使人在自然界面前保持有可贵的自信力，战胜犹豫、动摇和悲观。但进入阶级社会后，随着人类把握自然能力的增长，巫术日益显出它的落后性。职业巫师利用巫术的目的，从保护人类免遭灾祸，日益堕落到欺骗钱财，蛊惑人心上面，对社会治安和日常生活都极为不利。

巫术的内容繁多，从施用手段来说，可以分为摹仿巫术和接触巫术；从施用目的来说，可分为白巫术、黑巫术两种。一般而言，白巫术又称吉巫术，为祝吉而施用；黑巫术又称作凶巫术，多为嫁祸别人施用。

在我国民间习俗中，最为常见的巫术有下列五种：第一种是"招魂巫术"。如人已死，要招魂，目的是把灵魂叫回来。又如人生病，认为灵魂暂时出走，把魂招回来，则病就好了。第二种是"驱役巫术"，即驱赶恶鬼、瘟疫或灾难的巫术。这一巫术在生产、建房、修墓、生病中广泛使用，一般还要使用驱赶工具，如糯米、桃木剑、铁扫帚之类。第三种是"神判巫术"，即假借神灵的意志裁决是非曲直。它由巫师主持，通常请天神、雷神决断，方法有捞油锅、吃血酒等多种。第四种是"爱药巫术"，或"求偶巫术"。它是男女青年用的恋爱巫术，或用动植物做成药末，使人吃下后产生性冲动，或延请巫师念咒语来达到目的。第五种是"辟邪巫术"，即利用一定的物件防止鬼神来犯，保佑家庭和人畜安全。此外，在民间还有许多与鬼神精灵交感相通的巫术，如东北萨满的"跳神"，湘黔桂的跳端公，四川灵婆的"放阴"、"拘魂"，术士的"役鬼"、"赶尸"等。

2. 蛊毒

蛊是巫术中一种以毒虫作祟害人的民间迷信手段，具有浓厚的神秘性和危害性，主要流行于我国南方和一些少数民族之中。在旧时代，蛊毒害人曾经闹得非常厉害，人人谈蛊色变。当然，养蛊人家也有把蛊作为一种神灵来崇拜的。如在川滇交界的金沙江两岸，养蛊人家在每年的农历六月二十四开始，连续三天要对蛊作隆重的祭礼。

蛊是由人饲养的一种毒虫。蛊在民间的种类很多，有金蚕蛊、疳蛊、癫蛊、肿蛊、泥鳅蛊、石头蛊、蔑片蛊、阴蛇蛊等。

为了预防中蛊，民间采取以巫术对付的方法。一种是预防法：凡是蛛网灰尘之家，疑为养蛊之家，忌往来；凡就食时主人先用筷子敲杯碗，可不食；凡出外，随身携带大蒜头先食，主人不敢下蛊。一种是验蛊法：凡中毒蛊者嚼生黄豆无腥味；凡中毒蛊者嚼甘草汁吞咽后吐出等。再一种是解毒法：中蛊者可服用雄黄、大蒜、草蒲煎水，或石榴根水，可泻毒；据说金蚕蛊最怕刺猬，可将之入药治蛊。

放蛊的邪术在旧社会危害社会、威胁民间行旅安全，危害极大。今天，蛊类巫术已基本消失，更多的出现只是在当今流行的一些武侠小说中。

（四）祭祀

祭祖类迷信主要是指民间供奉神鬼、精灵及祖先的各种迷信仪式。在民间信仰中，祭祀不包括教徒的一般宗教仪礼活动，只涉及各民族、各民间自发的具有原始信仰色彩的祭祖活动。

祭祀大约是在人类有了较为系统的神灵观念后才产生的原始信仰活动。这种活动往往同时派生出一种介乎神鬼与人类中间或沟通神鬼与人类之间的职能，通常由"祭司"、"巫师"、"萨满"等各种名称的人物担任，执行祭祀的各种程序。

在民间信仰中，常见的祭祀活动主要包括以下几类：第一类是对大自然神灵的祭祀，包括祭天地、祭日月、祭星辰、祭水火、祭雷电风雨等。第二类是对民间神灵的祭祀，包括对山神、土地神、门神、灶神等的祭祀。第三类是对行业神的祭祀。行业神是指各行各业信奉的行业祖神和保护神。第四类是对祖先的祭祀。祭祀祖先是祭祀的特殊类型，它是把本族祖先作为氏族、家族保护神来祭祀。此外，在一些民族中有祭祀村寨守护神的习俗，这实际上是从祭祖先神的基础上发展起来的。

祭祀类迷信及其手段的不断发展，使原始信仰的遗留带有一定的稳定性，甚至在现代生活中依然保存着种种祭仪或准祭仪、变形祭仪，影响着传统的民俗生活。

三 岁时节日民俗

岁时节日主要是指与天时、物候的周期性转换相适应，在人们的社会生活中约定俗成的、具有某种风俗活动的特定时日。一般来说，不同的节日有不同的民俗活动，并且以年度为周期，循环往复。

我国传统的传统节日起源于农事，并在季节气候的变化基础上发展形成。"节日"最初并非"庆祝之日"的意思，而是由年月日与气候变化相结合而排定的节气时令，它以天文、历法的知识为基础。

岁时节日产生后，随着社会生产、生活、文化的发展，节日的种类日益增多，内容也越来越丰富。我国岁时节日的发展有三条重要的线索：一条是农事祭祀节日习俗线索，如清明节等；一条是宗教节日习俗线索，如孟兰盆会等；一条是民族传统节日习俗线索，如西南少数民族的三月三日等。它们往往相互渗透、影响，融合成为民俗节日。

岁时节日在民俗传承的过程中，其发展要受到譬如社会政治、经济、战争、科技、文化、宗教等因素的制约。除此而外，神话传说、历史情感、上层人物的参与也会对节日民俗内容的发展产生影响。

岁时节日的内容非常丰富，一般可以简单地分为农事节日、祭祖节日、纪念节日、庆贺节日、社交游乐节日等五种。

农事节日主要内容是以农林渔猎等生产习俗惯制为标志的节日。此类节日包括二十四节气中的"四立"、"二至"和"二分"，此外还有芒种、小寒、清明、谷雨，尤其有"三伏"、"三九"等。

祭祀节日主要是以供献天帝、祭扫神灵、祭奠祖先亡灵、祈攘灾邪、驱恶避瘟等信仰习俗为标志的节日。在我国各民族民俗节日中，这种节日居多数，如汉民族的中元节、祭灶节、端午节、中秋节，广西龙胜壮族的"五谷庙节"（六月初二日），彝族的火把节（六月二十四日），蒙古族的敖包节（农历六七月间）等等。

纪念节日主要内容是追念民族英雄及地方历史上受崇拜的人物的活动，如寒食节、端午节、藏族中的藏戏节（俗称"酸奶节"，七月初一至初五），锡伯族的"杜因拜专扎坤"节（农历四月十八日）等。

庆贺节日的主要内容与单纯的农事生产节、祭祀节、纪念节不同，它以喜庆丰收，祝贺人畜两旺、平安幸福为主题，往往构成喜庆活动的连续性和系列化，时间上也形成一组节日，有一定的阶段性。这种节日在民间属于最大节日，各民族都有，通常所说的"过年"，即春节就属于这一类。

　　社交、游乐节日的主要内容是通过歌舞游艺活动进行社交往来，各民族各地区举行的传统歌节、歌会、歌圩等即此，如大理白族的传统盛会"绕山林"（农历四月二十三至二十五日）、苗族的"爬山节"（三月下旬）、贵州剑河侗族的赶歌会（农历七月二十日）、蒙古族的那达慕等。

　　以上五种节日，内容可谓丰富多彩，同时，它也反映出节日是一个比较宽泛的民俗事象。它是一年当中由种种传承形成的固定的、或不完全固定的活动时间，以开展有特定主题的约定俗成的社会活动日。节日习俗是各项民俗的综合展现。节日的服饰、饮食，节日的家庭活动、仪礼，亲友的社交往来，信仰的诸种仪式，娱乐的多种形式，都是节日程序中必不可少的内容。

第四节　游艺民俗文化

　　游艺民俗主要是指流行在民间的群众性十分广泛的传统文化娱乐活动，不论是口头语言表演的，还是动作表演的，或运用综合的艺术手段表演的活动，均属于此。它以群众喜闻乐见或自发参与表演的形式为标志。游艺民俗的所有活动大多数都不是孤立或单独进行的。它们常常配合生产活动、社会活动及信仰生活中的仪礼开展。游艺民俗的职能十分广泛，它在各民俗生活中几乎无所不及，成为各项重大民俗事象的鲜明标记。游艺民俗主要内容包括：民间的口头文学活动、民间的歌舞乐与曲艺活动、民间的游戏竞技活动等。

一　民间口头文学

民间口头文学是有别于作家文学的一种特殊文学类型。它是民众精神文化的重要组成部分。民间口头文学的创作与传播都依托于民间社会生活，并且它以"口传"为特点。它与各种民间民俗事象紧密相联，并渗透到各种民俗活动之中，成为多种民俗文化的载体，具有丰富的艺术表现力和想象力。其表演娱乐性质非常浓厚，成为民间口头文学民俗性格的主要标志。

民间口头文学伴随着人民的生产劳动、宗教和其他民俗活动而产生和发展，成为民众生活中各种知识的宝库，是民间进行教育和文化娱乐的重要形式。民间口头文学内容主要包括三大类：一类是口头叙事文学；二类是民间歌谣、三类是民间谚语、谜语。

民间口头叙事文学是以散文形式传承于民间的一些故事，在作品中都有故事情节和人物形象。其体裁主要是神话、传说和民间故事、笑话等。

民间歌谣是表现社会生活、时代风貌、抒发人民思想、情感、愿望的民间韵文，是劳动人民集体创作和集体智慧的结晶。民间歌谣包括六种形式：劳动歌谣、仪式歌谣、时政歌谣、生活歌谣、爱情歌谣和儿童歌谣。

民间谚语是民间创作并在口头上广为流传、言简意赅且较为定型的艺术语句，是民众智慧与经验的结晶。它语言简练，哲理丰富,往往通过一种现象,表明一个生活的道理。大多数的谚语是由广大人民群众在实践和生活中口耳相传、世代相沿而成。从谚语所涵纳的内容分类,谚语可以分为"生产谚语"和"社会谚语"两大类。

民间谜语是民间口头文学中具有特殊形式的韵文作品。它是以某一事物、行为或文字为底,用隐喻、暗示等方法作面,供人猜射的一种隐语。谜语融知识性、趣味性于一体,是民众智慧的艺术结晶。猜谜语在日常生活中随处可以表演,其娱乐性非常突出。在民间生活中,谜语往往作为对儿童智力培养和成人智力测试的一种简便形式,从而受到民间百姓的普遍欢迎。

二 民间歌舞乐与曲艺活动

民间歌舞乐和曲艺活动是民间游艺民俗的重要组成部分。民间歌舞乐不包括民间口头文学中的歌谣演唱,主要是指载歌载舞或乐舞类的民间游艺活动。民间歌舞的社会功能有满足民众审美和情感宣泄,传授生产生活经验,军事演练,传授人类自身生产知识,激发两性之间情感交流,纪念祖先等。在长期民俗传承过程中,民间歌舞的实用功能逐渐减弱,而表达情感和满足审美需要的要求越来越浓,成为其最主要的社会功能。我国56个民族的大多数民族是能歌善舞的民族,歌舞乐活动是其民俗生活的重要组成部分,广泛出现在各种民俗活动中。民间曲艺则是民间的说唱艺术,是以说、唱、数为手段,独具中国传统文化特色的民间艺术。

民间歌舞乐活动包括三种基本表演形式,即歌舞、乐舞和民乐。歌舞是民间最常见的游艺表演形式之一。它以边歌边舞为其基本特征,有无伴奏皆可进行表演。这种舞在民间主要有三大类:一类是以喜庆娱乐为主的歌舞。这是民间最普遍、最主要的歌舞。二类是表现劳动群众生产劳动的歌舞。三类是带有一定原始信仰习俗的歌舞，是从古老的信仰民俗中演化而来的。

乐舞是以乐器伴舞的民间舞蹈。乐舞在民间的影响很大，我国各民族几乎都有乐舞表演。它是民间百姓喜闻乐见的一种古老的舞蹈。乐舞的产生与民间的生产生活、宗教信仰、娱乐游戏等密切相关。我国民间乐舞主要包括以下五种类型：劳动舞、军事舞、宗教舞、仪礼舞和娱乐舞等。

民乐指民间乐器演奏。在我国各民族民间歌舞乐活动中，乐器演奏是一个重要组成部分。我国乐的民俗由来已久。传统的民乐可以划分下列几类：击乐器（皮击乐器、金属击乐器、木击乐器、玉石击乐器等）、管乐器（管乐器、簧管乐器等）、弦乐器（击弦乐器、拨弦乐器、拉弦乐器等）和其它乐器（如陶孔乐器、木叶乐器、口笛、口弦类乐器等）。民间正是用上述乐器，或独奏，或协奏，或合奏，创制了许多为各民族喜爱的传统民间乐曲形式。

民间曲艺又称民间说唱艺术。它主要是以说、唱、数为手段，具有较强的综合性，融文学、音乐、戏剧于一体，生动、通俗并富有趣味地叙述故事情节，刻画人物性格，抒发感情，是一种独具中国特色的民间艺术。民间曲艺在民俗传承中形成自己的特色，其主要特点有以下四个方面：其一，演出简便，灵活多样；其二，叙述故事内容与各地方言相配合，与地方乐调相结合，演唱的表现力非常丰富；其三，专业化趋向明显；其四，风格多样，极富地域性。民间曲艺在经过数百年的实践，发展形成了自身的分类体系和丰富多彩的风格特色。按表演手段的不同来划分，我们可以将民间曲艺分为说、唱、数、说唱兼备四大类。

三 民间游戏竞技活动

民间游戏竞技活动习俗是游艺民俗的重要组成部分。它与民间口头文学、歌舞乐活动构成了民间传统的文化娱乐活动，对民间精神文化生活产生了极大的影响。民间游戏竞技是一种以消遣休闲、调剂身心为主要目的的，具有一定形式的民俗娱乐活动。它是广泛流传在民间大众中，并且世世代代传承的一种文化事象。游戏习俗的形成与发展，丰富了民间的精神文化生活。民间游戏竞技活动丰富多彩，归纳起来主要包括三大类，即娱乐游戏、竞技游戏和民间杂艺。

民间游戏是指流传于广大人民生活中的嬉戏娱乐活动，俗语称"玩耍"。娱乐游戏是游艺民俗中最常见的、最普遍的、最有趣味的娱乐活动。它主要流行于少年儿童中间和节日里成人娱乐节目之中。民间的游戏活动的种类繁多，大致可划分为五类：室内生活游戏，主要指在室内模仿成人家庭社会生活过程的游戏；庭院活动游戏，如老鹰捉小鸡、丢手帕、踢毽子等；智能游戏，如猜手指、猜掌中物、折纸、剪纸等；助兴游戏，如行酒令、猜拳等；各类博戏，如骨牌、掷骰子、叶子戏（纸牌）、麻将等。

民间竞技游戏是指民间各种形式的体育、技巧的比赛活动而言。在我国竞技历史很久，古代的竞技活动是与生产活动、军事战斗活动结合为一体的。早在旧石器时期的原始狩猎时代，人类已经开始了不自觉的竞技活动。至今，民间竞技游戏活动已成为活动范围广、参加人数众多的一种群众生活文化。民间竞技游戏主要分为三类：赛力竞技，如举重、摔跤、投掷、拔河、爬竿、爬绳、扔沙袋等；赛技巧竞技，如踢毽子、跳绳、跳马、赛马等；赛技艺竞技，以各种民间棋类为代表，同时也包括武术。

民间杂艺是流传于民间，以杂耍性表演为主的娱乐活动。从民俗史角度考察，这些杂艺是古代瓦肆百戏中有生命力的一部分，是人民喜闻乐见的形式。杂艺游戏活动通常活跃在人口集中的市区、乡镇，适应了社会中下层民众的口味，是民间一种便利的消闲方式。民间的杂艺活动种类较多，有的带有赌博性质，如斗鸡、斗雀、斗蟋蟀、斗牛、斗羊等，有的为竞技或游戏，如放风筝、抖空竹等，有的则以观赏为主，如猴戏、杂技、戏法、傀儡戏、皮影戏等。

阅读书目：

1. 乌丙安：《中国民俗学》，辽宁大学出版社，1985年。
2. 苑利、顾军：《中国民俗学教程》，光明日报出版社，2003年。
3. 直江广治：《中国民俗文化》，上海古籍出版社，1991年。

思考题：

1. 怎样理解中国民俗文化的特征及其社会功用？
2. 分析我国消费民俗的文化内涵。
3. 试分析我国社会民俗的特点及其文化内涵。
4. 剖析民间信仰的特征及其社会影响。

第五章　古典文学

中国古典文学是中华民族智慧的结晶，是中国传统文化中重要而具有活力的一个部分。在长达三千多年的漫长发展历程中，中国古典文学从先秦散文、《诗经》、《楚辞》到两汉辞赋、魏晋诗文，从唐诗、宋词到元曲、明清小说，在文学的众多领域中积累了极为丰富的文化遗产，取得了光辉灿烂的成就，深刻而且生动地体现着中国文化的基本精神。

第一节　古典诗歌

劳动创造了远古的文化，也创造了文学。流传至今的少数远古歌谣和神话是我国文学史上最早的遗产。公元前6世纪，我国编订了最早的以四言诗为主体的诗歌总集——《诗经》。公元前4世纪，在中国南方兴起了杂言诗——楚辞。两汉时期，五言诗和七言诗开始兴起，五言诗逐渐盛行，成为乐府歌辞的主要形式。这些歌辞在很大程度上影响了魏晋南北朝时期诗人的文学创作。唐代，五言、七言律诗的格律成熟了,成为我国文学史上诗歌空前繁荣的时期。词作为一种新兴文体,在唐代出现,并在宋代获得了极大的发展,从而达到鼎盛。

一 《诗经》与楚辞

在我国古代诗歌创作的长期发展中,先秦文学是我国三千多年文学史上的第一页。它所表现的民族精神与人生理想哺育了各个时代的作家,其丰富的创作经验亦给予后世文学许多有益的滋养。

(一)《诗经》

在原始社会时代,我国已经出现了诗歌创作,原始人类在劳动的过程中,为了协调劳动节奏和激发劳动热情,创作了"举重劝力之歌"。但是由于年代久远,加之是口头创作,没有文字记录,时至今日,我们还能见到的仅有《弹歌》与《蜡辞》[①],其他绝大部分随着时间的流逝而散佚了。随着文字的出现、生产力的发展及经济文化的不断进步,春秋时期出现了我国第一部诗歌总集——《诗经》。在先秦时期,人们称其为"诗"或"诗三百",从西汉初年开始,由于儒家学者奉之为经典,因而称之为《诗经》。

《诗经》收入了从西周初年至春秋中叶(公元前11世纪—公元前6世纪)约五百年间的诗歌共305篇。按照音乐的特点,《诗经》被划分为风、雅、颂三类来编排。《诗经》中有十五国风,计160篇,记载的是春秋时期十五个地域的地方土乐。这类诗歌绝大多数出自劳动人民的口头创作,表达的是劳动人民的思想感情和理想愿

---

① 按:《弹歌》见《吴越春秋·勾践阴谋外传》,其文为:"断竹,续竹,飞土,逐肉。"《蜡辞》见《礼记·郊特牲》,其文为:"土,反其宅!水,归其壑!昆虫!勿作!草木,归其泽!"

望,是《诗经》中的精华。

《雅》分为《大雅》、《小雅》,计105篇。雅乐即正乐,是相对于地方土乐而言,是周代京都地区的王畿之乐,它们大多出自于贵族文人之手。

《颂》分为《周颂》、《鲁颂》、《商颂》,是宗庙祭祀的乐歌,多数为歌功颂德,铺叙祖先功业之作,作者多为社会上层人物。

《诗经》在创作中采用了"赋"、"比"、"兴"三种艺术表现方式。"赋"即平铺直叙,"比"即比喻、比拟,"兴"即托物起兴,也就是先言他物,再引起所要歌咏的对象。"赋"、"比"、"兴"与"风"、"雅"、"颂"又合称为《诗》之"六义",对后世诗歌的创作产生了深远影响。此外,《诗经》还开创了我国诗歌的现实主义优良传统,奠定了我国现实主义文学的基础。同时,《诗经》也奠定了中国文学以抒情为主的发展方向,使以抒情为主的诗歌成为中国文学的主体。

(二) 楚辞

楚辞本是战国后期产生于长江流域楚国地区的歌词。它采用楚国方言,运用地方音调,并吸收楚地的神话传说,具有鲜明的南方楚文化的特质和风格。西汉末年,刘向整理编辑了屈原、宋玉诸作以及汉代文人的一些仿作后,编成专书,名为《楚辞》。至此,后代将这一新体裁称为楚辞。

屈原是楚辞创作中最具代表性的人物,也是我国第一个伟大的诗人。屈原将诗歌从集体歌唱转变为个人独立创作,创造了我国诗歌史上的全新时代。屈原生活在楚国国势由盛转衰的时期,他的进步主张与楚国的旧贵族势力产生了尖锐的矛盾,在政治上屈原屡次被贬,继而被流放。人生与政治上的坎坷经历促使他在文学创作中尽情抒发自己的情感。在《离骚》中,屈原不但抒写了自己的身世、抱负,以及政治际遇中所遭受的痛苦,而且还大量采用了象征、比喻的手法,罗织了许多神话人物、日月山川,在驰骋的幻想中探求和表达自己对美好政治的追求。在作品中,屈原用芳草比美人,用幽兰比贤者,不仅使整个诗篇文彩斑斓,而且还开创了中国诗词以香草美人寄情言志的境界。《离骚》不但发展了《诗经》创作中的比、兴手法,而且还充满了浓厚的浪漫主义色彩。此外,后代诗人还在屈原崇高的爱国热情以及高尚人格的感召下,吸取了大量的创作激情和力量。

屈原积极浪漫主义的创作方法与《诗经》共同构成了中国诗歌乃至整个中国文学的两大源头,成为中国诗歌浪漫主义和现实主义的两座高峰。

二 汉赋与乐府民歌

汉赋产生于中国历史上第一个空前强大的统一帝国——汉王朝。汉赋的恢弘气度正是自强不息的民族性格和积极乐观的时代精神的艺术体现。汉赋表现了中华民族对自身力量的高度自信,对自己所创造的物质文明和精神文明的高度肯定,也表现了对现实世界的热爱。乐府民歌是汉代社会生活的一面镜子,传达了人民群众的心声,反映了广阔的社会现象,暴露了社会的各种矛盾与斗争,有丰富的思想内容。汉代乐府代表着中国诗歌发展史上的一个重要阶段。

(一) 汉赋

赋本是《诗经》中的表现手法之一,其意为铺陈直叙。战国后期,它发展成为一种只适应于朗读的独立文体。这种文体由《诗经》和《楚辞》发展而来。虽然赋产生于战国后期的楚国,但是却兴盛于汉代,因此后人常以"汉赋"连称。汉代的赋分为骚赋、大赋、小赋三类。骚赋是模仿楚辞而写成的赋,如贾谊的《吊屈原赋》。大赋,又称体物大赋、散体大赋。大赋篇幅较长,结构宏大,一般都在千字以上。大赋多采用夸张手法,用富丽的辞藻去铺叙京都、宫殿、山川等壮丽事物,司马相如的《子虚赋》、《上林赋》皆属此类。小赋篇幅短小,文辞清丽,侧重于抒情咏物,如扬雄的《酒赋》。

两汉时期的文人热衷于对赋体作品的创作,使汉赋呈现出繁荣的景象。从汉武帝到东汉中叶的二百多年间,是汉赋创作的兴盛时期。该时期涌现出了司马相如、班固、王褒、张衡、蔡邕等著名的汉赋家。其中西汉的司马相如是汉代最重要的赋家,现存赋六篇。其《子虚赋》、《上林赋》代表着汉代大赋的最高成就。在赋文中,司马相如运用了大量的排句、骈句,组成华丽文辞,层层渲染,使得描写的事物场面极为壮观。东汉班固的《两都赋》与张衡的《二京赋》,更是将赋的题材从贵族帝王的苑猎扩大到了对都邑形势、布局、气象以及城市的繁荣及富饶的描写。

汉赋是继《诗经》、《楚辞》之后在我国文坛上兴起的一种新的文学体裁,是汉代文人创作的主要文学形式。虽然汉赋好堆砌辞藻,喜用宏丽浮夸之词,其题材也主要局限于对宫廷、都邑以及帝王功业的描写上,但是它在一定程度上丰富了文学作品的词汇,使后世的诗文在语言、辞藻、叙事状物等方面从汉赋中得到了不少启发。

(二)汉乐府民歌

乐府本是古代官方所设的掌管音乐的官署,主要职能是收集各地民歌,交由宫廷乐工配曲歌唱,借此观察民风民俗,调整统治政策。后来人们将这些合过音乐,可以演唱的诗叫做"乐府诗"或简称"乐府"。乐府便从音乐官署的名称变为一种诗体的名称,来自民间的作品则被称为乐府民歌。

乐府民歌是我国诗歌史上继《诗经》、楚辞之后的第三个发展阶段。汉乐府民歌是乐府诗中的精华。汉乐府民歌主要采取以叙事为主的创作方法,取得了突出的成就,标志着我国古代的叙事诗发展到了一个趋向成熟的阶段。在创作技巧上,诗人善于通过对人物语言和行为的描写来表现人物特征,并运用比兴和铺陈的手法体现艺术效果。在内容上,汉乐府民歌不但反映了劳动人民的穷困生活,而且还揭露了上层社会的残暴和腐朽,以及战争和徭役带给人民的灾难和痛苦。同时,汉乐府民歌还创作了许多反映该时代男女爱情和被压迫妇女的诗篇,如《陌上桑》与《孔雀东南飞》(又名《古诗为焦仲卿妻作》)等。可以说,汉乐府民歌继承和发扬了《诗经》的现实主义传统,是人民"感于哀乐、缘事而发"的作品,是两汉社会全面而真实的反映。

汉乐府民歌不但在我国的文学史上占有重要的地位,而且还对后代文人的诗歌创作产生了深远的影响。在汉乐府民歌的作品中,诗人不但善于通过对人物语言和行为的描写来表现人物特征,而且还善于运用比兴和铺陈的手法体现艺术效果。在创作上,汉乐府民歌主要采取以叙事为主的创作方法,并取得了突出的成就。我国诗歌自战国至汉代,长期受叙事散文影响,而汉代乐府民歌标志着我国古代的叙事诗发展到了一个趋向成熟的阶段。此外,汉乐府民歌还打破了《诗经》的四言句式,从以杂言为主到逐渐趋向五言,开创后世文人五言诗的先河。

三　魏晋南北朝诗歌

　　魏晋南北朝时期（190-589）是中国历史上一个大分裂、大动荡的时期，同时也是中国古代文学史中一个极富创造性的时期。魏晋南北朝时期的文学成就最高的是诗歌，该时期的文学亦称"六朝文学"①。建安时期的诗歌兼具现实主义精神和抒情传统，并在新的历史条件下形成了自己的崭新风貌。正始时期的诗歌由于深受政治的影响，理性色彩大为加强，表现手法趋向深隐。西晋时期的诗歌创作内容贫乏，刻意求工，表现出明显的形式主义与唯美主义倾向。西晋末年产生了玄言诗，并在东晋时期逐渐统治了东晋诗坛。在东晋末年，陶渊明、谢灵运以其杰出的山水诗，给东晋诗坛注入新风，显示了中国古代诗歌从题材到风格的重大突破，为诗歌的发展与繁荣做出了不可磨灭的贡献。

（一）魏和西晋的诗歌

　　建安（196-220）是汉献帝年号。建安文学指从建安到黄初这一时期的文学发展现象②。该时期文人的创作中心从两汉时期的辞赋转移到诗歌，形成了中国文学史上第一次诗歌创作高潮，并由此奠定了诗歌在中国文学史中的主导地位。

　　1. 曹氏父子与建安诗人

　　建安时期最著名和最重要的诗人包括曹氏父子、建安七子和女

---

　　① 六朝文学：指魏晋南北朝文学，由于其历史跨度包括在建业（南京）建都的东吴、东晋、宋、齐、梁、陈六个朝代，故称为"六朝文学"。
　　② 黄初：魏文帝曹丕年号，共有七年（220-226）。

诗人蔡琰（蔡文姬）①。这些诗人，大都亲历了汉末以来的长期战乱，目睹了战争的残酷和国家的衰败。特殊的人生经历以及与下层社会的广泛接触，使他们对人民所遭受的灾难有着深深的同情。因此，他们所创作的诗歌体现出很强的现实性，既慷慨苍凉，又志深笔长，形成一种清新刚健的风格。其诗歌既具有内在的生气，又有语言上的感染力，这些特色被后人称为"建安风骨"。

在建安诗人中，曹植是其杰出代表，代表作品有《白马篇》、《洛神赋》等。他的诗歌继承了汉乐府的"缘事而发"的精神，同时又把以叙事为主的乐府形式转向为以抒情为主的五言诗，使五言诗进一步走向成熟。曹植作品的创作风格以公元220年曹丕的称帝为界，划分为前后两个时期。在前期的作品中，曹植作为贵公子，有着优越的生活和崇高的地位。在《白马篇》等诗歌中，他畅逸的抒发着自己的志趣和抱负。曹植的后期生活由于长期遭到曹丕父子的猜忌以及政治上的禁锢，早期的豪迈自信被悲愤苦闷的心情所取代，故他的后期作品显得深沉悲凉，充满着被压迫的痛苦，如《赠白马王彪》。

建安诗歌在中国诗歌史上具有承前启后的意义。第一，诗歌脱离了四言的格局，创造了五言的新体式。第二，这时期的作品多有充实的思想和真挚的感情，有坚实的事理内容和清新刚健的语言风格，为两晋南北朝文人诗歌的发展奠定了基础。

2. 阮籍、嵇康与正始文学

正始是魏齐王曹芳的年号（240-249），正始诗歌是指曹魏后期二十几年的诗歌创作。这一时期由于曹魏集团与司马氏集团内部

---

① 曹氏父子：曹操、曹丕、曹植。建安七子：孔融、陈琳、王粲、徐干、阮瑀、应玚、刘桢。

争夺政权的斗争十分剧烈，促使社会的政治局面显得黑暗而恐怖。在强权政治的压抑下，该时期的诗歌不再反映社会动乱与民间疾苦，表现出否定现实的消极反抗情绪。其诗歌创作的理性色彩加强，而现实性却大为减弱，在内容与风格上都表现得与建安时期诗歌的显著不同。

正始时期的诗人有所谓"竹林七贤"[①]。其中阮籍与嵇康成就最高，是正始文学的代表人物。阮籍（210-263）字嗣宗，陈留尉氏人（今河南开封人），后世称"阮步兵"。他生活在魏晋政权交替之际，对司马氏集团采取不合作的态度，在生活上崇尚老庄，常常醉酒、佯狂。其主要作品有《咏怀诗》。在诗中，阮籍表达了自己在现实中的孤独与苦闷，揭露了政治的黑暗和礼法之士的虚伪。由于受时代的限制，他的诗虽然有的过于隐晦，但却远承《风》、《骚》，近接曹植，为文人五言诗的发展作出了积极的贡献。嵇康（223-262）字叔夜，谯郡铚人（今安徽省宿县人）。他崇尚老庄哲学，攻击周公、孔子名教，对司马氏的篡位行为采取激烈的反抗，最终被司马氏集团下狱并杀害。他的诗歌现存六十六首，代表作为《赠秀才入军》。

（二）东晋与南北朝诗歌

西晋末年，诗坛出现了专述老庄哲理，枯淡寡味的"玄言诗"。这种诗虽然完全失去了文学趣味，几乎不成为诗，但却孕育着东晋时期山水诗的萌芽。

1. 陶渊明、谢灵运与山水田园诗

陶渊明（365-427）又名潜，字元亮，浔阳柴桑（今江西省九江市荆林）人。陶渊明是中国东晋时代最杰出的诗人。他一生在政

---

① 竹林七贤：嵇康、阮籍、山涛、向秀、阮咸、王戎、刘伶。

治上三仕三隐,最终归隐田园,以躬耕为业。在他的文学创作中,以诗的成就最高,现存一百二十多首。其诗歌按照题材内容,可分为田园诗与咏怀、咏史诗。其中,田园诗又是陶渊明诗歌创作中成就最高的部分。田园诗在玄言诗盛行、文尚雕琢的时代,给沉闷的文坛带来了清新的气息。

  陶渊明的田园诗从多个方面描写了农村景色和农村生活。如《归田园居》其一、《饮酒》其五,表现了农村的恬美静穆和自己悠然自得的心情。《归田园居》其三、《庚戌岁九月中于西田获早稻》等诗以极大的热情,歌颂了农业劳动以及在劳动中与农民建立的友谊。还有一部分诗反映了农村的凋敝和诗人的穷困生活,如《归田园居》其四、《怨诗楚调示庞主簿邓治中》等。陶渊明的诗歌平淡质朴,不假雕饰,多为"田家语"。诗的铺排语和用典对偶很少,但他的诗却在平淡中见深情,在质朴中含至味。陶渊明的诗歌对后世产生了深远的影响,唐宋诗人学习陶体诗相延成风,杜甫、白居易、苏轼、陆游都以其为榜样,从他的作品中吸取丰富的营养。"田园诗"成为一个影响深远的诗歌流派。

  谢灵运(385-433),陈郡阳夏(今河南省太康县)人,生活于晋宋之际。他虽出自名门,但政治上却始终无法施展抱负,于是转而寄情于山水之间,以山水作为其诗歌的主要描写对象,创作了大量清新自然的诗歌。谢灵运是第一个全力描绘祖国壮美河山的诗人。他开创了中国诗歌史上的又一重要流派——山水诗。谢灵运的山水诗打破了玄言诗的长期统治,完成了从玄言诗到山水诗的演变,扩大了诗歌题材的范围。虽然他的诗歌过于雕琢堆砌,多有名句,少有佳篇,但山水诗的出现使诗歌的题材和艺术技巧都有所扩大和革新,是诗歌发展史上的一个进步。谢灵运的山水诗直接影响了唐代王维、孟浩然的诗歌创作。

2. 庾信与南北朝诗风

魏晋之后，中原地区陷入大分裂，南方相继出现宋、齐、梁、陈四个朝代，北方有北齐、北周政权，后世将其统称为南北朝。国家的长期分裂也导致了南北两地文学风格的迥异。南方形成了"宫商发越，贵于清绮"的江左文风，而北方则是"词义贞刚，重乎气质"的河朔气韵。该时期集南北文风大成者是庾信。

庾信（513-581）字子山，南阳新野（今属河南）人，初为梁人，后被掳入北方，入仕北周。庾信在南朝齐、梁时期以创作轻艳绮靡的宫体诗为主①。其诗作与当时徐摛、徐陵父子的诗歌并称为"徐庾体"。后来由于侯景之乱，建康陷落，庾信被迫逃入北方。在逃亡的过程中，庾信目睹了国破家亡与社会的动荡，加之自己客于他乡，使他的诗歌内容发生了巨大变化，诗歌的创作与其早期作品相比，显示出截然不同的风格。这一时期，庾信写出了许多反映社会战乱与人民生活繁苦的佳作，其中以《拟咏怀诗》二十七首为代表作。在这些诗作中，庾信早期雕藻绮靡的文风荡然无存，代之而起的是对沦亡故国的幽思，以及思念故土的深情。其文风刚健清新，苍凉萧瑟，具有较高现实意义与艺术价值。在庾信晚年，他还创作了一些描写北国风光的诗，意境苍凉开阔，对唐代的边塞诗产生了很大的影响。此外，庾信创作的诗歌中无论五言、七言的四句和八句小诗都深合律体，成为律诗创作的先行者，为唐诗的繁荣做了必要的准备。

---

① 宫体诗：指产生于宫廷中，远离社会现实，以女性的容貌、形体、心理、装饰、姿态作为描写对象，用雕藻绮靡的形式寄寓放荡内容的诗歌。

四 唐宋诗词

唐代文学是我国古代文学全面繁荣发展的新阶段,而唐诗则是我国古典诗歌发展的高峰。在这个辉煌的诗歌时代,涌现出了大批优秀而伟大的诗人。概而言之,初唐时期(618-713),唐代的文坛上崛起了前承汉魏风骨、后启盛唐诗风的"初唐四杰"①,以及高举革新大旗的陈子昂。他们开创的新诗风影响了整个唐代。盛唐时期(713-766)是唐诗繁荣的顶峰,产生了以孟浩然、王维为代表的山水田园诗派,以高适、岑参为代表的边塞诗派。更重要的是,出现了两位具有世界意义的伟大诗人——李白、杜甫。中唐时期(766-835)是唐诗发展史上创作最丰富的时代。元稹、白居易创作的新乐府诗是中唐现实主义诗歌的代表。晚唐时期(836-903),出现了杰出的诗人杜牧、李商隐。他们的作品表现了对国家命运的隐忧,揭露了社会的黑暗。此外,唐代还完成了对诗歌各种形式(古体诗、近体诗、乐府歌行)的改创。由于唐王朝在对外交流上的开放政策,还使唐诗走出了国门,对日本、朝鲜以及越南等国家产生了深远的影响。

宋代文学既是对唐代文学的继承,同时又是宋代特定的社会产物。宋代初期,盛极一时的是追求唯美之风、点缀升平的"西昆体"②。随着阶级矛盾,民族矛盾的加深,在文学上则由范仲淹、欧阳修、梅尧臣等掀起的诗文革新运动,为宋代诗文的健康发展打

---

① 初唐四杰:王勃、杨炯、卢照邻、骆宾王。
② 西昆体:得名于宋初诗人杨亿编辑的《西昆酬唱集》。这个诗派的特点是从形式上模仿唐代的李商隐,注重音节的铿锵,词采的华丽,又喜用典故。但因过度追求用语的雕采巧丽,使得题材过于狭窄,形式过于单调,偏重模仿而缺乏创意。

开了新的局面。宋代文学成就最大、发展极盛的则是词。词最初产生于民间，经过五代到宋初的发展，最终成为文坛上的一种最普遍喜用的体裁，并产生了大批有成就的词作家和作品，从而在我国文学史上赢得了唐诗宋词的说法。

（一）李白、杜甫与唐诗

李白是继屈原之后我国又一位伟大的浪漫主义诗人。他的诗歌俊逸高畅、豪放雄壮，无论是在唐朝当代，还是对后世，都产生了深远的影响。杜甫是我国文学史上伟大的现实主义诗人。他的诗歌沉郁顿挫，感情深沉，形成了独特的艺术风格。李白与杜甫是唐代诗坛中最闪亮的两颗星星，也是我国诗歌创作中浪漫主义与现实主义并峙的两座高峰。

1. 李白

李白（701-762）字太白，祖籍陇西成纪（今甘肃天水）人，后随父迁居绵州昌隆县（今四川江油县）青莲乡，自号青莲居士。贺知章称李白为谪仙人，后人赞誉他为"诗仙"。李白毕生创作了大量的优秀诗篇，但大多散失了，现仅存《李太白全集》三十卷，其中诗歌有九百八十余首。

李白受到儒、道、侠三种思想的复杂影响，这使他的思想世界与人生经历丰富多彩。青年时期的李白在儒家思想的影响下远游求仕。在诗歌中，他热情地期盼"申管、晏之谈，谋帝王之术，奋其智能，愿为辅弼"①。但是由于此时的玄宗已经转向"斗鸡金宫里，蹴踘瑶台边"的奢侈享乐②，而朝中李林甫、杨国忠奸相当权，李白辅弼君主的豪情壮志无法施展。同时，李白豪放不羁、傲岸不屈

---

① 李白著、王琦注：《李太白全集》卷二六《代寿山答孟少府移文书》，中华书局，1977年。

② 同上卷二《古风》四十六。

的游侠性格又使他既无法做到"长剑拄颐事玉阶"①,也不能"摧眉折腰事权贵"②。于是,李白离开宫廷,开始了隐逸与游历的生活。终李白一生而言,积极入世、渴望建功立业依旧是他思想中的主流。这种思想既指导了他一生的活动,又决定了他诗歌的创作题材和进步内容。

李白创作的诗歌囊括了他所能接触到的唐朝社会生活中的各个方面。他以强烈的主观色彩和浪漫主义情调,表现出自己对现实生活炽热激烈的内心感受。李白的诗作中有批判政治黑暗的《古风》五十九首,有抒发自己政治抱负与关怀祖国命运的《梁甫吟》、《读诸葛武侯传书怀》、《行路难》其二等,也有蔑视权贵,追求自由生活的《玉壶吟》、《忆旧游寄谯郡元参军》等,还有描绘壮美山川的《峨眉山月歌》、《望庐山瀑布》、《望天门山》等,以及反映人们生活,同情人民疾苦的《秋浦歌》、《乌夜啼》等。李白一生游历了祖国的大江南北,在游历的同时也结交了许多的俊杰之才,与杜甫、孟浩然、魏颢(魏万)等结下了深厚的友谊。在朋友分别之际,李白也写下了许多为人传诵的赠友名篇,如《黄鹤楼送孟浩然之广陵》、《赠汪伦》、《沙丘城下赠杜甫》等。李白为古典诗歌的创作做出了杰出贡献。他不但彻底扫除了前代遗存的柔靡诗风,而且还将唐代诗歌的创作引向了健康发展的道路。同时,李白以天才的艺术创作,在更大的范围内,运用丰富而奇特的想象,以及夸张大胆的比喻、拟人的手法,加之天才独具的天然去雕饰的诗歌语言,不但使其诗歌具有强烈的浪漫主义精神,而且还扩大了浪漫主义的表现领域。李白成为继屈原以后中国文学史上最杰出的积极浪漫主义

---

① 李白著、王琦注:《李太白全集》卷一九《答王十二寒夜独酌有怀》,中华书局,1977年。

② 同上卷一五《梦游天姥吟留别》。

诗人。

2. 杜甫

杜甫（712－770）字子美，原籍湖北襄阳人，生于河南巩县。杜甫一生创作了大量诗歌，流传至今的尚有一千四百多首，收于《杜工部集》。这些诗歌反映了唐代的社会现实，是诗人对唐代安史之乱前后社会生活的真实记录，被后人誉为"诗史"。诗人杜甫也获得了"诗圣"的美誉。杜甫的思想受到来自家族"奉儒守官"的影响，使得他比李白更积极的追求入仕。他曾经参加过唐朝的科举考试，但竟被奸相李林甫以"野无遗贤"的借口黜落。仕途上的挫折并没有磨灭杜甫根植于内心的"匡时救世"、关心国家、忠君爱国之情。他始终对国家寄寓了深厚的感情，保持着对国家命运的关注。杜甫的生平中，也曾有过壮游与快意的时期，但是令诗人感受最深刻的还是生活的坎坷与社会的动乱。在现实生活的促使下，杜甫逐步走向社会底层，并以诗人独有的敏感情思，记录下了动乱时期人民苦难的时代音符。

杜甫的诗作中有大量关心人民疾苦、同情人民不幸生活的诗歌。写于安史之乱前的《兵车行》，是他控诉唐王朝开边战争带给人民无限痛苦的悲情诗篇。"三吏"、"三别"，是杜甫在安史之乱中揭露叛乱给国家、人民带来巨大灾难的两组作品。杜甫对下层人民的同情与关心，使得他对上层统治阶级的荒淫腐朽表现出强烈的憎恶。他的《丽人行》揭露了玄宗时期的奢靡之风。在《自京赴奉先县咏怀五百字》中，杜甫以一句"朱门酒肉臭，路有冻死骨"唱出了下层人民的悲苦①，成为揭露统治阶级剥削本质的千古绝唱。但

---

① 全唐诗编写组编、黄均等校点：《全唐诗》卷二一六《自京赴奉先县咏怀五百字》，岳麓出版社，1998年。

同时，杜甫又具有强烈的爱国热情。当国家危难之时，诗人"感时花溅泪，恨别鸟惊心"①，国家的命运完全主宰着诗人的喜怒哀乐。即使在登临山水之际，杜甫也从未忘怀过对国家的关切。《登岳阳楼》、《秋兴八首》等诗就表现了诗人对国家前途的忧虑。当年老之际，杜甫听闻唐朝政府军收复河南、河北之后，挥笔而作《闻官兵收河南河北》。其文如下：

  剑外忽传收蓟北，初闻涕泪满衣裳。
  却看妻子愁何在，漫卷诗书喜欲狂。
  白日放歌须纵酒，青春做伴好还乡。
  即从巴峡穿巫峡，便下襄阳向洛阳。②

  在诗中，杜甫抒发了听到唐朝政府军胜利消息后的快意心情，表现了一位白发老人喜极而狂的神情，关注国家命运的情怀溢于言表。

  杜甫诗歌的创作题材、领域非常广阔，除了以上表现社会现实的重大题材外，他还创作了许多咏物诗、怀古诗、咏史诗等，著名的有《春夜喜雨》、《蜀相》等。

  杜甫的诗歌以真实细腻的手法，凝练与丰富的语言，高度概括现实生活，抒发诗人爱憎分明的感情。他诗歌中的强烈爱国主义精神影响了后世一代又一代的诗人。杜甫在我国现实主义诗歌发展史上，上承《诗经》、汉魏乐府及陈子昂诗歌的现实主义传统，下启元稹、白居易的新乐府运动。他的诗歌创作取得的突出艺术成就，形成了独特艺术风格，达到了中国古典诗歌艺术现实主义发展的高

---

  ① 全唐诗编写组编、黄均等校点：《全唐诗》卷二二四《春望》，岳麓出版社，1998年。
  ② 同上卷二二七《闻官兵收河南河北》。

峰，是我国文学史上伟大的现实主义诗人。

（二）词的发展简史

词全称曲子词，又称"诗余"、"长短句"、"倚声"、"填词"等，是诗歌的一种形式。早期的词是由齐言诗逐步发展为长短句，而长短句的酝酿成熟，又经过了很长的一段时间。多数学者认为，最早配合燕乐而唱的长短句是隋炀帝和王胄的《纪辽东》：

一

辽东海北翦长鲸，风云万里清。方当销锋散马牛，旋师宴镐京。

前歌后舞振军威，饮至解戎衣。判不徒行万里去，空道五原归。

二

秉旄仗节定辽东，俘馘变夷风。清歌凯捷丸都水，归宴洛阳宫。

策功行赏不淹留，全军藉智谋。讵似南宫复道上，先封雍齿侯。

词在盛唐、中唐得到发展，到晚唐、五代成熟定型。唐五代时期，词被称为曲子词。它和乐府一样是配乐而唱的歌词，因此吸收了许多西部少数民族的音乐成分。与乐府不同的是，乐府是先有词后配曲，或是选词以配曲；而词是先有曲，再填词。在词的发展历程中，唐代的温庭筠是第一个以词著称的作家，他的词标志了文人词的成熟。五代时，文人词在西蜀和南唐两地先后繁荣。西蜀词以花间派为代表，成就最高的是韦庄。南唐以李璟、李煜最为杰出。词作为一种新诗体，有一些新的特点，比如，按曲调的不同而分为各种不同的格式。词牌就是词的格式的名称。词牌很多，有一千多种,而词的标题和词牌有着严格区别,词牌是一首词词调的名称,词的标题是词的内容的集中体现,它概括了词的主要内容。例如《沁园春·雪》,"沁园春"是词牌,"雪"是词的标题。《卜算子·咏梅》"卜算子"是词牌,"咏梅"是词的标题。其次,每一个词牌都有固定的词调,包括固定的字数、句数、平仄、用韵。以岳飞《满江红》为例:

  怒发冲冠,凭栏处潇潇雨歇。抬望眼仰天长啸,壮怀激烈。三十功名尘与土,八千里路云和月。莫等闲白了少年头,空悲切。

  靖康耻,犹未雪;臣子憾,何时灭。驾长车踏破贺兰山缺。壮志饥餐胡虏肉,笑谈渴饮匈奴血。待从头,收拾旧山河朝天阙。

该词共十七句,其句式为四、七、七、四、七、七、八、三,三、三、三、三、九、七、七、八、三,共九个韵脚。任何人填《满江红》都是这个格式。

按照词的字数多少不等,又将其分类为小令、中调、长调。58字以内为小令,59-90字为中调,91字以上为长调。第三,词有单调、双调、三叠、四叠几类,这是指分段的多少而言。所谓单调就是指一段体,如白居易的《忆江南》。双调则是指两段体,分为上下两阕,如李煜的《虞美人》。

忆江南

唐·白居易

江南好,风景旧曾谙。日出江花红胜火,春来江水绿如蓝。能不忆江南?

虞美人

南唐·李煜

春花秋月何时了,往事知多少。小楼昨夜又东风,故国不堪回首月明中。

雕栏玉砌应犹在,只是朱颜改。问君能有几多愁,恰似一江春水向东流。

此外,词还具有密切配合乐曲,语言通俗、活泼,章法多变等特点。就词的创作而言,在宋代,词的创作意境、形式与技巧都发展到了鼎盛时期。词成为宋代文学的标志。宋代词坛也涌现出了一大批著名的词人。晏殊、晏几道、柳永、周邦彦、姜夔、欧阳修等人的词恪守传统,追求精炼的语言和细腻的风格,表现个人日常生活的情感;另外一部分词人则不断突破传统,将"诗言志"的内容作用到词中,创作了大量气势慷慨豪迈、高逸旷达的词。其中,以北宋的苏轼与南宋的辛弃疾为主要代表人物。

(三)苏轼、辛弃疾与宋词

1. 苏轼

苏轼(1037-1101)字子瞻,号东坡居士,眉州(今四川眉山)人,与父亲苏洵,弟弟苏辙合称"三苏"。苏轼受到儒、释、道三教思想的影响。在儒家入世思想的影响下,他21岁便进士及第,踏入仕途。但他固持己见,其"不合时宜"的改革观点造成了他仕途上的坎坷经历。深处逆境的苏轼并没有深陷于苦闷与忧愁，反而在逆境里表现得旷达开朗。苏轼这种豪迈的性格也表现在了文学创作之中。他的词不但首开豪迈之风，而且还使词的题材、内容、手法，以及风格上都突破了传统词的"艳科"范围。他将诗歌中出现的表现山水景物、人生志趣、怀古感今、咏物记事等内容移入词中，提高了词的意境和表现力，使词成为一种便于抒情写志的独立新诗体。苏轼自己也成为豪放词派的创始人。在苏轼的词里，有慷慨豪迈，抒发自己理想与抱负的《江城子·密州出猎》、《南乡子》、《阳关曲·赠张继愿》等，也有表现高逸旷达精神的感怀之作，如脍炙人口的《水调歌头·丙辰中秋》、《念奴娇·赤壁怀古》等。苏轼的词，有的写得明丽清晰，有的写得雄健豪迈，有的写得缠绵深婉如《江城子》，可以说苏轼在词的题材中展示了过去从未有过的全新面貌与精神境界使宋词出现了全新的面貌，深刻地影响了后代许多作家的创作。

2. 辛弃疾

辛弃疾（1140-1207）字幼安，号稼轩。他出生在民族危机空前严重的宋代。当时北方早已沦落，北宋政权已经灭亡，南迁的宋王朝偏安江南一隅。出生在北方的辛弃疾从小受到家族爱国主义的精神熏陶，具有强烈的抗金愿望与热情。辛弃疾曾参加过北方的起义军，以杰出的能力和超人的胆识获得了很高的声望，二十三岁便步入仕途。但是，辛弃疾所倡导的主战言论与南宋统治者偏安江南、弃战言和的统治政策大相径庭。这不但造成了他仕进的不畅，而且还使他多次受到排挤和陷害。仕途的失意与理想的破灭使辛弃疾将自己心中的愤懑以及对祖国和民族的赤胆忠心抒发在大量的词作中，成为南宋最著名的爱国词人。

辛弃疾在词的创作中不但继承了苏轼的豪放词风，而且还突破了苏轼词的范围。他以强烈的政治热情和豪爽的英雄本色,开拓了词的广阔天地。辛弃疾的词内容广泛,风格多样化,除了具有强烈情感以及洋溢着强烈爱国热情的《贺新郎》、《兰陵王》、《破阵子》等豪放词风的词作外,凡是诗人在生活中能感见的事物,如朋友之情、民俗民风,以及田园风光、日常生活等题材,辛弃疾都能作用于词作中。他的《鹧鸪天》、《西江月》以寥寥简朴的笔调,描绘了清新、盎然的农家生活,达到了浑然一体的境界。《摸鱼儿·淳熙已亥自湖北漕移湖南同官王正之置酒小山亭为赋》风格婉媚,用笔细腻。此外,辛弃疾还打破了诗词的界限,达到了诗词、散文合流的境界,形成一种散文化的歌词。在辛弃疾的词作中,语言的使用更加自由,既有通俗浅易的民间俗语,又有经、史著作中的历史典故。无论是俗、是雅,辛弃疾都能随心所欲、恰到好处地运用到词的创作中。在辛弃疾的努力下,词的创作完全摆脱了各种羁绊,进入到全面自由的境界。

五 明清诗歌

明清时期,由于政治上的高压政策,以及封建专制统治的加强,使得这一时期的文人陷入了拘谨与紧张的状态。表现在诗歌创作上,则是缺乏唐宋诗文作家在艺术上的创新。同时,由于清王朝的大兴文字狱,以及清中叶考据之风的兴起,使得诗歌的创作远离现实斗争,而崇古、尊古之风大盛。总体而言,明清时期的诗歌处于衰微的趋势。

(一) 明代诗歌

在经历了唐诗宋词辉煌灿烂的年代之后,中国古代社会的诗歌创作不再呈现出耀眼的光芒,明代诗坛也没有出现杰出的大家。但总体而言，明代的文学创作可以分为以下几个时期：

明代前期（1368－1478），即从明初到成化末年，这一时期最具代表性的人物是高启和刘基。在他们的诗歌中还能感受到对社会政治和对民生疾苦等的关怀，内容还比较充实。但随着高启的腰斩，由元入明的自由活跃文风戛然而止。到永乐至成化年间形成的以"三杨"（杨士奇、杨荣、杨溥）为代表的"台阁体"，以对皇帝的阿谀奉承和道德说教为创作题材，虽号称词气安详、雍容典雅，实际上缺乏真情实感，缺乏对社会生活的关怀和艺术创作的热情。

明代中期（1488－1572），约从弘治到隆庆年间。此时，明代诗坛中出现了一些较大的文学流派，在彼此的冲突与融合中，文学创作逐渐摆脱了官方的政治约束。其中重要的派别有以李梦阳、何景明为代表的"前七子"，以高攀龙、王世贞为代表的"后七子"。他们在诗歌创作上推崇汉魏盛唐唯古人是尚，提出复古的文学主张。他们的复古运动对扭转当时的文学风气具有强有力的影响。

明朝晚期，明代诗坛上出现了公安派和竟陵派。公安派主张"独抒性灵，不拘格套"。但由于不利于用于创作，所以公安派影响虽大，却无法持久。竟陵派接受了公安派的主张，但却追求"深幽孤峭"的诗境，多以寂寞荒凉，以及阴深的景象入诗，使其诗作中充满着幽塞、寒酸、尖刻的感觉状态。

总体而言，明代诗歌没有取得较大的发展和成绩，倒是明末诗坛在国破家亡之际陈子龙、夏完淳等写出了不少具有激昂之气的诗歌。

（二）清代诗歌

清代流传下来的诗歌总量超过历代，但是诗歌的总体成就却不高。在清代前期的诗歌创作上，大量由明入清的诗人活跃于清初诗坛。具有较大影响的诗人有被称作"江左三大家"的钱谦益、吴伟业、龚鼎孳。此外还有顾炎武、黄宗羲等。他们在明末清初的社会大动荡中经历国破家亡,目睹清军入关后的残酷屠戮,写下了大量关心民族危亡和反映重大历史事件的诗篇。吴伟业创作、流传较广的《圆圆曲》、《扬州》四首等诗就是其中较有名的代表作品。清代中期,由袁枚所倡导的"性灵说"对乾隆时期的诗坛造成了极大的影响。这里的"性"即性情、情感,"灵"即灵机、灵趣。袁枚主张抒写个人的性情遭遇,认为人的性情是诗歌的本源,在写诗中必须讲求自我个性,不能因袭他人。此外,他还强调在具体创作中需要有才、灵机,在创作中还要学习古人。但是,袁枚的诗歌创作虽有特色,却没有成为大家。他的诗以新颖灵巧见长,却没有厚重与奔放的特色。除袁枚外,这一时期较有成就的诗人还有赵翼、蒋仕铨、黄景仁等。

第二节 古典散文

我国古代的散文是仅次于诗歌的一种主要文学体裁,是我国古典文学宝库中的又一珍宝。古典散文与现代意义上的散文有着很大区别。现代所谓的散文则是指与诗歌、小说、戏剧并称的一种文学体裁。我国古代的散文则有广狭二意:狭义的散文是指不重声韵,不讲对偶,写作自由,单句散行的文章;广义散文既包括上述单句散行的文章,也包括基本上是对偶的骈文。本章所说的古典散文,指广义散文。我国古代的散文产生于文字发明之后,商代的甲骨卜辞与稍后的铜器铭文是记叙散文的雏形,而《尚书》的出现标志着我国古代散文的形成。春秋战国时期,学术文化空前繁荣,出现了百家争鸣的局面,表现在文学上就是散文的勃兴。秦汉以后的散文在形式上发展为古文和骈文两大类。魏晋六朝是骈文形成并逐渐占据文坛主导地位的时期,而自中唐古文运动以后,古文又渐渐地确立了它的统治地位,并于唐宋达到最高峰。

一 先秦散文

春秋战国是我国古典散文勃兴的时期。该时期的散文可以分为两大类:一是以记述历史人物思想、活动、历史事件为主的历史散文,代表作有《春秋》、《左传》和《战国策》;一是以议论、说理为主的论说散文,又称诸子散文,代表作有《论语》、《墨子》、《庄子》、《荀子》和《韩非子》。

(一)历史散文

在夏、商奴隶制社会时代,古人就已经在龟甲兽骨上刻字记事。这些文字今天被称为甲骨卜辞。甲骨卜辞记载了关于古人祭祀、畋猎、农业及战争等内容。虽然所记载的事件,文字简单、篇幅简短,但它们却是记叙散文的雏形。随着先秦时期社会经济文化的发展繁荣,古代文人开始运用散体文的形式来记叙历史,评断历史事件,并用恰当的文字暗寓褒贬,逐渐形成了历史散文。

1. 《左传》

《左传》原称《春秋左氏传》。它是在《春秋》的基础上,进一步补叙历史事件原委的著作。它的作者过去都认为是左丘明,但多有异议。现代一般都倾向于《左传》是战国初年作品。

《左传》是一部断代体编年史,记载了从鲁隐公元年(前722)到鲁哀公二十七年(前468)共二百五十四年的历史,具有很高的史学价值。同时,《左传》还是一部具有很高文学价值的历史散文著作。它的文学成就很高。在叙事上,《左传》的叙事方法多种多样，有顺序、倒叙、补叙、插叙、明叙、暗叙等。在描写战争上，《左传》常围绕某一主题选材，组织材料，使矛盾错综复杂，情节跌宕起伏，且往往穿插细节材料，描写生动，如"晋楚邲之战"中对晋兵逃溃时的情景描写就十分生动传神。此外，《左传》还善于通过人物的语言、行动描写人物，在矛盾中揭示人物心理活动，表现出人物鲜明的性格特征。

《左传》的产生，标志着中国历史散文继《尚书》、《春秋》之后有了较大发展。它的叙事方法，对人物的刻画手法，以及简练丰润、含蓄畅达的语言表达，对后世的史传文学和小说的创作都产生了深远的影响。

2.《战国策》

《战国策》是一部记录了战国时代游说之士策谋的著作，曾有《国策》、《国书》、《事语》、《长书》等名称，后经汉代刘向汇编整理为三十三篇，最终定名为《战国策》，而作者已无从考证。《战国策》由于缺乏系统性和完整性，所以史学价值不够高，但它却具有较高的文学价值。

《战国策》善于以人物性格及事件发展为中心，在情节发展中写出完整的人物事迹或人物形象。同时，它还擅长于对人物性格进行刻画。其叙事情节生动，富于文采，又善于渲染场面气氛。在行文中，《战国策》常常引用许多寓言故事，用于比喻说理，语言生动幽默，人物形象活泼鲜明。《战国策》取得的文学成就甚至超过了《左传》、《国语》。它是先秦时期历史散文发展的最高峰。不仅如此，《战国策》还直接孕育了汉代的史传文学，对汉代的政论散文以及唐宋古文的雄辩恣肆、议论通达都有着深远的影响。

（二）诸子散文

诸子散文是指春秋战国时代诸子百家阐述自己对自然和社会的

不同观点和主张的哲理性著作。它的发展可以分为三个阶段：第一阶段，春秋后期，有《论语》、《墨子》；第二阶段，战国中期，以《孟子》、《庄子》为代表；第三阶段，战国后期，以《荀子》、《韩非子》为代表。诸子散文思想活跃，对现实的认识极具深度和广度。在文风创作上，诸子散文不但讲究文采和修辞，而且还有其独特的个性风格。在文体上，诸子散文已经确立了论说文的体制。

1. 《孟子》

孟子（约前372-前289）名轲，字子舆。孟子是继孔子之后儒学师，世人常以"孔孟"连称。《孟子》是一部以对话语录体记载孟轲与其弟子言行的著作。

《孟子》中的文章好雄辩，逻辑性很强，气势充沛，感情强烈，充满论战性，具有较大的说服力。《孟子》还善于运用形象的比喻，表达充满爱憎的感情。此外，《孟子》的叙事文字精炼深刻，对人物刻画形象生动，情节完整曲折，是后世短篇小说的雏形。唐宋八大古文家，如韩愈、柳宗元、苏轼等，不但在思想方面受到《孟子》的影响，而且在文章艺术方面对《孟子》有着一定程度的借鉴。

2. 《庄子》

庄子（约前369-前286）名周，宋国蒙（今河南商丘）人，道家学派的重要代表人物之一。《庄子》是庄子和他的门人及后学者的哲理性著作，今存三十三篇。其中，《逍遥游》是其代表作。

《庄子》善于通过生动形象的比喻和有较强情节性的寓言故事来说明抽象的哲理，把文学和哲学熔为一炉。不仅如此，《庄子》的散文想象丰富，构思奇特，行文夸张大胆，意境十分雄阔，风格非常独特，具有浓厚的浪漫主义色彩，是诸子散文中艺术成就最高的著作，在中国文学史上有突出地位。此外，《庄子》无论在思想上,还是在文学创作上,都给后人带来了极大的影响。在思想上,庄子超脱事外,不同流合污的高尚节操,对后世司马迁、李白、苏轼等都产生了影响。在文学上,庄子富于幻想夸张而又带有诗意般的浪漫主义风格,以及善用比喻,构思奇特,充满哲理与智慧的语言,为后世许多作家提供了艺术的借鉴。

二 两汉散文

两汉时期,由于国家统一,经济发展,社会呈现出安定繁荣的局面。在此背景下,两汉时期的散文创作比前代更加丰富。该时期不但产生了贾谊、晁错、司马迁、班固等杰出的散文作家,创作了大量的反映现实、抒发理想的优秀作品,而且还出现了政论散文与史传散文两种形式。两汉时期是中国古代散文发展的又一个黄金时代。

(一)政论散文

两汉政论散文的发展与其所处的特殊历史时期密切相关。西汉初年,统治阶级在思想上受到强大秦朝迅速覆灭的强烈冲击。这一时期指陈时弊,总结秦亡教训成为西汉统治者特别关心和热衷讨论的问题。在此契机下,先秦诸子谈论哲理、宣传政治主张的散文,发展为以奏、议、策、疏等创作形式为主的政论散文,成为两汉散文创作的主体。

汉代政论散文创作中,最具代表性的人物是贾谊。贾谊主要生活于汉文帝时期,是西汉前期著名的政治家和文学家。他的文章洋溢着对国家前途的忧患意识,表现出作为政治家的气魄和历史家的睿智,同时又充满热情,富于文采。贾谊的政论散文以《过秦论》和《论治安策》最为著名。在《过秦论》中,贾谊使用铺张描写和对照手法,先着力大肆铺陈秦国的强大和显赫,然后笔锋陡转,写陈涉起义军虽力量薄弱,却很快推翻了秦朝,从鲜明的对比中得出了秦朝不施仁义而灭亡的结论。在文章中,贾谊使用了较多的排比、比喻的手法,增添了文辞的富丽。全篇气势雄浑,感情充沛。在《论治安策》中,作者以敏锐的观察力,看到了安定表面下潜伏的社会危机,提出了加强中央集权、减轻民间负担、重视仁义教化等一系列政治主张,该书是贾谊最重要的长篇政论散文,被称作"万言书之祖"。

(二)史传散文

西汉王朝历经了汉初几代统治者的精心图治,到武帝时期形成了一个拥有广阔疆域与强大中央集权、经济繁荣、文化发展的封建大帝国。在大一统的局面下,时代呼唤着人们对历史经验进行总结。司马迁根据时代的需要,广泛吸收了前人历史散文、诸子散文以及诗歌创作的丰富经验,于汉武帝时期创作了我国历史上第一部纪传体通史《史记》,开创了我国的史传文学。

司马迁(约前145-前87?)字子长,夏阳(今陕西韩城)人,西汉著名史学家、文学家。《史记》原名《太史公书》,东汉末改称《史记》,并沿用至今。《史记》是古代第一部由个人独立完成的具有完整体系的著作。它记叙了从黄帝到汉武帝太初年间大约三千年的历史。《史记》不但是一部重要的史学名著,同时还是一部文学名著。在这部作品中,司马迁根据确实可信的史料加以选择、加工,运用互见的写作方法和丰富而精炼的语言,塑造了众多生动鲜明的历史人物,比如"仁而下士"的信陵君,"外宽内深"的公孙宏。同时,《史记》还反映了复杂的社会生活面貌,使史学和文学达到了高度的统一。此外,《史记》还善于通过个性化的语言来表现人物性格,擅长使用通俗、简洁,富于感情的语言来渲染场景,表现人物的情态、心理。总体而言,《史记》在塑造人物形象、运用语言和布局谋篇方面取得了很高的成就,对后世的散文、小说以及戏曲的创作产生了深远的影响。

东汉时期,在史传文学上取得较大成就的是班固的《汉书》。《汉书》记载了汉高帝元年(前206)到王莽地皇四年(23)共二百三十年的历史。它是我国第一部纪传体断代史。虽然《汉书》作为史传文学的成就远比不上《史记》,但它的文风严谨、材料详赡、组织严密,对一些人物的描写极其细腻,具有较高的艺术性。

三 魏晋南北朝散文

魏晋南北朝散文直接继承了汉代散文的传统,且较汉代散文又有很大发展。这一时期的散文不但突破了政论、史传、书信等形式,而且还兴起了山水地理游记散文,如郦道元的《水经注》,散文开始从哲学和史学中独立出来。但这一时期的散文逐渐走向骈化,骈体文成为官方文章正体,散体文章受到压抑,变得无足轻重。由于骈文片面追求形式,文风显得轻浮奢华,虽不乏妙文奇句,但并未取得较大成就。

魏晋南北朝时期,文学创作逐渐从不自觉发展到自觉阶段。文学脱离了种种束缚和局限,逐渐成为独立的门类。此时,在语言上要求对仗、声律、用典和藻饰的新文风出现,散文在原有的形式中派生出新的文体:骈俪文①。骈俪文又叫骈体文、骈文、四六文,或简称骈俪、骈偶、四六。在这一时期,散文形式的骈俪化逐渐成

---

① 骈俪:骈本指两马并驾,俪指夫妻成双。骈俪作为一种文学体裁,主要指文学作品的语言平行、对称。

为时尚,渗透到各类文章中,对魏晋时代的散文产生了极大的影响。

骈体文兴起于东汉,大盛于南北朝时期。具体而言,三国时期,散文内容充实,思想深刻,艺术形式自由多样。该时期的散文基本上不用骈偶,但却追求辞藻,讲究字句,代表作品有曹操《让县自明本志令》、《求逸才令》和诸葛亮《出师表》。魏晋之际,虽然文章主要倾向是骈散相间,但是骈句的使用范围已经开始向书、表、檄等应用文中迅速扩展,文学创作讲究语言工整流丽,追求辞彩。两晋时期,文人创作的文章讲究对仗、声韵,辞彩华美,用典丰富,有的整篇用骈偶,骈文的句式拓展到序、疏、颂乃至吊文中。南北朝时期,从晋、宋之际到梁、陈时代,是骈体文飞速发展和发达的时期,士族文人在艺术中追求形式美,讲究对偶、平仄、多用典故和华丽辞藻的骈文渗透到记叙、抒情、议论,甚至应用文体中,造成了散文的形式主义倾向,使得该时期的散文内容多空洞贫乏,流于形式。虽然骈体文中也不乏一些声情并茂的代表作,如鲍照《登大雷岸与妹书》、吴均《与宋元思书》、丘迟《与陈伯之书》等,但骈体文对中国散文的发展却造成了不良的影响。

四 唐宋古文运动

中国散文在先秦、两汉时期已经取得了辉煌的成就,但是自魏晋以来,骈文兴起,散文创作开始一味追求骈俪,导致了梁、陈时代以及晚唐、宋初时期散文风的骈俪化。空洞无物、华而不实、讲求对偶的骈俪化散文成为散文继续发展的桎梏。因此,反对浮华的骈文,恢复质朴的散文,成为散文继续发展的必然要求。针对这一文学弊端,唐宋时期一批具有远见的文学健将掀起了声势浩大的反对骈文的文学革新运动。由于古人将先秦、两汉以质朴自然、散行单句为特点的散文称之为古文，故将魏晋以来盛行的以浮华夸张、对仗骈偶为特点的骈文称为"时文"。因此，后人将这一革新文风、文体的运动称之为"古文运动"。

（一）韩愈、柳宗元与唐代古文运动

唐代的古文运动以儒学复古为号召，用质朴刚健的散文取代绮丽柔靡的骈文，以达到张扬道统的目的。唐代的古文运动并非一蹴而就，它经历了一个较长时期的酝酿准备过程。从西晋到初唐是古文运动的萌芽期，盛唐是古文运动的准备期，中唐德宗贞元（785－805）至宪宗元和（806－820）二三十年是古文运动的高潮期。唐代的古文运动是中国文学史上散文发展的一个转折点。古文运动的胜利不仅扭转了三百多年的骈俪文风，还使平实质朴的散文取代了骈文的地位。其中，韩愈、柳宗元是古文运动的代表人物。他们不但大力提倡先秦、两汉散文，批判六朝骈文，而且还提出了以"文以载道"为核心的、明确而完整的古文理论。由韩愈、柳宗元倡导的古文运动，打破骈文占据文坛的局面，创造新的散文体制，开创了内容充沛的现实主义文风。

1. 韩愈

韩愈（768－824）字退之，河南河阳（今河南省孟县）人。昌黎为其郡望，故世称韩昌黎。韩愈是唐代古文运动的重要代表人物之一。他为唐代古文运动指出了明确的方向，并提出了具体要求。在文学理论上，韩愈提出了"修辞以明道"的文学主张，认为文学离开伦理便没有价值，离开了教化便没有功用。他提出"不平则鸣"，指明文学是从时代和社会生活的矛盾斗争中产生出来的，作家的责任就在于反映这种矛盾和斗争。韩愈主张作文要"言必由己"、"务去陈言"，反对剽窃，强调语言的创造性。

韩愈不但在古文理论上取得了较大成就，同时在创作实践上也获得了巨大成功，为后人留下了三百多篇散文。这些散文被分为杂著、书信、序文与碑志四大类。韩愈散文中数量较多、影响较大的是议论文。今人又将这些议论文分为哲学论文、政治论文和文学论文。其中比较著名的有《原道》、《原性》、《原毁》、《原人》、《原鬼》"五原"及《师说》、《进学解》等。这些议论文逻辑严密，条理清楚，语言锋利，而且饱含感情。此外，韩愈的抒情散文写得也非常好，其《祭十二郎文》更堪称为"千古绝调"。韩愈的散文对扫荡六朝以来的柔靡文风起了重要作用。苏轼赞其功绩为"文起八代之衰"。但是，韩愈在散文创作中过分追求奇异怪癖，语言生僻，加之韩愈晚年的政治思想趋向落后，对后期古文运动的发展产生了消极影响。

2. 柳宗元

柳宗元（773-819）字子厚，河东（今山西永济县）人，又称柳河东。他21岁中进士，在政治上主张革新朝政，并投入到"永贞革新"的实践中去。改革遭到失败后，柳宗元受到贬黜，从此开始了坎坷的仕宦生涯。仕途的不畅并没有影响柳宗元才华的发挥，他与韩愈一起共同倡导古文运动，并成为唐代古文运动的重要代表人物之一。柳宗元在文学理论上强调"文以明道"，主张用文学作品来阐明思想和主张，要求文学为政治服务。"文以明道"是柳宗元倡导古文运动的口号，也是他毕生从事写作实践的指导思想。柳宗元一生共创作散文四百多篇。他的作品与韩愈的作品一起成为唐代古文运动中的一面光辉旗帜。

柳宗元的散文从内容、形式上可以分为论说、传记、寓言和游记四类。论说文中著名的有《天说》、《封建论》、《捕蛇者说》等。这些文章阐述了唯物主义思想，批判了封建专制政治的黑暗。其传记散文的代表作有《段太尉逸事状》、《宋清传》、《童区寄传》等。寓言是柳宗元继承和发展先秦诸子文学传统而写作的一些具有讽刺意味的文学作品，如《三戒》、《黔之驴》等。游记是柳宗元散文创作成就最高、影响最大的一类，其《永州八记》是最为著名的一组，也是唐代古文运动中的典范之作。在这组游记散文中，柳宗元一方面运用简洁生动的语言再现自然的美丽景色，另一方面又在描写自然风光与鸟兽虫鱼的同时，将自己坎坷的政治遭遇和忧郁的个人心情融入进去，形成了自然景色与个人情感天衣无缝的结合，使得文章情景交融，情浓景深，达到了很高的艺术成就。柳宗元的文学理论和创作实践对唐代文坛产生了重要影响，为唐代古文运动作出了巨大贡献。

（二）欧阳修、王安石与宋代古文运动

骈俪文体虽然受到唐代古文运动的打击，但是它并没有完全被取替。在与古文运动的长期斗争中，骈文本身也发生了一些变化。加之唐人在继承韩愈、柳宗元古文运动成果时产生曲解，使古文运动走向衰落，导致晚唐、五代时期骈偶之风再度兴盛。在宋代初期还形成了以"四六体"骈文做指导，专写华艳轻靡文字的"西昆派"。这种形式主义文风，在当时社会中颇为流行。为了打击这种华而不实的文风，宋代不少进步的知识分子再次高举文学革新的旗帜，掀起了中国文学史上的又一次古文运动。领导宋代古文运动取得巨大成就的主要是欧阳修与王安石。

1. 欧阳修

欧阳修（1007-1072）字永叔，庐陵（今江西吉安）人。欧阳修虽出生微寒，但勤奋好学。他不但创作了大量优秀的文学作品，而且还是继韩愈、柳宗元之后再一次举起古文运动大旗的健将。在古文理论上，欧阳修提出"文道并重、道先文后"的观点，认为既

要注重文章的思想性,又要注重文章的艺术性,思想性要先于艺术性。这一观点扫清了西昆体只重艺术形式,轻视思想内容的创作倾向。在文学内容和功用方面,欧阳修反对重道废文的道统观念,强调内容和形式的统一,认为好的文章是建立在文章内容的充实和文章形式的感人之上。在对文学创作和发展规律的认识方面,欧阳修关注社会人文际遇和作家感情的关系和作用,将韩愈的"不平则鸣"论发展为"穷而后工"论,从客观上证明文学和现实的密切关系。

在进行理论规范与建设的同时,欧阳修以"平易通顺"为标准,创作了大量优秀的散文学作品,如政论文《朋党论》、《与高司谏书》、游记散文《醉翁亭记》,以及《新五代史》中《伶官传记》、《宦者传记》等传论。在欧阳修的领导下,他的周围聚集了一大批当时最为优秀的作家,如唐宋八大家中的"三苏"、王安石、曾巩等,并由此出现了古文创作的全盛时期。

2. 王安石

王安石(1021-1086)字介甫,临川(今江西临川)人。王安石不仅是一位卓越的政治家,而且也是一位重要的文学家。在政治上,王安石积极推行新法。在文学上,王安石将文章有补于世的功能放在第一位,主张文以贯道,贵在实用,强调文章内容的重要性,反对空言无实。同时,王安石针对韩愈思想上的局限性和政治上的落后性给予了尖锐批评。在当时以韩愈为偶像的崇拜风气中,王安石无疑是古文作家中的超然不群者。

王安石创作的散文多为政论文。他的政论文在思想、立意和逻辑思维诸方面均代表着当时的最高水平。在这些政论文中,他以敏锐的目光、鲜明的政治态度,超然卓著的思想以及精辟的见解,形成了自己独特的艺术风格,如《读柳宗元传》、《读孟尝君传》等。

此外，王安石还创作了如《游褒禅山记》、《伤仲永》等名篇佳作。在这类散文中，王安石从他人容易忽略的角度进行深入发掘，于平凡之中揭示出超凡脱俗的哲理。

五　明清散文

明清时期的散文创作比之前代并无太大创新，也未取得突出的成就，但该时期产生了许多有着不同创作主张的文学流派。在这些派别的促进下，明清时期的散文领域出现了具有一定创作特色的作品，其中最能代表明代散文创作成就的是受性灵派影响的"小品文"，而清代的散文则深受到了桐城派的影响。

（一）明代小品文

明代散文虽然在明朝前期和中期出现过一些有较高社会意义和新鲜气息的作品，如刘基的《卖桔者言》，"后七子"宗臣的《报刘一丈书》，但是真正取得较高成就的则是明末出现的小品文。小品原是佛家的用语，指大部佛经的略本，明后期才用来指一般文章。明人所谓的"小品"并不专指某一特定的文体，尺牍、游记、传记、记、序跋等均可包括在内。明代的小品文体制短小，受到性灵派的影响，喜好轻灵，表现活泼新鲜的生活感受，偏重于思想的机智，讲究情绪、韵致，有不少作品还带有诙谐的特点。

虽然小品风格的散文在晚唐时期已经出现，但是作为散文领域中具有变革意义的现象，小品文的盛行却是晚明时期的社会产物。晚明的小品文大致以公安派作为开端。张岱是晚明的散文大家。他的风格以公安派的清新流畅为主调，同时又在描写刻画上夹杂竟陵派的冷峭，有诙谐之味。他的《陶庵梦忆》、《西湖梦寻》两部小品专集，写作手法细腻，以清丽的文笔追忆故乡的山水园林，洋溢着人生情趣。张岱的作品代表了晚明散文创作的最高成就。

（二）桐城派与清代散文

清朝统治建立之后，封建正统文化再次强化，晚明时期兴盛的脱离道统立场、富于个性自由抒发的小品文逐渐衰退。在清王朝统治的加固和思想控制的逐渐强化下，清朝中期为适应统治阶级需要而提倡唐宋古文的"桐城派"应运而起①。其代表人物是方苞、姚鼐、刘大櫆三人。桐城派是清代最著名的散文流派，影响很大。其文学理论以"程朱理学"为内核，以《左传》、《史记》等先秦、两汉散文及"唐宋八大家"古文为正统，以服务于当代社会为目的。他们主张文章以"义法"为主，认为文章的思想内容要通经明道，强调"义理、考据、词章"三者不可偏废，要语言"雅洁"，"明于体要"。在此理论的指导下，桐城派作家创作了一批好作品，如方苞《狱中杂记》、《左忠毅公逸事》、姚鼐《登泰山记》等。

虽然桐城派在清代影响很大，但是由于它只是统治力量和传统势力在文学领域的阴影，创作的作品大多流于空疏浮浅，本身没有活跃的生命力，因此当外国资本主义入侵，民族危机加重时，桐城派那套以孔孟、程朱为准绳的文学理论自然遭到了唾弃。

第三节　古典小说

中国古代小说的源头可以推至上古时代的神话传说和先秦、两汉的史传作品，但真正的小说创作则开始于魏晋。魏晋南北朝时期

---

① 桐城派：因该派代表人物方苞、刘大櫆、姚鼐等人都是桐城人，所以有"桐城派"之称。

是我国小说的萌芽时期。这一时期出现了"志怪"、"志人"小说，对后代的笔记小说产生了深远的影响。唐代出现了传奇小说。唐代传奇在情节结构、人物描写等方面已达到很高的成就。到了宋代，随着"说话"的兴盛与话本的产生，逐渐形成了成熟的白话话本小说，实现了中国小说史上的一大变迁，白话小说成为我国小说的主流。明清两代，出现了许多优秀的长篇章回小说。明清中国古典小说中四大名著的产生，标志着中国古典小说达到了高峰，从而确立了小说的历史地位。

一　远古神话传说

在原始时代，除了原始的歌谣之外，还存在着一些流传在远古人类口头上的关于天神、怪异的故事，如"女娲补天"、"精卫填海"等。这些就是"原始神话"或"古代神话"。此外，原始时代还有一些以一定历史事实和历史人物为基础，通过幻想进行加工、充实，具有历史和文学双重性质的口头传说故事，如"大禹治水"等。神话与传说虽然有区别，但是二者又常常融为一体，因此后世习惯于把传说也归入神话，或者将二者并称为神话传说。随着历史的不断发展，这些口头创作的作品，由于缺乏文字的记载，所以大多散佚了，现存的零星片断主要保留在《山海经》、《淮南子》、《列子》、《楚辞·天问》、《庄子》等古籍中。古籍里有我们耳熟能详的"后羿射日"、"大禹治水"、"夸父逐日"等神话故事。在这些神话中，有反映原始人类的生活与斗争的，有关于原始社会部落间战争的，也有原始人对天体和人类起源的探索。古代神话的产生对后世的文学影响巨大。神话中的英雄主义、乐观主义以及追求美好生活的坚强意志，哺育了历代的进步作家。神话中积极浪漫主义的创作方法，神奇奔放的幻想和夸张的描绘，开掘了中国文学艺术发展的长河。中国的古典小说就是从这些神话传说发展而来，并在发展的过程中不断吸收杂史、人物轶事和寓言散文等艺术经验，并逐渐走向成熟的。直到现代，古代神话对文学创作依然有积极的借鉴作用。

二　魏晋六朝小说

我国的小说虽起源于古代神话传说，但是由于神话传说的不发达，小说的形成和发展也较为迟缓。在很长的一段历史时期里，"小说"一词是指琐碎的无价值的言谈，并不是一种文学形式。直到东汉班固作《汉书·艺文志》，才开始把小说列为一种著作类型。因此，我国古代小说的发展相对诗歌与散文而言是迟缓的。直到魏晋时期，由于国家的分裂战乱，社会动荡，时人思想突破了儒家传统伦理的桎梏，加之玄学之风的兴起、道佛二教的渗透，使得这一时期出现了一些以神鬼灵异之谈和人物轶事为主要内容的著作。因此，魏晋时期成为中国小说的真正开端。该时期的小说可以分为志怪小说与志人小说两种类型。

（一）志怪小说

志怪小说起源于古代的神话传说，是出现于我国汉魏六朝时期以谈论鬼神怪异为主要内容的一种小说。它的产生与当时社会动荡不安、人民生活困苦、宗教迷信盛行有关。现存魏晋南北朝时期的志怪小说共有三十余种，有题为班固所作的《汉武帝故事》、《汉武帝内传》，东方朔的《神异经》、《十洲记》以及郭宪的《洞冥记》等。干宝的《搜神记》是魏晋南北朝时期志怪小说保存最多且具有代表性的一种。《搜神记》中的不少故事情节比较完整，人物形象鲜明生动，在虚幻的形态中反映了人们的现实关系和思想感情，如《李寄斩蛇》、《东海孝妇》、《董永》等。南朝宗室刘义庆的《幽明录》也是志怪小说中的优秀作品。在书中，刘义庆记述了晋、宋时代普通人的奇闻异迹，有着浓厚的时代特色和生活气氛。在其作品《刘晨阮肇》中，他用刘、阮二人遇仙不归的故事，寄托了战乱年代的人民对安定幸福生活的追求。此外，志怪小说还表现了不怕鬼神、敢斗妖怪的精神，如《列异传》中"宋定伯卖鬼"的故事即此。

魏晋时代的志怪小说不但记录和保存了我国古代的神话故事和历史传说，而且记述了神仙方术、鬼怪巫妖、殊方异物、佛教灵异等非现实的故事，同时也记载了一些野史轶闻和民间传说，充满着新奇鬼怪的浪漫主义色彩。志怪小说为唐代传奇提供了借鉴，对后代文学有深远的影响。

（二）志人小说

"志人"与"志怪"相对应，是专记人物言行的一种杂录体小说，亦称"轶事小说"、"清谈小说"。志人小说短小精悍，形式简单。从内容上可以将志人小说分为两类：一是专记富有讽刺意味的诙谐言行，如汉末邯郸淳的《笑林》、隋侯白的《启颜录》；一是专记社会名人的传闻轶事，如晋裴启的《语林》、宋刘义庆的《世说新语》。其中，《世说新语》是现存唯一保存完整、集魏晋时期志人小说之大成的作品。

《世说新语》原名《世说》，是我国最早的一部笔记小说集。该书按类别分排，共三十六篇，每篇又包含相类的若干故事。虽然该书带有编辑的性质，但也有依据传闻撰写的内容。《世说新语》主要记述了从东汉至东晋文人名士的言行，从时人的气度、仪态、谈吐以及性格差异中反映了士族阶层多方面的生活面貌和他们的思想情趣。书中存在着不少宣扬当时放荡生活与清谈风气的因素,并从一定程度上暴露了魏晋时期统治者的凶狠残忍与贵族豪门的骄奢淫逸。《汰奢篇》对石崇与王恺斗富的描写尤为典型。在《贤媛》篇中,作者描写了那个时代的上层妇女,表现了该时代妇女与后代妇女完全不同的精神面貌和个性情趣。此外,《世说新语》还创造了如"鹤立鸡群"、"口似悬河"、"一往情深"等新词汇,对丰富我国的语言宝库作出了贡献。《世说新语》是后世笔记小说和小品文的先驱,后世的笔记小说记人物言行,往往模仿其笔调。

三 唐代传奇与宋元话本

唐代是我国小说发展的第一个高峰期。这一时期,唐人在魏晋志怪、志人小说的基础上融合历史传记、辞赋、诗歌和民间说唱艺术而形成了新的小说文体——"传奇小说"。唐代传奇的形成不但标志着中国小说从此进入了成熟阶段,而且还对后世的小说、戏曲产生了重大的影响。

宋元时期的小说进一步发展,出现了一种新的体裁——"话本"。话本的内容是以描写当时城市的现实生活为题材,着眼于下层人民的实际生活,内容更趋向于现实。宋元话本主要有"小说"和"讲史"两种类别。在宋代,以"小说"的影响最大,而"讲史"则是中国长篇小说的开端。

(一)唐代传奇

唐朝是我国封建社会中最辉煌灿烂的时代。在该时期,我国的封建社会出现了长期安定的局面,加之经济繁荣与社会风气开放,唐人对文学和艺术创作充满了激情。唐代的知识分子开始有意识的从事小说创作。这种作家自觉的艺术创造使唐代传奇脱离了古代小说稚拙的状态,形成为一种独立的文学样式,并产生了小说的新文体——"传奇"。

唐代传奇经历了三个发展阶段:初唐、盛唐是传奇的产生期,代表作有《游仙窟》、《古镜记》、《补江总白猿传》三篇。其中《古镜记》可以视为传奇作品的先声。在这些作品中,其内容从神怪转向了人间,人物心理刻画细腻,人物性格鲜明。中唐是传奇的繁荣期,其作品在艺术上已经较为成熟,而且具有强烈的现实主义精神,如《李娃传》等。晚唐是传奇的衰落期,其作品逐渐远离社会现实,具有浓厚的封建正统观和宿命论,如皇甫枚《三水小牍》、牛僧儒《玄怪录》等。

与前代相比,唐传奇在艺术创作上塑造了许多性格鲜明的人物形象,形成了结构完整、情节曲折的艺术形式。在内容和题材上,唐代传奇显得相当丰富,有反映爱情婚姻题材的,著名的有《霍小玉传》、《李娃传》、《柳毅传》、《莺莺传》等,有否定功名利禄,反映官场黑暗的,如《枕中记》和《南柯太守传》,还有揭露统治者荒淫昏庸的,如《长恨歌传》与《高力士外传》等,以及表现豪侠精神的《虬髯客传》与《无双传》等。

唐传奇在中国文学史上有着很大的影响。它不但继承了古代神话传说和史传文学的创作传统,以及六朝志怪小说的创作经验,而且还突破了史传文学纪实的影响和束缚,摆脱了志怪小说的创作牢笼。比之魏晋志怪小说,唐代传奇使小说从笔记体发展到故事体,记叙的内容从鬼怪奇事发展到了人世间的奇事,贴切于唐代的社会生活,富有强烈的现实主义精神。唐传奇是中国现实主义小说创作的先声。

(二)宋元话本

宋元时期是中国小说史上的重要时代。这一时期,我国的城市规模以及商品经济都有较大发展,在孟元老《东京梦华录》、周密

《武林旧事》以及张择端《清明上河图》中,都可以看到北宋汴京(开封)和南宋临安的繁荣面貌。城市的繁荣、商品经济的发展,为市民的享乐生活提供了有利环境,使得宋元时期的市民阶层在精神上注重娱乐。在市场的刺激下,北宋民间产生了专门以"说话"为生的群体。说书人创作出了大量迎合市民需求趣味的通俗作品。这些市井文学作品成为了白话小说的先声。而与说话艺术有直接关系的白话小说"话本"也逐渐兴盛繁荣起来。

宋元话本中最受民众欢迎的有"小说"与"讲史"两类,是为现存的话本类别。"小说"题材包括了公案、传奇、灵怪等,现存四五十篇。小说话本大部分描写城市各阶层,其中写得最好的是婚姻爱情和讼狱公案两类。宋元话本中的爱情悲剧不同于唐代传奇中以士大夫伦理观为主轴的、在社会压力下男方的背信弃义,而是较多的从市井小民的角度表现了在社会统治力量直接干预下的男女爱情悲剧,代表作是《碾玉观音》。宋元讼狱公案小说代表作有《错斩崔宁》、《简帖和尚》等。它们比较突出地反映了宋元吏治的腐败和社会的黑暗。"讲史"是演义历史的小说,是中国长篇小说的开端,篇幅较长,在文字描写上大都为浅近的文言与不成熟的白话夹杂合用,在内容与结构上都为后代的长篇小说打下了较好的基础。现存的讲史有《大宋宣和遗事》、《大唐三藏取经诗话》和《三国志平话》等。

四 明清小说

随着资本主义萌芽的出现,商品经济高度发展,促使了明代市民阶层对通俗艺术需求的增长。在此刺激下,明代的小说戏剧发展昌盛,中国的古典小说也在明代趋向成熟。明代既是章回小说的形成时期，也是章回小说创作的繁荣时期。明代在我国的小说史上具有重要地位。清代章回小说是明代章回小说的继续发展。清代中叶出现的《红楼梦》和《儒林外史》是中国章回小说成熟的标志。

（一）明代小说

明代小说向两个不同方向发展：一方面，文言传奇小说进一步衰落；另一方面，白话小说却一步步走向成熟和繁荣。明代小说的题材相当丰富，有历史演义、英雄传奇、神魔小说、人情小说等。明代小说的体裁有长篇小说、中篇小说和短篇小说。在短篇小说方面，以"三言二拍"为代表①，标志着中国短篇小说的成熟。明代长篇小说有《三国志演义》、《水浒传》、《西游记》、《金瓶梅》等。这些长篇小说的体裁全部是由宋元讲史话本发展而来的"章回体"，因此又将其称为"章回小说"。

1. 罗贯中与《三国演义》

罗贯中名本，字贯中，别号湖海散人，山西太原人②，生活于1330至1400年之间，经历了元末的社会动荡，曾参加过农民起义军。在罗贯中创作《三国演义》之前，三国时期的历史故事在民间流传已经很广泛。南北朝裴松之《三国志注》、唐代刘知己《史通》中都提到过三国故事。宋元时期，宋代"说话"、元杂剧中也都有三国故事的影踪。罗贯中在此基础上，依据《三国志》及裴松之注，结合自己的生活经验，在元末明初时期写成了这部著名的长篇历史演义小说。

《三国演义》原名《三国志通俗演义》。它是我国第一部长篇章回小说，也是古代历史演义小说中成就最高、影响最大的一部作

---

① 三言二拍：指《喻世明言》、《警世通言》、《醒世恒言》和初刻、二刻《拍案惊奇》。

② 一说是钱塘人、庐陵人或东原人。

品。现存最早的《三国演义》是刊刻于明嘉靖壬午（1522）的二十四卷本。《三国演义》创作完成后，在流通过程中还被后人不断的修改。清初毛纶、毛宗岗父子对《三国演义》的文字、目录和情节上都做了修改，使小说的结构更加完整紧凑，文字更为畅达。《三国演义》通过形形色色的人物和各种各样的矛盾，广泛地反映了三国时期的社会政治生活，着重揭示了当时封建统治阶级内部不同利益集团之间尖锐的对立和激烈的斗争。同时，《三国演义》也是一部以战争为主要题材的长篇历史小说。小说从东汉末年灵帝时期危机四伏的社会矛盾引发黄巾军大起义写起，终于西晋统一天下，共九十七年的历史。作者集中描写了三国时代各封建集团之间军事、政治以及外交的种种斗争。从这些描写中，可以看出作者对三国时期的历史和古代战争的规律有着深刻的理解和研究。《三国演义》是作者采取现实主义的创作方法，以正史记载和民间传说为基础，对人物在当时当地的言行进行扩展，并有意剔除了过于离奇的成分。同时，作者又在这些传说上加以想象发挥，使得人物性格更加完整充实。这样的创作方式，使《三国演义》成为现实主义与浪漫主义相结合的伟大文学作品。

  《三国演义》在人物形象塑造和战争的描写上取得了极高的艺术成就。《三国演义》总共写了四百多个人物，其中如"治国之能臣，乱世之奸雄"的曹操，"仁慈宽厚，动辄流泪"的刘备，料事如神的诸葛亮，"侠肝义胆、大义凛然"的关羽，以及"骁勇善战、粗鲁豪放"的张飞等等，都给读者留下了深刻的印象，产生了强有力的艺术感染力。此外，在战争描写上，《三国演义》共写了大小战役四十多次。这些战争被作者描绘得生动具体、惊心动魄。战争的形式多种多样，有以弱胜强的、有先胜后败的，也有转败为胜的，有火攻，有水淹，有强攻，也有智取，变化无穷，毫不雷同。

在这些战役的描写中,著名的有官渡之战、彝陵之战等。此外,在战争中,双方战略计划的部署,以及谋略的运用,如诸葛亮草船借箭,陆逊火烧连营,无不写得精彩纷呈。虽然《三国演义》取得了多方面的成就,但是它也有一定的不足,比如人物性格缺少发展变化,书中宣扬的因果报应、鬼神思想以及充斥作品的唯心主义英雄史观等,都影响了作品的整体效果。但是,《三国演义》在历史小说上取得了辉煌的成就,不但是我国章回小说的开篇之作,而且也是我国最有成就的长篇历史小说。直到今天,《三国演义》仍然以其自身独特的魅力受到人民的喜爱。

2. 兰陵笑笑生与《金瓶梅词话》

《金瓶梅词话》的作者"兰陵笑笑生"真名已不可考,因作品中多为山东方言,故推测作者应该是山东人。由于小说中存在大量的淫秽描写,因此长期以来对这部小说的争议颇大。在中国小说史上,《金瓶梅词话》却有多方面的开创意义,在艺术上也有它独特的创造。因此,对它的优缺点应区别对待。《金瓶梅词话》的书名取自小说中的三个主要女性(潘金莲、李瓶儿、春梅)。它的题材由《水浒传》"武松杀嫂"演化而来。本小说以潘金莲未被杀死,嫁给西门庆而转入主体,描写了西门庆家庭内的一系列事件。虽然《金瓶梅词话》是以北宋末年作为故事背景,但是它却展示了晚明时期的时代特征。《金瓶梅词话》以西门庆这个暴发户式的富商家庭的日常生活为中心,以这个家庭的广泛社会联系来反映社会的各个方面。它揭示了商人依赖金钱的巨大力量和与官府勾结,权钱交易,反映了当时政治的腐败与社会的黑暗。同时,作品还大量描写了金钱对人性的扭曲,以及人性的普遍弱点和丑恶。

《金瓶梅词话》是我国第一部由文人独立创作的小说,在中国小说史上具有多方面的开创意义。它标志了中国古典小说发展的一个新阶段。在取材上,《金瓶梅词话》突破了以往的英雄好汉、神话人物,而是以平凡的商人生活为题材,表现了对人的真实平常生活状态的关注和考察,从而成为我国古代第一部真正意义上的社会小说。在人物形象的塑造上,《金瓶梅词话》在大量的生活琐事描写中,充分展示出人物的性格。它将人物性格的变化与人物的生存环境、生活经历相联系。它所塑造的潘金莲,性格上的残忍与邪恶并非与生俱来,而是与她被转卖、被侮辱以及被压迫紧密相关。此外,在小说的描写中,作者非常善于摹写人物的口吻、语气,以及人物的神态、动作,从中表现出人物的心理与个性。《金瓶梅词话》的重要性还在于它把注重传奇的中国古典小说引入到注重写实的新境界。《金瓶梅词话》对清代小说《儒林外史》和《红楼梦》都产生了影响。曹雪芹创作的《红楼梦》就是以一个家庭去反映封建的社会生活,在细节描写和人物细腻性格的刻画上都受到了《金瓶梅词话》的影响。

(二)清代小说

清初至乾隆时期是中国社会经济的恢复发展直到繁荣的时期,也是古典小说的极盛时代。在这一时期内,无论是小说的数量和质量,还是小说的内容、形式及风格流派上,都是前代不可比拟的。该时期的重要作品有《聊斋志异》、《水浒后传》、《隋唐演义》、《说岳全传》、《儒林外史》、《红楼梦》等。清代长篇小说中,《儒林外史》与《红楼梦》是杰出的代表。

1. 吴敬梓与《儒林外史》

吴敬梓(1701-1754)字敏轩,号粒民,晚年号文木老人,安徽全椒县人。吴敬梓出生于名门望族的官僚地主家庭,青少年时期生活优越。其父死后,由于吴敬梓的郊游无度与不善治业,中年时期便家业荡尽。加之功名无成,使吴敬梓成为封建家族欺凌歧视的对象。他因此迁居南京，贫困度日。生活的剧变以及在南京的广泛郊游，丰富了吴敬梓的社会阅历，自身渊博的学识与科考的屡试不中又使他对八股取士的科举制度产生了憎恶。《儒林外史》就是吴敬梓在饱尝生活辛酸与社会冷暖后的愤世嫉俗的力作。

《儒林外史》共五十五回，反映了封建社会以八股取士的科举制度下，形形色色的知识分子的生活与思想。在小说中，作者描绘了众多醉心于科举的"儒林群丑"，如深受科举荼毒撞号板的周进、中举后癫狂丑态的范进等。围绕他们的中举，吴敬梓又展示了时人对其前后判若两人的不同态度，将封建知识分子的丑恶形象，以及科场、官场的黑暗，社会风气的败坏和道德人心的堕落揭露无疑，从而辛辣地展示了封建社会的部分本质。

《儒林外史》是我国讽刺文学的代表作，对后世文学产生了深刻的影响。在书中，作者善于通过对人物言行自我矛盾的描写，揭露人物的丑恶灵魂。其讽刺手法十分高明，极富变化，往往寓以褒贬，意在言外，不用一句贬语而能使虚伪之情毕现。其语言以刚劲、犀利、辛辣见长。《儒林外史》还体现了积极的现实主义精神。作者对所讽刺的对象无论是正面人物还是反面人物，都采取十分冷静严肃的态度。虽然由于时代的限制，作者片面地把封建社会的一切弊病都归咎于科举制度，但《儒林外史》却是揭露和批判封建科举制度弊端最为深刻而真实的作品。

2. 曹雪芹与《红楼梦》

曹雪芹（1715？－1764？）字梦阮，号雪芹、芹圃、芹溪，我国伟大的现实主义作家。曹雪芹的远祖是汉人，明永乐年间迁至辽东，后入旗籍。曹雪芹的先祖得到清王朝的宠信，从祖父曹玺起，三代世袭江宁织造。康熙六次南巡，五次都由曹家接驾，可见其家世的显赫与富甲天下。曹雪芹就出生于这样一个富贵显赫的家庭。

后来康熙去世，经由雍正、乾隆朝历次打击，曹家终于一败涂地。曹雪芹在经历了整个家族由荣华到贫困、体验了由盛到衰的世态炎凉后，写作了不朽名著《红楼梦》。《红楼梦》是一部没有完成的作品，现通行的一百二十回本，前八十回为曹雪芹所作，后四十回由高鹗续写。脂砚斋为其做了评语，简称脂评，除《红楼梦》外，这部著作还有《风月宝鉴》、《石头记》、《金陵十二钗》、《情僧录》等多个名字。

《红楼梦》创作于康乾盛世时期，是作者生活和经历的艺术再现。作者以贾宝玉、林黛玉、薛宝钗三人的恋爱婚姻悲剧为主要线索，由林黛玉进京、秦可卿之死、元春省亲、宝玉挨打、探春理家、抄检大观园、黛玉之死、宝钗结婚等几个重大事件构成情节发展的枢纽，细致地描绘了封建贵族家庭荣国府、宁国府由盛而衰的全部过程。《红楼梦》展示了以四大家族为代表的封建社会尖锐而深刻的矛盾冲突，表现了作者对封建制度和封建礼教的抗议和抨击。

《红楼梦》具有高度的艺术性，取得了突出的艺术成就。首先，《红楼梦》一书塑造了四百多个人物形象，无不面目清晰，性格鲜明。如教子成名的李纨，清高自洁的妙玉，德容兼美的秦可卿，以及风流灵巧的晴雯、纯真可爱的香菱等。其次，作者的笔触涉及到了封建社会的各个阶层、各个角落，其刻画无不细致入微、细腻逼真，使读者对封建社会有了形象的感受。再次，《红楼梦》的词汇丰富，语言洗练。作者善于为各类的人物设计各式各样的语言，通过每个人物独特的语言来表现他的思想活动和个性特征。第四，《红楼梦》的结构巧妙，情节生动。其细节描写深刻细腻，生动自然，含义丰富，不露一丝人工斧凿的痕迹。如第四十回"史太君两宴大观园，金鸳鸯三宣牙牌令"中，对于刘姥姥的逗乐，由于众人

身份地位的不同,曹雪芹对其笑态的描写也显得各不相同:

> 史湘云撑不住,一口饭都喷了出来。林黛玉笑岔了气,扶着桌子哎哟。宝玉早滚到贾母怀里。贾母笑得搂着宝玉叫心肝儿。王夫人笑得用手指着凤姐儿,只说不出话来。薛姨妈也撑不住,口里的茶喷了探春一裙子。探春手里的饭碗都合在迎春身上。惜春离了座位,拉着奶妈叫揉揉肠子。地下的无一个不弯腰曲背,也有躲出去蹲着笑的,也有忍着笑上来替他姐妹换衣裳的。独有凤姐、鸳鸯二人撑着,还只管让刘姥姥表演。①

史湘云的笑爽快,毫无拘束,林黛玉娇媚柔弱中透出节制。宝玉的撒娇,显示了他在贾府中的特殊地位,而贾母却是一副老祖宗的意态声口。由同一事件诱发的笑,却写得各具面貌,同中有异,显示不同人物的不同身份和不同性格。此外,作者还善于通过对人物进行的心理描写来刻画人物性格,比如宝钗无意间听到两个丫鬟的私房话后,为了避嫌,她便故意说道"颦儿,看你往哪里跑",不经意的一句话却表现了宝钗的老练世故。

《红楼梦》如同一支深沉哀婉的悲剧交响曲。全书由大大小小的各类悲剧,组成各种错落有致的音符。这些悲剧触及社会人生的各个层面,使整部小说弥漫着一种感伤的情调。《红楼梦》又是一部杰出的现实主义杰作,它卓越的艺术表现方法,给后代作家提供了丰富的艺术经验。

阅读书目:

1. 孙静、周先慎编:《简明中国文学史》,北京大学出版社,2001年
2. 张梦新主编:《中国散文发展史》,杭州大学出版社,1996年

---

① 曹雪芹、高鹗:《红楼梦》,岳麓书社,1993年,第300页。

3. 鲁迅:《中国小说史略》,东方出版社,1996 年

思考题:

1. 《诗经》的"六义"有那些?其含义是什么?
2. 陶渊明与谢灵运的诗歌创作对后世产生了那些影响?
3. "李杜"是指哪两位诗人?他们在古代诗歌创作中占有什么样的地位?
4. 《左传》与《战国策》的文学价值有那些?
5. 简述唐宋古文运动的代表人物及其文学主张。
6. 两汉散文的类别是什么?其代表人物和作品有哪些?
7. 什么是志怪小说,与志人小说有那些区别?
8. 简述唐代传奇的发展过程。
9. 《金瓶梅词话》在中国小说史上有什么地位?
10. 《儒林外史》有那些语言特点?

第六章　中外文化交流

中国古代文化光辉灿烂，是世界文化中的奇葩，对世界文化的成熟与进步，有着十分重要的推动作用。同时，大量外来文化进入华夏大地，也极大地丰富了中国古代文化。在古代中外文化的交流与融合中，中国文化起着十分显著的主导作用。

第一节　中国文化与世界

作为世界四大文明古国之一，中国是古代社会的文明中心。它所创造的灿烂文化，对人类文明的进步和发展产生了意义深远的影响。

一　古代中国科技文化的成就与传播

不少人认为，中国古代文化的辉煌主要反映在思想精神领域，而在科学技术方面则显得苍白无力。其实不然，中华民族的先辈们，不仅在神州大地上创造出了璀璨的精神文化，而且还培育出了超越于那个时代、领先于世界的科学技术文化，为人类物质文化的建设与发展作出了杰出贡献。

（一）天文学

在古代社会，中国是世界上观测天文现象最精确的国家，也是保存天象记录最丰富的国家。现在世界上公认的关于太阳黑子的最早记录是在公元前28年5月10日。据《汉书·五行志》记载："河平元年，……三月己未，日出黄，有黑气，大如钱，居日中央。"① 欧洲记录太阳黑子最早的一次是公元807年，比世界公认的中国记录晚800多年。据统计，从西汉直至明代的1600余年间，中国古代典籍中关于太阳黑子的记载多达百余次，而且完全凭肉眼观测所得。

据《竹书纪年》记载，周昭王十九年（前1034），"有星孛于紫微"。这是对彗星的最早记录。《左氏春秋》记载，鲁文公十四年（前613）七月，"有星孛于北斗"。这颗"孛于北斗"之星就是哈雷彗星。这是世界公认的关于哈雷彗星的最早记录。欧洲最早记录彗星是在公元前11年，最早记录哈雷彗星是在公元66年，分别比中国晚了1000多年和670多年。哈雷彗星绕太阳运行的平均周期为76年，而从春秋至清代的2000余年间，中国古书中关于哈雷彗星的记录共有31次，几乎没有漏载过。

世界有关陨石的最早记载也是出于古代中国人之手。《竹书纪年》载："夏帝癸十五年（前1599），夜中陨石如雨。"宋代著名科学家沈括在《梦溪笔谈》中说，陨星落地后坠入地底很深处，"下视之，星在其中，荧荧然，良久渐暗，尚热不可近"。不但如此，

---

① 黑气：即太阳黑子，古人以其状貌似气，故以黑气名之。

他还认识到陨星的主要成份是铁。直到1803年以后，欧洲人才认识到陨石是流星体坠到地面的残余物。

中国人还最早记载了日蚀（或日食）。《尚书·胤征》记载公元前2137年，掌管天文的羲和荒酒失职，没有预测出当年发生的日食，受到夏王的征伐。这是世界上最早的日食记录。已发现的殷商甲骨文中有5次日食记录。《春秋》一书中有37次，其中最早的一次是公元前720年2月22日的日全食，比希腊塞利斯记录的日食早135年。伏尔泰曾高度评价中国人说："全世界各民族中，唯有他们的史籍持续不断地记录下日蚀和月球的交会。我们的天文科学家在验证他们的计算后，惊奇的发现，几乎所有的记录都真实可信。"此外，战国时魏人石申绘制了人类历史上的第一张星象图，西汉初年的《淮南子》一书还探讨了日蚀形成的原因，唐代僧一行完成了人类历史上第一次对子午线长度的测定等等[①]。

正是由于天文学上的巨大成就，才使中国在古代就有了先进的历法，并在战国时期人们就发明了最早的指南针——司南，由此将天文知识成功地运用于航海。

与其它文化成就一样，中国天文学成就外传的基本渠道是：向东传播到朝鲜和日本，向南传播到越南和印度等国，并通过陆上丝绸之路和海上丝绸之路传播到波斯、阿拉伯，然后扩散到欧洲。

（二）数学

古代中国在数学方面对世界文化的贡献，首推十进位值制。史载："黄帝为法，数有十等。"[②]《尚书》中每见"亿兆"、"兆民"（十万为亿，十亿为兆）之文，商代甲骨文中用一、二、三、四、

---

① 按：子午线的实际长度为111.2公里，僧一行测量结果为129.22公里。
② 按：《数述记遗》，传为东汉时期徐岳所作。

五、六、七、八、九、十、百、千、万等 13 个数字记数,足见中国远在四五千年以前就已使用了十进位值制。这种记数法与现行的阿拉伯数字,除符号不同外,别无二致。而欧洲使用笨拙的罗马累计法,一直延续到 12 世纪。古巴比伦人和中美洲的玛雅人虽然采用位值制,但巴比伦是六十进位,玛雅人是二十进位。印度到公元 6 世纪末才开始使用十进位值制,而且很可能是受到中国的影响。所以李约瑟指出:"西方后来所习见的'印度数字'的背后,位值制早已在中国存在两千年了。""如果没有这种十进位制,就几乎不可能出现我们现在这个统一化的世界。"①

　　成书于公元前后的《周髀算经》和《九章算术》,是目前所知人类历史上最早的数学著作。这两部著作代表了当时世界上数学领域里的最高成就。《周髀算经》中有关于勾股定理的详细记载、图解及论证,我们称为商高律则,而欧洲人称为毕达哥拉斯定理。传说该定理为殷人商高所发现,至少不比希腊人数学家毕达哥拉斯晚。《九章算术》将 246 个实际问题分列于九个数学分章之下,加以解答,类似今天的《数学题解》之类的书籍。该书在人类数学发展史上占有重要地位,尤其是正负数的发明,具有极其重要的意义,堪称数学发展史上的里程碑。

　　魏晋南北朝时期最富盛名的数学家要数刘徽、祖冲之。刘徽在《〈九章算术〉注》中第一次提出了极限思想,并创造使用割圆术,由圆内接正 192 边形计算出圆周率为 3.1416,指出圆内接正多边形的边数无限增加,其周长就愈逼近圆周长。祖冲之在此基础上继续前进,确定圆周率的值在 3.1415926 与 3.1415927 之间,精确到小数点后七位。直到 1000 多年以后,阿拉伯数学家阿尔·卡西和

---

① 李约瑟:《中国科学技术史·数学卷》,科学出版社,1976 年。

法国数学家维也特才打破了祖氏纪录。

中国古代数学在宋元时期达到繁荣的顶点，涌现出一大批卓有成就的数学家。秦九韶、李治、杨辉和朱世杰成就最为突出，被誉为"宋元数学四大家"，在国际数学界也有很大影响。其中，秦九韶在其闻名于世的巨著《数学九章》中创造的"大衍求一术"，不仅在当时处于世界领先地位，在近代数学和现代电子计算设计中也起到了重要作用，被称为"中国剩余定理"。他所论的"正负开方术"被称为"秦九韶程序"。美国科学史家萨顿称秦九韶是"他那个民族，他那个时代，并已确实是所有时代最伟大的数学家之一"①。

中国数学最早外传到朝鲜和日本。早在6世纪时，个别佛教僧侣就把中国算术原文从朝鲜带到日本。在朝鲜三国时代（57-668），有关田地、农作、租税等计算法，据信都是来自《九章算术》。日本古代学校所用数学教科书为《孙子》、《九章》、《周髀》等。中国数学对印度等国也有影响。有学者认为印度的几何学"来自希腊和中国"。例如印度数学家巴斯卡拉对勾股定理的证明，和中国数学家赵君卿的证法完全一致。苏联学者曾经得出这样的结论："中国数学和希腊、罗马、印度、中亚细亚和中世（欧洲）的关系还很少研究。但是这种关系是存在着的：不少国家的数学手稿上，算题的数据恰恰与中国的原著相同。"②

（三）医药学

早在商代的甲骨文中，就有了关于腹内寄生虫（称为蛊）、蛀齿（称为龋，即牙虫病）等疾病的记载，并有了根据病症表面所在

---

① 李约瑟：《中国科学技术史·数学卷》，科学出版社，1976年。
② 同上。

部位，对病症进行分类的观念。在战国后期（约公元前三世纪前后）成书的《黄帝内经》，是当时的"医生"根据各自的诊治经验，集体编撰而成的重要医学典籍。该书共记述了 44 类 311 种病候。汉代的《神龙本草经》是中国第一部药物学专著，书中收录了各类药物 364 种，对每种药物的主治疾病、性味、产地和采集都有详细记述。公元 659 年，由唐朝政府组织苏敬等人修成并颁行的《新修本草》，载药 9 类 844 种，是中国古代第一部、也是世界上最早的药典。它比西方最早的药典——1494 年成书的意大利《佛罗伦萨药典》早 835 年。东汉时期，被人们誉为"医圣"的张仲景编撰了《伤寒杂病论》。该书讲究理、法、方、药相契合。理就是辨病理论，法即治疗方法，方即配方、药方，药就是实施治疗。它为中医临床辨症施治奠定了基础。隋唐时期巢元方编撰的《诸病起源论》和"药王"孙思邈编撰的《千金药方》都是当时中国乃至世界医学界的重要医学著作，至今仍有着极其重要的实用价值。中国古代药物学的最高成就是明代李时珍于 1578 年完成的不朽巨著《本草纲目》。全书 52 卷 190 万字，共收录药物 1892 种、插图 1162 幅、医方 11096 首，全面系统地总结了 16 世纪以前中国的药物学成就，涉及动植物、矿物、化学、地质、农学、天文、地理等许多科学领域，不仅对中国医药学和自然科学作出了重大贡献，在海外也产生了巨大影响。1647 年，《本草纲目》第一次被译成拉丁文，后来又被译成英、日、德、俄等多种文字流传于世界，其中英译本就有 10 余种，被誉为"东方医学巨典"，达尔文高度评价它是"中国古代的百科全书"。

另外，中医诊疗方法之精髓的针灸疗法早在新石器时代即已广泛使用。在唐代，中国的医药学对日本产生的影响是巨大的。当时传入日本的医药学著作达 1309 卷。日本政府还规定，医学专业学生必须研读中国医学典籍《素问》、《黄帝针经》、《明堂脉诀》等。宋朝曾两次向朝鲜赠送医书《太平圣惠方》,并派遣医官带去药物百种。这一时期,中国的朱砂、牛黄等60多种药物也大量运往欧洲。元代,中国针灸医生曾奉命赴越南治病。中国针灸疗法和姜茶、大黄等多种药材还传往阿拉伯国家。由于中国医药学的世界性影响,波斯医生专门著书介绍中国医药学。

(四) 重大技术发明

古代的中国出现了以"四大发明"为主体的重大技术发明,对世界文明的进步作出了卓越贡献。

1. 造纸术

早在东汉蔡伦改进造纸技术之前数百年,中国已经发明了造纸术。中国纸的制造最初由蚕丝衍化而来。《说文》就称:"纸,丝也。从系氏声。"可见,早期的纸用丝絮黏成。1957年,西安灞桥出土了西汉初期的麻纸,成为现存世界上最早的植物纤维纸。在此前后,新疆罗布淖尔、陕西扶风、甘肃居延、敦煌马圈湾、天水放马滩等地也都有西汉麻纸的发现。这些考古发现确凿表明,中国早在公元前2世纪就已发明了造纸术。

公元105年,蔡伦把以树皮、麻头、破布、旧渔网为原料制成的纸献给汉和帝,这就是后来所谓的"蔡侯纸"。"蔡侯纸"的出现,是人类用纸张取代竹、帛的关键性转折。隋唐五代时期,造纸用料进一步发展,除麻纸、植皮纸、桑皮纸、藤纸外,还出现了檀皮纸、瑞香皮纸、稻麦杆纸和新式的竹纸。

中国的造纸技术先传到了朝鲜和越南。从6世纪开始,造纸术逐渐传往朝鲜、日本,以后又经阿拉伯、埃及,传到欧洲的西班牙、希腊、意大利等地。据《日本书纪》记载,610年高句丽僧人昙徵将造纸术带入日本,8世纪中叶又从中亚传到阿拉伯。公元

750年，大唐帝国与波斯帝国（中国史称大食）在怛罗斯城（今吉尔吉斯斯坦境内）发生战争。此次战争，大唐军队战败，大批中国兵士被俘。更有影响的是，它引起了古代世界科学技术的一次重要交流。由于被俘士兵中有不少造纸、纺织等行业的工匠，致使中国的造纸和纺织技术传入了中亚、西亚各国。阿拉伯人在撒马尔汗等地建立起了第一批造纸工场。8世纪初，巴格达建立了造纸厂，据说还招有中国造纸工人。此后，在大马士革也出现了发达的造纸业，纸品远销欧洲各地，造纸术随之传入欧洲。从公元751年起，阿拉伯人垄断欧洲纸市场达400多年。欧洲的第一次造纸记录是在公元1150年。这一年阿拉伯人征服西班牙，在那里开设造纸场。直到1212年以后，造纸工场才在欧洲迅速发展起来。造纸术的传入，结束了欧洲落后的羊皮纸时代，加快了人类文化的传播与交流进程。1690年，中国的造纸术传到美洲。

纸的发明与传播，对人类文明的进程产生了巨大影响。特别是在欧洲，它大大缩短了欧洲近代化的过程和时间。从这个意义上讲，西方史学家威尔森斯认为：“没有从中国传入的纸，也不会有文艺复兴。”①"纸对西方文明整个进程的影响，无论怎样估计都不会过分。"②

2. 印刷术

印刷术的发明是中国对人类文明的又一巨大贡献。两晋时期，人们借鉴古代印玺和石刻的经验发明了墨拓技术。隋代，在墨拓的基础上发明了真正的印刷术——雕版印刷。8世纪前后，雕板印刷

---

① 李约瑟：《中国科学技术史》第一卷《导论》，科学出版社、上海古籍出版社，1990年。

② ［美］德克·卜克：《中国物品西传考》，《中国文化研究集刊》第二辑，复旦大学出版社，1985年。

已在中国普遍采用。唐懿宗咸通九年（868）印刷的《金刚经》，雕刻精美，图文浑朴凝重，墨色浓厚匀称，清晰显明，表明当时的雕印技术已经达到高度纯熟的程度。这件珍品一直保存至今，是目前世界上最早的、有明确日期记载的印刷品。欧洲现存最早的、有确切日期的雕版印刷品是1423年德国南部的《圣克利斯托菲尔》画像，比我国晚了近600年。到宋代，毕升又发明了活字印刷术。从此印刷事业飞速发展。至19世纪末，中国印刷的书籍超过了世界其它地区印书的总和。我国雕板印刷术在8世纪至10世纪之间传到朝鲜。公元13世纪，伊朗已经掌握了中国的雕板印刷术，并用此来印刷纸币。在14世纪前后，欧洲出现雕板印刷品，其原料和制作方法与中国类似。

宋仁宗庆历年间（公元1041—1048），平民毕昇在雕版印刷业已普及的基础上，发明了活字印刷术。这种活字印刷方法已具备现代印刷的基本过程——铸字、排版、印刷，比15世纪中叶德国人谷登堡制造的铅活字印刷工艺要早400年。继泥制活字后，中国人又相继发明了磁活字、木活字、锡活字、铜活字等印刷方法。印刷术的发明和传布，大大促进了人类文明的传播和发展。1585年，西班牙人胡安·冈萨雷斯·德·门多萨在所著《中华大帝国史》中提出，古腾堡受到中国印刷技术影响。中国的印刷术，通过两条途径传入德国，一条途径是经俄罗斯传入德国，一条途径是通过阿拉伯商人携带书籍传入德国，古腾堡以这些中国书籍，作为他的印刷的蓝本[①]。公元1456年，德国约翰内斯·古滕堡以铅活字印制成《圣经》，是欧洲人用活字印刷的第一部重要作品，比毕昇晚了400

---

① ［西］胡安·冈萨雷斯·德·门多萨著，孙家堃译：《中华大帝国史》，北京：中央编译出版社，2009年。

多年。与纸一样，印刷术的传入在欧洲有着同等重要的意义。它对于希腊古典文化的传播，对于文艺复兴运动的到来，都起到了十分重要的推动作用。

3. 火药

火药的发明是与中国古代炼丹家联系在一起的。中国人对火药的认识大约开始于魏晋时期。三国时期郑思远著《真元妙道要略》中有"以硫磺、雄黄合硝石并密烧之，焰起，烧手面及烬屋舍者"的记载。利用这些矿物制造火药则是在唐代。此间人们尽管也开始将火药用于军事领域，但当时中国人更多的是将火药用于制造爆竹、烟火。到了宋代，火药已在战争中得到广泛应用，并于1132年造出了"火枪"，1259年造出了"突火枪"。当时的火枪用竹竿作把，筒内盛载火药，作战时点燃火药，使之喷射出去，后来又发明了原始的子弹，当时称为子窠。这种管形火器，就是近代枪炮的真正鼻祖。

早在唐代，硝作为火药的主要原料，就已在与印度、阿拉伯和波斯等国的贸易往来中外传，当时被称之为"中国雪"、"中国盐"。到13世纪，中国发明的火药在通商过程中经印度传到了阿拉伯国家。元军西征时又将火箭、火炮等火药武器传入阿拉伯国家。13至14世纪时，由阿拉伯人将其传入欧洲。欧洲各国第一次记载火药的年代，法国是在1338年，荷兰和比利时是在1339年，英国在1340年。欧洲得到火药以后，很快将其运用于军事方面。到19世纪初，火枪、火炮便在整个欧洲得到了普遍使用。火药与火器在欧洲的传播，为欧洲从冷兵器时代发展到热兵器时代奠定了物质基础。

4. 指南针

指南针的发明与磁学知识紧密相关。早在《吕氏春秋》中就有了"磁石召铁"的记载。而就在这一时期，古人开始利用磁性识别方向，"立司南以端朝夕"①。东汉王充《论衡·是应篇》也记载有"司南之杓，投之于地，其柢指南"之说。将指南针用于航海则是在宋代，至迟在十二世纪初。北宋人朱彧1119年成书的《萍洲可谈》记载："舟师识地理，夜则观星，昼则观日，阴晦则观指南针。"② 宋代杰出的科学家沈括在《梦溪笔谈》中，对指南针发展的当时状况作了详尽的论述。沈括总结了四种指南针的装置方法。第一种是水浮法，将磁针浮于水面进行指南，虽然比较平稳，但容易动荡不定；第二种是指甲旋定法，将磁针置于指甲上，转动灵活，也容易滑落；第三种是碗唇旋定法，将磁针置于碗口边上，转动较灵活，但易滑落；第四种是缕旋法，用蚕丝将磁针悬挂起来，可达到转动灵活而又稳定。他还记载了人工授磁方法即"以磁石磨针锋，则能指南"。这种用人工制成磁体，是一个巨大的进步。此外，古人还曾制出过"指南鱼"、"旱针"、"水针"。旱针、水针为近代指南针（罗盘针）的基本结构原理奠定了基础。

指南针传入欧洲的时间尚待确定。欧洲首次提到指南针是在1190年。指南针在欧洲的传播，不仅推动了欧洲社会经济的发展，而且为欧洲的海外殖民扩张和海上霸权提供了技术保证。

5. 丝绸

中国最早向欧洲输出的主要商品是丝绸，以至于中西交流通之路被称为"丝绸之路"，而闻名于世。其时间早在汉代以前。丝织品是汉朝输出的大宗物品，其中介是中亚与西亚的商人。而中国和西方交通的正式打开则是在张骞出使西域之后。《史记》中曾提到

---

① 韩非:《韩非子·有度》，高华平、王齐洲、张三夕译注，中华书局，2010年。
② 朱彧:《萍洲可谈》，中华书局，1985年。

"黎轩",大概是亚历山大城的简译,泛指罗马或希腊人的聚居地。中国古代文献中,又将罗马称为"大秦"。东汉任西域都护的班超,曾遣甘英出使大秦,因中途遭安息(古波斯,今伊朗境内)人的阻挠而未能直接与罗马人见面。但中国与罗马人的贸易却一直在进行。丝绸在当时欧洲是一种十分高级的奢侈品。在罗马,丝绸几乎与黄金同价,只有皇帝和少数富豪贵族才能享用。由于他们不了解丝绸的制作,因此对丝绸充满了神秘感。罗马博物学家普林尼在《自然史》中这样写道:"塞里斯(silks)因以从树林中产生的细丝而著名。此种灰色的乱丝是在树上生长的。当地人把丝取下,用水浸泡,加以梳理。妇女们再将细丝整理,织成绸缎,行销于世界。一切为了罗马的少女,可以用透明的薄纱表现她们的美。"直到公元552年后,丝绸的生产技术才传到欧洲。

6. 陶瓷

陶器早在新石器时代就已出现并广泛应用于中华大地。制作水平、烧成温度、选料用料、形成技术等方面在当时都达到了极其精湛的程度。陶器构成了后世瓷器的基础,成为后世瓷器当之无愧的先祖。瓷器的原料由正长石、高岭土和石英混合,配料比例严格,瓷器表面施有玻璃质釉,在1200℃左右的高温下焙烧而成。成品吸水率很低,烧成后的器皿质地坚硬,光洁度极高。

瓷器在世界上影响之大,以至于西方人在很早的时候就以瓷器作为中国的代称(China)。中国的瓷器大约在9世纪传入欧洲。到明代,中国的瓷器已成为重要的大宗出口商品,直到18世纪,欧洲人才成功地仿造出第一件坚硬的瓷器。尽管这样,长期以来,欧洲的瓷器仍无法与中国瓷器相媲美。

二 东亚汉字文化圈的形成

所谓汉字文化圈,是指中国、朝鲜、日本、越南等国家共同的汉字文化因素。一般认为,它包括汉字、儒学、律令和中国化的佛教等四项文化因素。东亚汉字文化圈的形成是中国文化在朝鲜和日本传播的结果。早在秦汉时期,汉字以及汉字书籍就已传入朝鲜和日本地区。魏晋南北朝时期,东亚汉字文化圈形成的历史进程加快。这一时期,朝鲜半岛处于高句丽、百济和新罗三国鼎立时期,三个政权与中国诸政权的交往都非常频繁,其国王受到中国东晋及南北朝政权的册封,使文化交流得到很大发展。这时的日本列岛处于从分散走向统一的发展过程,通过与朝鲜半岛和中国的往来,积极地吸收汉文化。朝鲜和日本进入统一的多民族国家阶段后,更是大量吸收中国先进的文化成果,引进儒学经典并广开儒学教育,模仿中国的律令典制创立政治体制,引入中国化的佛教并广泛传播,与中国在文化上的关系极其紧密,形成了东亚汉字文化圈。宋明时期,中国与东亚两国的这种特殊的渊源关系得到进一步的发展和丰富。

(一) 朝鲜

"朝鲜"一词最早见于《管子·揆度篇》。《史记》亦有周武王封箕子于朝鲜的记载。早在汉代,先秦时期的文史著作如《周易》、《尚书》、《春秋》、《左传》、《国语》、《战国策》等就通过郡县传入朝鲜地区。据文献和考古材料发现,至迟在公元前4—前3世纪的中国战国时期,汉字就已经传入朝鲜北部地区。高句丽"国初(公元前后）始用文字时，有人记事一百卷，名曰《留记》"①。这种文字正是汉字。372 年，高句丽小兽林王设立"太学"，将汉字字书和中国的经史著作作为教材，加强了对汉文化的吸收。由此，汉字教育开始在高句丽上层贵族阶层中普及。374 年，百济迎请东晋人高兴为博士。高兴到百济后，以汉字编写了一部百济国史《书记》，可见百济在此前早已开始使用汉字。新罗沽解王时期（247－261），有一名为夫道的人即因善写汉字而著名。503 年，新罗人即根据汉字意义定国号为"新罗"。显然，新罗国名的确立正是汉字教育在其统治阶层普及的结果。

随着汉字教育在朝鲜半岛的推行，儒学也随之传入。迟至 6 世纪初，儒学已传遍半岛三国，对他们的政治生活产生了重要而深远的影响。中国的律令典制文化和中国佛教在魏晋南北朝时期也传入了朝鲜半岛。

汉字传入后，东亚邻国为解决其与自身民族语言不统一问题，这些国家又相继找到了适合于自身民族语言特点的解读汉字方法。6 世纪末，新罗国发明了利用汉字的音、义来标记新罗民族语言的"乡札标记法"。7 世纪末，新罗统一朝鲜半岛后，在前法的基础上，系统地制定了借用汉字的音、义来标记朝鲜语的"吏读"方法，方便了汉字在朝鲜半岛的应用。

新罗一直以向唐朝派遣使节和留学生等方式吸收唐朝先进的文化。从大唐带回的大量汉文书籍，为强化新罗的社会政治制度提供了许多借鉴经验，同时也扩大了汉字的影响力。新罗统一朝鲜半岛后，儒学教育空前加强。682 年，新罗设立"国学"机构，"其教

---

① ［高丽］金富轼著，孙文范等校勘：《三国史记》卷二〇，吉林文史出版社，2003 年。

授之法,以《周易》、《尚书》、《毛诗》、《春秋左氏传》、《文选》,分而为之业"①。788年,新罗又推行"读书三品出身制度",即以熟悉儒家经典多寡来选拔国学外的书生为官。

曾经出使唐朝的金春秋在继新罗王位(即烈武王,654－660年在位)后,立即命令大臣以唐朝律令为蓝本修订刑律。据《三国史记》所载来看,新罗律法中的罪名与唐律别无二致。在中央政治制度方面,新罗依据唐朝的尚书省、御史台和六部设立了执事省、兵部、礼部、仓部、位和府、左右理方府、例作府、司正府等机构,从而完善了中央集权体制。新罗中央机构官员的设置也模仿唐制,设五级职官序列。地方制度方面,根据《周礼》和《尚书》中的"九州"之说,新罗统一全岛后将半岛划分为九州,设州、郡、县三级体制,中央分别派遣都督、太守、县令进行统治。在经济制度上,新罗也模仿唐朝的户籍、均田、租庸调制度,建立户籍、丁田与租庸调制。

佛教传入朝鲜的具体年代不详。隋唐时期,中国化的佛教已开始成为新罗社会的宗教信仰。新罗早在统一朝鲜半岛前,就设立了大书省主管佛教事务,并设"国统"领导整个教团,统一半岛后,新罗还在各州设专门的僧官——州统。

活字印刷术的广泛应用使得宋朝印刷的书籍超过了当时世界其他各国的总和。汉文书籍开始大量输入朝鲜,极大推动了儒家文化在朝鲜的广泛传播。朝鲜半岛在高丽国成宗王时期(982－992)加强了以国学为中心的儒学教育。10世纪末以来,不断向宋朝求书。宋朝皇帝先后将一些重要典籍,如《大藏经》、御制《秘藏诠》、

---

① [高丽]金富轼著,孙文范等校勘:《三国史记》卷三八,吉林文史出版社,2003年。

《逍遥咏》、《莲花心轮》、《圣惠方》、《太平御览》、《册府元龟》、巾箱本"九经"(《周易》、《尚书》、《毛诗》、《春秋左传》、《礼记》、《周礼》、《孝经》、《论语》、《孟子》)及其他诸子著述、史地、阴阳、天文等书籍赠给高丽王朝。1109年,高丽王朝又在国学中专设"七斋",讲授儒学经典。据《高丽史·志》记载:"睿宗(1109)四年七月,国学置七斋:《周易》曰丽泽,《尚书》曰待聘,《毛诗》曰敬德,《周礼》曰求仁,《戴礼》曰服膺,《春秋》曰良正,《武学》曰讲艺。"1116年,高丽王朝正式采用中国的经筵制度,安排儒臣在王宫专门为王室子弟讲授中国经史著作。

(二)日本

《汉书·地理志》载:"乐浪海中有倭人,分为百余国,以岁时来献见云。"这是中国史书中最早提到日本的记载。此后,中国史书对"倭人"的记载可谓"史不绝书"。相反,在日本本土,有关古代历史的记载却极为缺乏。直到江户时代,日本史家才注意从中国史书中寻找有关对倭人的记载,作为研究日本历史的根据。文献和考古材料已经证实,早在秦汉时期就有汉人移居日本,日本史家称为"渡来人"或"归化人"。出土的3世纪上半期倭马台国女王向曹魏王朝朝贡的"上表"全由汉字写成,可以推断从中国去的"渡来人"能够熟练运用汉字,书写公文。日本史书记载,285年(一说在405年左右)《论语》由百济传入日本。日本现有最早的史书《古事记》和《日本书纪》,均用汉字写成。这说明汉字不仅对日本影响颇深,而且在当时已达到了一种通用的程度。从《说文解字》的九千三百字到《康熙字典》的四万九千余字,几乎全部通行于日本。新村书所撰《辞苑》所附日本国字表仅134个,而且都是采用中国传统的六书造字法。日本在5世纪即出现了用汉字表示日文字音的词组,称为"假名",意为"假借之字",借用汉字的字形来"写"日本语言。8世纪中叶,假名已经在日本大量使用,如诗歌集《万叶集》中就大量使用假名。然而,一个汉字又可以表示不同的日文字母,给阅读带来了困难,经过长期应用才逐渐形成了每个日文字母由固定的汉字来表示。此外,由于汉字有楷体、草体之分,一些日本男子在应用中多用汉字楷体以及偏旁来表示日文字母,而闺中女子则常用汉字草体来标注日文字母,这就有了片假名和平假名的区别。这样,汉字与日本民族语言有机结合,促进了汉字在日本社会的广泛应用和深入普及。

516年开始,百济国轮换派遣五经博士前往日本,向大和朝廷贵族教授儒学经典。据现有的史料看,儒学大量传往日本并产生较大的影响,是在唐、宋、明三个朝代。唐朝政治经济鼎盛,文化高度发达,周边各国产生了对中国文化的巨大向心力。日本共派出19次遣唐使,深入学习和考察中国文化。日本通过向唐朝派遣使节和留学生等方式,直接考察和吸收中国文化的先进成果,形成了一股学习和模仿唐朝的高潮。他们从大唐带回的大量汉文书籍,不仅为本国的社会革新提供了许多可资借鉴的济世良方,而且也增强了汉字的影响力。603年,日本圣德太子制定《官位十二阶》,就是按儒家所强调的"德"和"五常"(仁、义、礼、智、信)来命名的。604年,日本又颁布作为官吏政治和道德训纲的"十七条宪法",皆选自《论语》、《中庸》、《礼记》、《管子》等著作,中国儒学的政治理念完全贯穿于其中。645年,日本所进行的"大化改新"也始终受儒学思想影响,尤其以儒学的"天命观"来强化天皇权威。天智天皇在位时期(662-671),日本仿照唐朝国学制度建立"大学寮",大力推行儒学教育,其科目分为"明经道"和"算道",其中"明经道"就是以儒学的"九经"(《周易》、《尚书》、《周礼》、《仪礼》、《礼记》、《毛诗》、《春秋左氏传》、《孝经》、《论语》)作为其教科书。宋明理学兴起后,也在日本广泛传播。在德川时代,官学多以朱子为宗,培养了大批通儒博经的儒士,使儒学普及到日本社会的中等阶层。除朱子学外,在日本影响最大的是王阳明学派。王学在日本与佛教禅宗及日本国有的神道思想相融合,塑造了具有近代意义的日本民族精神。

律令方面,日本早在大化改新之前就开始学习和效仿唐制。623年,从唐朝归国的日本留学生惠日等人向推古天皇上奏学习唐朝律令:"且其唐国者,法式备定之珍国也。常须达。"① 645年的大化改新即是仿照唐朝的中央集权制度进行政治、经济改革。到718年颁布《养老律令》时,日本基本完成了一系列以唐朝律令为模式的政治改革。《养老律令》分律为十二篇,篇名与《唐律疏议》完全相同,其刑名和罪名也与唐律相同或相近。中央官制在模仿唐令的基础上略有变通,设二官八省一台,其职能与三省六部、大府寺和御史台几乎一一对应。地方制度分国、郡、里三级,大体仿照唐朝的道、州、县三级地方制度。经济制度方面日本也效仿唐制建立户籍制、计帐制、班田制、租庸调制。据研究,日本班田令中73%的条文直接搬自唐均田令。

中国化的佛教作为中国文化的一部分,通过朝鲜传入日本。546年,百济派遣使臣向日本送去释迦牟尼铜像和佛经。至587年,佛教在日本得到广泛地传播。624年,日本开始设置"僧正"领导佛教寺院,"僧正"下设"僧都"和"律师"等僧职。701年颁布的《大宝令》中还有专门的"僧尼令",以约束僧尼安分守己,并由八省之一的治部省玄蕃寮主管佛教事务。720年,日本效法唐朝度牒制度,只有政府颁给度牒才是合法的僧尼。从此,宗教被置

---

① 家永三郎等校注:《日本书纪》卷二二,日本:岩波书店,1968年。

于皇权的严格控制之下。

汉文书籍大量输入朝鲜的同时，日本也通过来华僧人大量引进中国汉文经典，其内容包括儒、释、道经典、史地、文学等等，数量巨大。983年，日本僧人法济大师晋谒宋太宗时，获赠《开宝敕版大藏经》一部和宋代新译经286卷。1073年，日本入宋僧人成寻奏请宋神宗请赐983年以后宋朝译出的新经获准，带回显圣寺印经院的印本新印经278卷和《莲花心轮回文偈颂》、《秘藏诠》、《胎藏教》、《天竺字源》、《天圣广德录》等113卷册。1169年，日本僧人明庵荣西带走天台宗新章疏60余卷。1211年，日本国师不可弃俊芿从宋朝带回儒藏典籍、杂书、碑文共计2013卷。1244年，其弟子闻阳湛海又带回佛教经论数千卷。日本京都东福寺开山鼻祖圆尔辨圆于1241年从宋朝回国时，带回的典籍也达数千卷，包括《诗》、《书》、《易》、《礼》、道家经典、史地、语法、书法等。此外，日本民间商人还积极从事书籍贸易，将大量珍贵典籍购回日本。

日本的史学也深受中国的影响。日本史学的代表作是长达397卷的日本最大史书《大日本史》。该书完全摹仿中国的正史。用日本学者加藤繁的话说："纪传、志表、纪事本末等正史体制，既成于中国，江户时代史家不过承袭而已。"《大日本史》的体制及目次排列与《史记》、《汉书》等基本相同。书中的正统观念、君臣名分观念以及尊王贱霸等思想都深受《春秋》、《通鉴纲目》的影响。

总之，日本积极采用中国的律令典制文化进行内政改革，从文字到国家体制，从思想观念到宗教信仰，都与中国基本相同。随着对文献资料研究的不断深入和考古材料的日益丰富，中国古代文化东传朝日两国的更多事实不断得到证实。新罗和日本两国通过对中国文化成果的积极吸收，密切了三国间的相互关系，使东亚地区在

7-9世纪形成了一个共同的汉字文化圈。而汉字文化圈的形成，又为后来东亚各国之间的文化交流，奠定了充分的历史基础和人文条件。

三　古代中国文化对东南亚国家的影响

在东南亚各国中，越南受中国文化的影响最深。近几十年来，考古学家在越南北部发现的新石器时代遗物和中国西南地区的新石器时代遗物形制非常相似。越南清化出土的青铜器与中国战国、秦汉时期的遗物也非常相似。在中国古代文献中，"越南"被称为"越裳氏"或"越裳国"，以后又称为"交趾"或"交州"。《韩诗外传》记载，周成王时，越裳来聘，"重译而至"[①]。两千多年来越南与中国始终保持着密切关系，中国文化大量传入越南，即使在十九世纪越南沦为法国殖民地后，中国文化对它的影响也未曾中断。中国文化对越南有着普遍而深刻的影响，即使在今天，越南社会从物质生活到精神生活，从文字、思想到风俗民情，都无不刻有深深的中国文化痕迹。在民俗上，越南同中国一样，也过阴历年，张灯结彩、放爆竹、贴春联、演古戏等。中国文字在越南长期通行，直到20世纪初，越南才使用拉丁化的"国语"。越南的典章制度几乎完全模仿中国，甚至在中国已经废止的制度，有的在越南仍然存在。中国文化对越南影响最大的还是儒家思想。越南跟中国一样开科取士，以四书五经为主要教材。儒学思想在越南的政治、经济、社会、伦理等方面，影响都非常突出，如越史中有陈太宗以儒家道德教训皇子的记载。黎宪宗景统二年（明孝宗弘治十二年，1499）颁

---

① 重译：谓言语不通，辗转相译以得其意。

发诏书，博引儒家经典，强调以德治国、正风俗的重要。另外，自秦汉至清末，越南和中国的许多学者来往于两国之间，也促进了中国文化在越南的传播。

在中国古代文献中，柬埔寨称"真腊"、"占腊"或"扶南"。三国时期，孙权曾派朱应、康泰出使扶南，到南海诸国宣化。他们为了探询通往大秦（古代罗马）的通商航路，在扶南留居多年，并著有《吴时外国传》和《扶南异志》。在这个时期，中国的丝绸和布传入了柬埔寨。正是由于朱应等人的到来和中国丝绸、布的传入，使古代柬埔寨人改变了裸体的习惯，推动了古代柬埔寨的文明与进步。至明代，中国与柬埔寨的政治、文化往来更加密切。据《明史·外国传》载，明朝永乐年间（1403-1424），扶南国曾七次遣使来华，明廷也四次回访。当时中国还为柬埔寨的和平做出过不懈努力，真腊来华使者"因其国数被占城侵扰，久留不去。帝遣中宫送之还，并敕占城王罢兵修好"[①]。明代曾赐柬埔寨大统历及彩帛，对其古代历法有一定的影响。

在中国的古代，泰国被称为"暹罗"。宋元时期，泰国地区各国频繁派员使华，其地的素可泰王朝和罗斛国立国后就与元朝确立了朝贡关系，并积极开展贸易往来和文化交流。明代，中泰两国交往十分频繁。明洪武五年（1372），暹罗入贡，明廷赐"大统历及彩帛"。洪武二十三年又赐彩帛、锦绣、瓷器。以后双方多次通好，每次都有大量礼品相互赠还。永乐年间，明成祖不仅下令为躲避风浪的暹罗船只免费提供一切方便，而且当其国王遣使来华感谢时，明成祖又赐《列女传》百册，并应其使者的要求，同意将度、量、衡传入泰国。在泰国，有"三宝庙"，据说是笃信佛教的泰国人把

---

① 张廷玉：《明史》卷三二四《外国五》，中华书局，2000年。

佛家的所谓"三宝"与三保太监下西洋的"三保"联系在一起，于是把"三宝寺"认作是祀奉郑和的庙宇，而且香火尤盛。

马来西亚是中国较早与之海上交通的国家。这里不仅是通往印度洋及西方的海上捷径，而且也是古代来往于中、印两大佛国的海上交通的枢纽和佛教南传的中心，因而成为古代中国传播物质文化和精神文化的要冲。明永乐、宣德年间，郑和率船队曾五次到达马六甲（古称"满剌加"）。据史书记载，郑和第三次下西洋时，在马六甲宴请郑和的当地国王、王妃、友好使团人员等达540余人，郑和回赠的各种丝绸礼品竟达1300多匹。马来西亚和印尼等国用蚕丝织绸即是从中国学来的。至今在马来语和印尼语中还可见到大量有关丝绸的汉字借语，如"Jose"（缫丝、丝绸、绸缎）、"Kimka"（锦缎）、"Kuntuan"（贡缎）、"Lokcuan"（罗缎）等。铜锣和铜鼓在马来人的文化中占有重要地位。他们的舞蹈、祭祖、葬仪等都离不开这种神圣乐器。据史家考证，马来人自制铜锣和铜鼓仅有200年历史，其来源乃与中国的古铜器有关，它是由中国经中南半岛而传至马来半岛的。

与此同时，中国古代文化还传播到了缅甸、菲律宾、印度尼西亚、文莱、斯里兰卡、新加坡等东南亚国家。中国的十二生肖、用灯花占卜等习俗，至今仍在缅甸流传。今日菲律宾的食物和用具有许多名称仍和厦门话的发音一样。现在印尼语中还可见到大量有关丝绸的汉语借音。文莱土人中有称为杜生人者，所穿的衣服、所戴的金属装饰品都与中国相似。他们栽种稻谷的方法也完全是中国的方法。新加坡的生活方式、文化习惯几乎与中国无异。由于中国与东南亚各国的文化交流频繁，导致了大量的华人流动。生活在东南亚地区的大量华人，对这一地区的经济开发、社会繁荣和城市建设都做出了巨大贡献。作为中国文化的生命载体，他们对保持、发展、传播中国文化起到了重要作用,对东南亚社会文化的进步和发展也做出了巨大的贡献。

中国古代文化在对周边国家产生巨大影响的同时,她也在不断地影响着欧洲为代表的西方国家。事实上,中国文化在欧洲的传播及其影响,无论怎样估价都不会过分。美国著名的汉学家德克·卜德曾这样说到:"中国对西方世界作出了许多贡献,这些贡献极大地影响了西方文明的发展。从公元前200年到公元后1800年这两千年间,中国给予西方的东西超过了她从西方所得到的东西。"中国文化西传的结果,甚至"完全改变了我们的生活方式,成了我们整个现代文明的基础"[①]。

第二节 外国文化在中国

当中国古代文化日益繁荣并深深地影响着世界时,外国文化也通过不同的渠道传入中华大地。中国在不断向外输出自己先进文化的同时,也在不停地吸取着外国文化的营养。

一 物质文化

从汉代开始,外国输入中国的物品开始增多。首先是植物新品种的输入。汉代时,由中亚、西亚输入中国的有葡萄、苜蓿、石榴、红兰花、酒林藤、胡麻、胡豆、胡瓜、胡蒜、胡葱、橄榄等。

---

① [美]德克·卜德:《中国物品西传考》,《中外关系译丛》第一辑,上海译文出版社,1984年。

从东亚和东南亚输入的有甘蔗、香料和药材等。其次是各种珍禽异兽的输入。主要有狮子、犀牛、孔雀等。尤其值得一提的是，中亚康居、大宛的名马对中国马种的改良起了促进作用。其三是珍奇物品的输入。据《汉书》记载，主要有大秦的珊瑚、海西布、水银、琥珀等，中亚的玛瑙、车渠等物，南亚和东南亚的珇、重陆、水珠贝等。其四是生产技术的输入。琉璃在汉代就已输入中国，但制造术的掌握则是在北魏时期。"世祖时，其国（大月氏）人商贩京师，自云能铸石为五色琉璃。于是采矿山中，于京师铸之。既成，光泽乃美于西方来者。乃诏为行殿，容百余人，光色映彻。观者见之，莫不惊骇，以为神明所作。自此国中琉璃遂贱，人不复珍之。"①

二　自然科学

（一）医学

早在隋唐时期，中国医学就吸收了不少印度和阿拉伯的医学成就。据《隋书》记载，当时从印度翻译过来的医药学著作即有《龙树菩萨药方》4卷、《西域诸仙所说药方》23卷、《香山仙人药方》10卷、《西录波罗仙人方》3卷、《西域名医所集要方》4卷、《婆罗门诸仙药方》20卷等。唐朝著名医学家孙思邈所著的《千金药方》中就包含了不少印度医药成分。中国名僧义净在他所著的《南海寄归内法传》中，曾专门介绍印度传统医学的"八分医方"。他说："言八医者：一论所有诸疮，二论针刺首疾，三论身患，四论鬼瘴，五论恶揭陀药，六论童子病，七论长年方，八论足身力。"阿拉伯人的医学成就也对中国唐代产生了很大的影响。《唐本草》、

---

① 魏收：《魏书》卷一〇二《西域传》，中华书局，1974年。

《海药本草》、《酉阳杂俎》等书就记载了许多来自阿拉伯的药材，如供药用的绿盐（醋酸钢化石）、钒石、胡黄连、缩砂蜜等。元朝更加注意吸收阿拉伯医学成就。元朝设有专门管理阿拉伯的药物和诊治事宜的机构——"广惠司"，并在大都和上都专门设置回回药物院。元朝的秘书监还藏有阿拉伯名医的巨著《医典》，并据此原本编译成中文药典《回回药方》。

（二）天文

据有关资料记载，隋唐时期已有不少印度天文书籍传入中国，并被译成汉文，如《婆罗门天文经》21卷、《婆罗门竭伽仙人天文说》30卷、《婆罗门天文》1卷、《摩登伽经说星图》1卷等。在唐代，还有不少印度天文学家在中国的"司天台"工作。印度人瞿昙悉达不仅为唐朝译过印度著名历书"九执历"，并且编了一部《开元占经》。到成吉思汗时，中国的天文学者与阿拉伯天文学者进行了频繁的学术交流，并在此基础上丰富和发展了中国的天文学成果。忽必烈还设立回回司天台，由穆斯林色目人主持天文观测并编制回历，供伊斯兰教徒使用。至今在巴黎还藏有一份由撒马尔罕的阿本·阿合马编制的献给中国蒙古统治者的太阴历。

（三）数学

阿拉伯人的数学成就对元朝也产生了影响。元朝的回回司天台广泛使用阿拉伯数字。在元朝的秘书监收藏的若干数学典籍中，不乏阿拉伯人编著的数学著作，如属于欧几里德几何学的阿拉伯译本《忽必烈的四臂算法段数十五部》，这是欧几里德几何学最早传入中国的记载。

三 宗教

在传入中国的外来文化中,佛教是最重要的文化载体之一。大多数学者认为,佛教是在后汉时经过中亚传入中国的。至魏晋南北朝时,佛教才得到发展,并开始产生重大影响。作为外来宗教,当它与华夏大地的传统文化结合后,就开始成为中国社会生活的一部分。它不仅对人们的思想意识产生了较大的影响,而且对中国的史学和文学也产生了很大的影响。在中国的不少著名作品中,都能找到许多佛典的譬喻手法。

继佛教传入中国后,到唐代又有一些外来宗教传入中国。祆教又称琐罗亚斯德教、波斯教,在北魏中期传入中国,隋、唐之时最为兴盛。景教作为基督教的一支,唐朝贞观时期传到中国。摩尼教为波斯人创立,在公元7世纪传入中国。伊斯兰教传入中国的时间有争议,但不少学者认为是唐代传入的。据有的史料记载,在唐朝有上万阿拉伯人侨居中国。

四 艺术

犍陀罗艺术随佛教在汉代传入中国。犍陀罗艺术是古代印度犍陀罗地方创造的具有独特风格的希腊化的佛教艺术。犍陀罗在今巴基斯坦和阿富汗境内。现在山西大同云岗石窟、敦煌石窟中都还保存有不少犍陀罗艺术风格的石雕和泥塑作品。

在汉代,西方的杂技和魔术传入中国。东汉安帝永宁元年(120),掸国王雍由调"献乐及幻人,能变化吐火,自支解,易牛马头。又善跳丸,数乃至千。自言:我海西人。海西即大秦也"①。西方音乐也在汉代传入中国,到隋唐时期得到进一步发展。随音乐传入中国的还有琵琶等乐器。事实上,在汉代,外国舞蹈也传入中国,且这一时期的舞蹈是与杂技联系在一起的。据研究,唐代"骠乐"实际上是汉代传入中国的古代缅甸音乐。唐代的舞蹈无论轻舞还是建舞都与当时从西亚、中亚传入的舞蹈有密切联系。另外,在唐代已有了西方传来的马戏。据《明皇杂录》记载,唐玄宗曾养育舞马百匹,"使塞外人教习,其曲谓之倾杯乐,奋首鼓层,纵横应节"。

第三节 "西学东渐"及其影响

随着近代资本主义的兴起,中国逐渐落后于西方资本主义国家。新兴资本主义国家对包括正在衰落的中华帝国在内的广大落后国家和地区,进行了疯狂的劫掠。近代西方资本主义文化就是在这种特殊的背景下进入中国的。同时,不少有识之士为了寻求民族和国家的出路,开始自觉地从资本主义文化中吸取营养。"西学东渐"引起了东西文化的交汇和冲突。在这种交汇与冲突中,一些有识之士认识到资本主义先进文化的历史进步性,纷纷著书立说介绍和研究西方先进文化成果,以求变求新,近代中国社会掀起了学习西方文化的热潮。中国社会发生的这些变化也对邻国产生了重要影响。

随着资本主义生产方式的形成与发展,世界也日益成为一个相

---

① 范晔:《后汉书》卷八六《南蛮西南夷列传》,中华书局,1973年。

互联系的整体。为了寻求原料和产品倾销市场，西方人先以传教士为先导，继而又乘借坚船利炮的淫威，开始大批涌入中国，中国成了西方冒险家的乐园。在这十分复杂的背景下，西方文化被移植到了中国这块古老的大地上。近代西方文化的传入，给闭关自守的中国带来了生气。传教士来华传教，中国学生出国留学，在中西方的激烈碰撞中，"东方雄狮"开始觉醒。

一 明末清初的"西学东渐"

16世纪时，以耶稣会为代表的西方传教士来华传教。这些传教士一方面是早期殖民者的一部分，另一方面又成为传播西方文化的使者。随着利玛窦、汤若望等传教士的到来，西方的科学技术知识也进入了中国知识分子的视野，这无疑对中国文化的发展产生了积极的影响。对此，梁启超在《中国近三百年学术史》一书中作了较为深刻的描述："明朝以八股取士，一般士子除了永乐皇帝钦定的《性理大全》外，几乎一书不读。学界自身本来就像贫血症的人衰弱得可怜。……利玛窦、庞迪我、熊三拔、龙华民，……艾儒略、汤若望等，自万历末年至天启、崇祯年间，先后入中国。中国学者如徐文定（徐光启）、李凉庵（李之藻），都和他们来往，对于各种学问有精深的研究……。在这种环境之下，学界空气当然变换。此后清朝一代学者对于历算都有兴味，而且最喜欢谈经世致用之学，大概受利、徐诸人的影响不小。"

在明末清初传入中国的西方自然科学知识主要有以下几个方面：

（一）天文学

明末清初，西方传教士在中国翻译、介绍了不少西方天文历算方面的书籍，引进、制造了一批天文仪器，如地球仪、天体仪、望远镜等。利玛窦发现中国历法陈旧，遂编成《乾坤体义》。此书上卷"皆言天象"，把现行公历（格里高利历，1582年创立）介绍到中国。汤若望还先后编成《崇祯历书》和《时宪历》（后者就是今天一直沿用的阴历），编著了天文学学术著作《古今交食考》、《测食说》、《恒星出没》、《浑天仪说》等。另一传教士阳冯诺著《天问略》，阐述地圆说，"指证详明"，"考证天象则较古法为善"，价值颇高。法国传教士蒋友仁在手绘的《坤舆全图》中，介绍了伽利略和哥白尼的地动说及行星运动说，指出哥白尼学说"以太阳静、地球动为主"。正是由于西方人有较先进的天文学知识，自清初至道光十八年（1838），清政府的钦天监监正或监副职务一直由西人担任。康熙皇帝还曾以南怀仁为师，习历算之理，又邀请白晋、张诚等人来华，传授天文、历法、数学等知识，致使西学在清朝前期空前活跃，大量西方自然科学知识接踵而来。

（二）**地理学**

长期以来，中国人认为自己处于世界的中心，对中国以外的世界知之不多。耶稣会士带来的西方地理学知识，使世人耳目一新。《明史·外国传》："意大利亚居大西洋中，自古不通中国。万历时，其国人利玛窦至京师，为《万国全图》，言天下有五大洲：第一曰亚细亚洲，中几百余国，而中国居其一；第二曰欧罗巴洲，中凡七十余国，而意大利亚居其一；第三曰利末亚洲，亦百余国；第四曰亚墨利加洲，地更大，以境土相连，分为南北二洲；最后得墨瓦腊泥加洲为第五，而域中大地尽矣。"在康熙年间，朝廷还下令传教士测绘全国地图。"康熙四十七年（1708），谕传教士分赴蒙古各部、中国各省，遍览山水城郭，用西学量法，绘画地图。"①

（三）数学

利玛窦最先将西方近代数学知识介绍到中国。据《四库全书总目提要》，利玛窦《乾坤体义》下卷《容较图义》"皆言算术，以边线、面积、平圆、椭圆、互相容较，亦足以补古方田少广之未及。虽篇帙无多，而其言皆验诸实测，其法具得变通，可谓词简而义赅者。是以御制《数理精蕴》，多采其说用之"。另外，利玛窦还与中国学者徐光启合译了西方数学名著欧几里德的《几何原本》。这是第一本西方数学译著，为近代数学在中国的传播奠定了基础，成为当时中国人学习数学的启蒙读物。利玛窦还与李之藻合译了《同文精算》，成为我国最早介绍欧洲笔算的著作。在这一时期，介绍欧洲近代数学的著作还有《几何要法》（艾儒略）、《大测》（邓玉涵）、《测量全义》（罗雅各）等。

（四）西洋火器制造

葡萄牙人最早将西洋火炮带到北京，人称"佛朗机炮"或"红衣火炮"（也称"红夷大炮"）。"佛郎机炮"的初传发生在明朝正德时期。"白沙巡检何儒得其制，以铜为之，长五六尺，大者重千余斤，小者百五十斤，巨腹长颈，以子铳五枚，贮药置腹中，发及百余丈，最利水战。驾以蜈蚣船，所击辙糜碎。"真正具有近代意义的"红夷大炮"是由荷兰、英国等国制造的新式火炮。明末清初，传教士们都曾奉旨造炮。《正教奉褒》："天启二年（1622），上依部议，敕罗如望、阳玛诺、龙华民等，制造铳炮，以资戎行。""十三年，兵部传旨：著汤若望指样监造战炮。若望先铸钢炮二十位，帝派大臣验放，验得精坚利用，奏闻。诏再铸五百位。""南怀仁自康

---

① 黄伯禄辑：《正教奉褒》，上海慈母堂，清光绪二十年（1894）铅印本。

熙十三年迄十五年,共制大小炮一百二十位。至二十一年四月,吏部题称工部疏称钦天监治理历法加通政使司通政使南怀仁先铸炮一百三十二位,又神威炮二百四十位,指样制造精坚。"① 此外,南怀仁还撰写了《神威图说》,介绍炮术理论。1683年,他又编撰了《形性之理推》一书,介绍"准炮之法"。传教士汤若望著有《火攻挈要》三卷,论述火器制造方法和火攻要诀。

二 近代西方文化的冲击与中国知识分子的回应

1840年,英国殖民主义者用坚船利炮轰开了古老中国的大门。紧随帝国主义枪炮之后,西方文化也以前所未有的力度涌向中国,中国传统文化受到非常严峻的挑战。对此,中国知识分子不断探索,作出了自己的理性回应。

(一)"师夷长技以制夷"

"师夷长技以制夷"是近代先进的中国知识分子对西方列强入侵和文化冲击所作出的最初回应。林则徐和魏源就是这一"回应"的两位最杰出的代表。

林则徐担任钦差大臣在广东禁烟期间,十分注意了解西方情况,并组织人力翻译西方的书籍报刊,汇编了《华事夷言》、《四州志》、《各国律例》等。在此基础上,他提出"师敌之长技以制敌"。在广州期间,林则徐向澳门和新加坡购买西方制造的大炮200门,装备虎门各炮台,并购买西方制造的战艇,仿制各类西式武器,加强军事实力以抵御外国入侵。正是从这个意义上讲,林则徐是近代中国睁眼看世界的第一人,并且是第一个实践"师敌之长技以制

---

① 黄伯禄辑:《正教奉褒》,上海慈母堂,清光绪二十年(1894)铅印本。

敌"的代表。魏源曾直接参加过浙东抗英斗争,受林则徐的委托,据《四洲志》及中外文献资料,编成《海国图志》。面对西方强敌的入侵,魏源竭力主张"师夷长技以制夷",学习西方制造战舰、火器等先进技术和选兵、练兵、养兵之法,改革中国军队,"以甲兵止甲兵"。同时,林则徐、魏源指出,在警惕"英吉利蚕食东南"之时,还应提防"鄂(俄)罗斯兼并西北"的野心。为增强国力,魏源主张创办民用工业,允许私人设立厂局,自行制造与销售轮船器械。在思想上,他斥责宋明理学为"俗学"、"庸儒",批评汉学(考据学)锢天下聪明智慧,主张革新,要求变法,"去伪,去饰,去畏难,去养痈,去营窟","以实事程实功,以实功程实事"。正是在像林则徐、魏源等先进知识分子的倡导下,中国知识分子开始自觉地介绍和学习西方的先进技术和思想,力图以此唤醒民众和影响紫禁城内的统治者。

(二)推行洋务

两次鸦片战争的失败,迫使封建统治阶级中的一部分人,也不得不认真思考中国所面临的残酷现实。他们从维护中华帝国的根本利益出发,主张学习西方的先进技术。他们认为:"中国欲自强,则莫如学习外国利器,欲学习外国利器,则莫如觅制器之器。"① 于是从19世纪60年代开始,中国兴起了办洋务的热潮。洋务运动的代表人物有奕䜣、文祥、曾国藩、左宗棠、李鸿章、张之洞等,其主要内容为仿照西方资本主义国家的办法,制造新式枪炮和轮船、编练新式陆军和海军,兴办近代军事工业和民用企业,开矿山,筑铁路,设邮电,办学校,派遣留学生出国,翻译西方书籍等等。

---

① 李鸿章著、吴汝纶编:《李文忠公全集》卷一七《朋僚函稿》,刻本,1921年。

江南机器制造总局由曾国籓、李鸿章创办于 1865 年。该局下设：(1) 机器厂、铸钢铁厂、轮船厂、枪厂、炮厂、火药厂、炼钢厂等生产工厂；(2) 公务厅等管理部门；(3) 翻译馆（广方言馆）等。创办经费约 54.3 万两。该厂主要依靠外国提供机器设备和主要原料进行生产，技术大多依赖洋员。主要制造枪炮、水雷、弹药、火药、机器和修造轮船。其所有产品大多以调拨方式供应各军械所、衙门、军营、炮舰、炮台之需。这是清政府经营的早期新式军用企业之一。

上海轮船招商局创办于 1872 年，是中国近代第一家轮船航运公司，主要业务是承运漕粮兼揽商货。它名义上为商办，实则官商合办，大权归官方掌握。第一期资本一百万两。为扩大经营业务，1877 年，该局以高价购进美商旗昌轮船公司一批旧轮和设备，增加大小轮船 18 艘。"李文忠（李鸿章）于光绪三年二月，奏明沿江沿海各省，遇有海运官物，统归两船经理，赖此扶助，局基益坚定矣。"① 1885 年，该局由"官商合办"改为"官督商办"。

至 1890 年，全国所建立的军工企业达 17 家，民用企业总数已达 40 家以上，修建铁路 425 公里。除近代银行之外，其他各类近代企业大体上都已具备。

(三) 译书与留学

翻译西方著作是中国人认识世界的主要途径之一。明末清初，中国曾兴起翻译西方著作的热潮。鸦片战争后，由于国家处于生死存亡的危急关头，人们急于了解外面变化万千的世界，编译过一些书籍，如《海国图志》、《瀛环志略》、《朔方备乘》等。到 19 世纪中叶，随着一些专门翻译机构的建立，中国再次兴起译书的热潮。

---

① 李鸿章著、吴汝纶编：《李文忠公全集》卷三〇《奏稿》，刻本，1921 年。

1862年，总理衙门设同文馆，又名京师同文馆，这是清末最早的"洋务学堂"。该馆不仅培养翻译人才，而且还设有印书处，用以印制数、理、化、历史、语文等各科翻译书籍。1863年，上海仿北京同文馆例设立"广方言馆"。该馆后移入江南制造总局，名为翻译馆。清人王韬记载："广方言馆，后为翻译馆，人各一室，日事撰述。……口译之西士则有傅兰雅、林乐知、金楷理诸人，笔受者则为华若汀、徐雪村诸人。自象纬、舆图、格致、器艺、兵法、医术，罔不搜罗毕备，诚为集西学之大观。"至1880年，该馆已译书98部235册。此外，还有不少公私翻译机构也在翻译西方学术著作。据《东西学书录》记载，当时翻译出版的自然科学著作达1000余册。

　　中国学生远涉重洋留学，成了近代西方文化输入中国的又一重要途径。最早出洋的留学生是1847年到达美国的容闳、黄胜、黄宽三人。尽管他们不属官派，但他们在事实上开始了中国人出国学习近代西方先进文化的历程。也正是毕业于美国耶鲁大学的容闳，在回国后不遗余力地为遴选更多的中国青年出国学习而奔走。1868年，容闳通过江苏巡抚丁日昌向清王朝提出了选派留美学生的具体建议："政府宜选派颖秀青年，送之出洋留学，以为国家储蓄人才。派遣之法，初次可以选定一百二十名学额以试行之。此百二十人中，又分为四批，按年递派，每年派送三十人。留学期限定为十五年，学生年龄须以十二岁至十四岁为度。视第一、第二批学生出洋留学，卓有成效，则以后即永定为例，每年派出此数。……此项留学经费，可于上海总税项下提拨数成以充之。"① 据有关资料记载，先后共派出留学生四批，第一时期到美国学习的幼童有150人（一

---

　　① 容闳：《西学东渐记》，商务印书馆，1915年。

说 120 人）。这批留学生中不少人成为近代中国的著名人物，如唐绍仪、梁诚、梁敦彦、詹天佑、郑兰生等。清政府为了鼓励学子们出洋留学，还大开利禄之门。光绪三十一年（1905）、三十二年，均考试出洋学生，并给予进士出身，授以检讨、主事等官职。近代中国派遣留学生的国家，除美国外，还有欧洲和日本。留洋学生在中外文化交流过程的作用值得人们高度重视。

（四）维新变法运动

1894 年，清政府在中日甲午战争中惨败，中国被迫签订了屈辱的《马关条约》。面对残酷的现实，中国的有识之士认识到，只向西方学习物质文化是远远不够的。中国还需要学习西方的制度文化。于是，要求变法维新便成了中国对西方文化冲击的更深层次的回应。维新主帅康有为连续上书光绪皇帝，力陈变法利害，要求尽快推行变法。

1898 年 6 月 11 日，光绪皇帝颁布"明定国是"诏书，正式开始变法。其主要内容为：(1) 经济上，设立农工商总局，提倡私人办实业，奖励新发明、新创造，修筑铁路，开采矿产，建立邮政局，改革财政预算；(2) 文教方面，改革科举制度，建立新式学堂，开办京师大学堂，设立译书局，允准创立报馆、学会，选派留学生等；(3) 政治上，重订一些法律制度，裁汰冗员，允许一定程度的言论自由；(4) 军事上，严查保甲，实行团练，裁减旧军，重练海陆军等等。维新运动中，人们还明确地提出了"兴民权"、"开议院"、"君民共主"等主张。从某种意义上讲，维新变法运动也是西方政治学说在近代中国的一次大规模的传播与实施。

第四节 中西文化的交汇与冲突

尽管在近代世界以来,中国处于弱势的不利地位,但泱泱五千年博大精深的中华文化绝非一两场战争就可以消灭。中国文化本身仍以其独特的优势和方式,不断向外传播和扩散。中西双方在近代的文化交流中,仍在相互取长补短,相互吸取丰富的文化养分。同时,古老悠久的中华传统文化也在痛苦的扬弃过程中,以其独特的风姿屹立于世界先进文化之林并继续对世界各国包括西方世界产生着影响。

一 中国文化的西传及其影响

随着近代中西方人员往来的频繁,反映中国文学艺术、思想文化的优秀作品的广泛传播,中华文化的独特魅力受到越来越多的关注。这不仅极大地扩大了中国文化的影响力,而且也为世界文化的发展继续注入中国元素。

(一)中国文学艺术在欧洲的传播

以《诗经》为代表的文学作品传入欧洲后,引起了西方学者的惊羡和折服。英国著名的东方学家琼斯有出色的汉语基础,可直接阅读汉文。他特别钟爱《诗经·卫风·淇奥》。在担任印度"亚洲学会"会长期间,他曾计划组织人员将《诗经》这部"最有价值、最珍贵的作品"全部翻译介绍给欧洲人。他还以《诗经》为题发表过演讲,介绍孔子对《诗经》的评价。

传播到欧洲的中国古典文学作品还包括寓言、故事、小说和戏曲。被翻译介绍到欧洲的第一部小说是《好逑传》。欧洲人认为这是一部具有"劝善惩恶,维系风化作用"的优秀作品。它有英文和法文译本,在欧洲社会一度广为流传。德国著名诗人歌德至少两次阅读这部作品,对它推崇备至,评价极高①。《赵氏孤儿》是传播到欧洲的第一部影响最大的中国传统戏曲。伏尔泰十分推崇该剧的中国文化内涵,将其改编为《中国孤儿》在巴黎上演。这个戏曲被欧洲人多次改编,频繁上演于欧洲舞台。

在欧洲,最先介绍中国园林建筑风格的是 1585 年出版的《大中华帝国志》。该书被视为中国园林艺术西传的开端。18 世纪初,来华传教士在欧洲掀起了园林中国化的热潮。中国园林艺术之所以引起欧洲人的浓厚兴趣,主要在于中国园林艺术体现了中国文化的精神。中国园林艺术寓自然美于人力创造之中,一切崇尚自然,追求"浑然天成",既有变幻多姿的个体结构,又有和谐完美的整体布局,曲径幽深,回廊婉转,湖光塔影,虚实相涵。每一个园林都是一幅淡雅、含蓄的美丽图画。而这些与当时欧洲建筑中的整齐规则的刻板风格较之,显然就具有更佳的美感和更强的生命力。英国著名的自然神论者沙夫茨伯里撰文说:"粗糙的岩石,长满苔藓的山洞,不规则和不加雕琢的岩穴,以及断断续续的瀑布,都具有荒野之地令人见而生畏的美。因为它们更接近自然,所以更能扣人心弦。所谓的皇家园林是不足与之相比拟的。"英国著名的建筑师钱伯斯认为,中国园林艺术的精华就在于师法自然。他说:"他们的模特就是大自然。他们的目的就在于模仿自然界的不规则之美。"也就是在这种认识的影响下,18-19 世纪的英国、法国和德国,

---

① [德] 艾克曼著、朱光潜译:《歌德谈话录》,人民文学出版社,1978 年。

出现了大批中国式的园林建筑。

中国的绘画艺术也对欧洲产生过重大影响。中国的绘画艺术随着中国的商品如丝绸、锦缎、陶瓷等传入欧洲。当时中国绘画对欧洲的最大影响是使欧洲人的绘画由客观规则,开始带有如"梦"似"幻"的特点。有学者认为,达·芬奇的名作《蒙娜丽莎》显然受了中国绘画的影响。其背景正是采用了中国画所擅长的自然山水作点缀。

(二) 中国学术思想对欧洲的影响

学术思想作为一个民族或国家文化的集中表现,其传播过程自然要复杂得多。中国学术思想在西方的传播是通过传教士和一些西方学者来完成。

中国学术思想的西传,首先靠传教士的努力。其代表人物首推天主教传教士利玛窦。在利玛窦的著述里面,很多地方都引证儒家典籍。这表明他对中国学术,特别是儒家思想的了解较为深刻。其他一些来华传教的传教士,为了达到在华传教的目的,也都十分注意研究中国的古代典籍。正是这样,在16世纪末至18世纪初的百余年间,外国传教士翻译了许多中国的学术著作,尤其是儒家的重要典籍,并使这些译本传入欧洲,掀起了研究儒学的热潮。其中最杰出的代表是被称为"欧洲汉学之父"的意大利籍耶稣会士利玛窦。利玛窦将《四书》译成拉丁文,还有一种说法认为《四书》最早是由意大利传教士罗明坚译成拉丁文的。在这期间,还出现了一批颇有学术价值的研究性专门著作和对儒家经典的注解。如畅尚贤的《易经注》,马若瑟的《书经以前之时代及中国神话》、《中国经学研究导论》、《经传议论》,钱德明法文版《孔子传》及《孔门弟子传略》等。其中马若瑟的《经传议论》曾受到康熙皇帝的称赞,称他对于中国的"十三经、廿一史、先儒传集、百家杂书,无所不购，废食忘寝，通读不辍，已十余年矣"。儒家思想在欧洲的传播，对18世纪欧洲"启蒙运动"的兴起产生了促动作用。儒家思想中所具有的丰富的道德理性和浓厚的人文主义精神，正好符合了启蒙思想家们反对宗教神学的需要。

18世纪，中国文化对德国、法国和俄国社会都产生了巨大影响。

在德国，中国文化得到了较为广泛的传播，并对德国的一些哲学家产生了重要的影响，成为德国哲学思想发展的源泉之一。中国思想文化受到了以莱布尼茨（1646-1716）为代表的哲学家们的推崇。莱布尼茨认为，欧洲文化长于数学、天文学、政治学和军事学等方面，但在实践哲学和伦理道德等领域，则明显地落后于中国。因此，欧洲人有必要认真学习中国的哲学思想。莱布尼茨还接受了孟子"民为贵，社稷次之，君为轻"的思想，赞赏中国有关以禅让方式改朝换代的主张，认为它是民主的精华。他由此提出了自己建立"开明君主专制"制度的政治主张。1697年，莱布尼茨完成了一部中国问题的书籍——《中国近闻》。莱布尼茨的弟子沃尔夫也十分推崇中国的哲学思想。沃尔夫在《论中国实践哲学》的演讲中声称，自己赞同中国的古代思想，也坚信基督教神学理论，认为它们二者在本质方面是一致的。他还指出，孔子的道德观念和基督教的道德观念并无矛盾，两者的自然观也充分一致。莱布尼茨和沃尔夫的思想，深深地影响了他们以后的德国思想家和德国的哲学。

在法国，中国文化深深地影响了当时的启蒙运动思想家。伏尔泰（1694-1778）是法国启蒙运动的最大权威，他盛赞中国文化，尤其崇拜孔子。在他看来，孔子的道德观与古罗马斯多噶派哲学家爱比克泰德的道德观一样，严肃、纯正、充满了人道主义精神。他以中国儒家的道德理性为依据来攻击宗教的非理性狂热。他大声疾呼，欧洲人对于中国"应该赞美、应该惭愧，尤其应该效仿"。"在中国确实有很多读书人是相信唯物论的，但他们的道德观却没有违背儒教。他们认为道德对人们来说是必不可少的，而就其本身来讲也是很可爱的。因为按照道德规范行事，并非一定要信仰什么宗教不可。"魁奈（1694-1774）是法国重农学派经济学家。与其他百科全书派不同，他从政治经济学的角度研究中国。在他看来，中国文化中的"天理"、"天命"、"天道"以及道家主张的自然主义，恰恰是他们提倡的自然规律。他认为当时中国的安定局面是由于推行重农政策的结果。1767年魁奈著《中国的专制》一文，盛称中国政治是"合法的专制政治"，因为中国文化制度一切以自然律为依据，就连皇帝也要受天理支配，遵守自然律之大法。魁奈一生热爱中国文化，认为世界上只有中国是以自然律为基础而达到高度道德理性化的国家。他特别尊崇孔子，以孔子事业的继承者自居，由此有"欧洲孔子"之称。狄德罗、霍尔巴赫等人也十分推崇中国文化。狄德罗在《百科全书》中，承认中华民族具有许多欧洲人所不及的优点。霍尔巴赫在《社会的体系》一书中，极力主张政治与道德的统一关系，赞美中国是最好的政治典范。他在该书第二卷中得出一个结论说："欧洲政府非学中国不可。"

中国文化在俄国也产生了广泛的影响。中国与俄国的交往，具有十分悠久的历史。考古工作者曾在叶尼塞河中游发现了具有汉代建筑风格的中国庭院遗址，在里海的西北沿海地区、高加索和撒马尔罕等地，还发现有中国汉代的弓箭和铜镜。俄国文学史上的第一部英雄史诗《伊戈尔远征记》中曾几次提到中国。从伊凡雷帝时代起，俄国人就开始寻找前往中国的路径。17世纪时，第一批俄国人来到中国。中俄两国之间的正式交往始于18世纪初，彼得大帝组织了第一个东正教使团来华。该团于1711年来到北京。其成员

A·列昂捷夫翻译了儒家《四书》中的《大学》和《中庸》，以及《易经》的一部分。他还向俄国读者介绍了中国的茶叶和丝绸的制作方法，并把中国象棋介绍给俄国人。在这个时期，中俄两国医学界开始了交往。1758年，俄国人在《论中国人种痘》一文中说："种痘在中国应用已久，看来这个民族的各门科学都抢在我们的前面。"俄国人还认为："在中医中，可以看到一些重大原理的惊人的融合，后来欧洲一些引以自豪的发现，几个世纪前在中国已为人所知。""非常重要的是，尽管在理论上和欧洲医学不同，但我可以大胆地说，中国医生能够做到的，欧洲医生并不都能做到。如果不总是这样的话，但常常是这样的。"

对传播中国文化做出重要贡献的是俄国杰出的汉学家、俄国汉学研究的奠基人毕丘林（1786-1853）。毕丘林在中国生活了近15年，对中国进行了全面的研究。他撰写有一百多部研究中国的专著，如《社会状态和道德状态中的中国》、《对中华帝国的统计描述》、《汉语语音学》等，至今仍有重要价值。他撰写的《汉语语法》，是俄国第一部详尽研究中国语言的学术著作，对俄国人学习汉语起到重大作用。他还在自己的著作中批驳风行西欧的所谓中国文明来源于古埃及和古巴比伦的理论，以及所谓中国人"野蛮"、"无知"、"不如基督教民族"等种族偏见和欧洲中心论。毕丘林的大量专著和译著，拓宽了俄国人对中国历史、中国文化的视野，促进了当时俄国文学中"中国题材"的出现，并影响了一批著名的俄国作家。其中普希金和列·托尔斯泰就是典型代表。列·托尔斯泰承认，中国的哲学家孔子和孟子给了他"很大的影响"，但"影响最大"的是老子。他对译成俄、英、德、法四种语言的中国古典哲学著作都进行过深入细致的研究，并写了一些关于中国古代思想家的专题论文。另外，像门捷列夫等其他一些俄国人，也都对中国文化充满深厚的兴趣。

总之,近代中国文化仍深深地吸引着世界的目光。她那辉煌的成就,对推动人类文明的进步,作出了非常杰出的贡献。

二 中国人对待近代西方文化的态度

面对西方文化的渗透与挑战,中国人在对待西方文化的态度上,经历了一个由盲目排外到洋为中用的过程。

(一) 全盘拒绝西方文化

1840年以后,除少数进步人士以外,大多数中国人均对潮水般涌来的西方文化持排斥与全面拒绝的态度。长期以来,在创造过灿烂文化的中国人眼里,中国是天下的中心,中国之外的国家都是蛮夷戎狄,中国之外的人民也都是化外之民。以至于像林则徐这样的先进人物,也曾认为"茶叶、大黄,外夷若不得此即无以为命"[①],中国一旦绝市闭关,西方各国人民的生计就会没有着落。又如曾积极抗英、为国捐躯的两江总督裕谦也发布命令道:"有传抄夷书夷事者,即行销毁,不准传播。"在19世纪80年代,中国曾为修筑铁路发生了一场激烈的争论。一些守旧官员居然提出修铁路有"五害":一害舟车,二害田野,三害根本,四害风俗,五害财用。有的官员又提出修建铁路有"四失":资敌、扰民、失土、夺民生计。更有甚者,列举出铁路弊端25条:"势之不可行者八,无利者八,有害者九。"当时的内阁大学士文祥盲目排外,竟到了"睹电杆而伤心,闻铁路则掩耳"的地步。在义和团中,连"洋"字都提不得,即使是必须使用的东西,也只能改名后方能使用。洋

---

① 林则徐:《林则徐奏稿》,中华书局,1965年。

货改称广货，洋药改称土药，洋钱改称鬼钞，洋枪改称鬼铳，东洋车改称为太平车，铁路改称铁蜈蚣，电线改称千里杆。

(二)"中体西用"

最早提出"中体西用"思想的是冯桂芬、薛福成、王韬和郑观应等人。他们的这类言论众多，诸如"以中国之伦常名教为原本，辅以诸国富强之术，不更善之善者哉"，"取西人器术之学，以卫我舜、汤、文、武、周、孔之道"，"器则取诸西国，道则备当自躬"，"中学其本也，西学其末也"。这种"中学为体，西学为用"的思想，后来成为洋务运动的指导思想。"中体西用"的实质是在坚持封建制度的根本前提下，有选择地吸收西方的先进文化。尽管这种思想有着明显的守旧色彩，但和全盘拒绝与盲目排外思想较之，它仍有着不容忽视的进步作用。

(三)"全盘西化"

国人在对传统文化进行全面反思的时候，曾出现了"全盘西化"的极端倾向。这主要表现在"五四"新文化运动时期。钱玄同曾提出"废止汉字"。胡适则更为极端，他说："只有一条路，必须承认自己百事不如人，不但物质机械不如人，不但政治制度不如人，并且道德不如人，知识不如人，文学不如人，音乐不如人，艺术不如人，身体不如人。"中国的唯一出路是："死心塌地地去学人家，不怕模仿，……不要怕丧失我们自己的民族文化。"[①] 就连陈独秀在当时所发表的一些文章中，也表现出"全盘西化"的思想。"全盘西化"显然不符合中国国情，因为在一个富有悠久历史文化传统的国度里，搞"全盘西化"也就是搞"民族虚无主义"，这是不可想象的。

---

① 胡适：《胡适文集》第2卷《介绍我自己的思想》，人民文学出版社，1998年。

(四)"洋为中用"

中国人在经历了若干年的痛苦探索以后,终于找到了对待外来文化的正确观念,这就是"洋为中用"。毛泽东曾在《论联合政府》中指出:"对于外国文化,排外主义的方针是错误的,应当尽量吸收进步的外国文化,以为发展中国新文化的借镜。"后来他又在《论十大关系》中进一步指出:"我们的方针是:一切民族、一切国家的长处都要学。政治、经济、科学、技术、文学、艺术的一切真正好的东西都要学。但是,必须有分析、有批判地学,不能盲目地学,不能一切照抄,机械搬运。"江泽民同志也指出,我们必须"积极吸收人类所创造的一切优秀文化成果,把它熔铸于中国特色社会主义的文化之中"。党的十七届六中全会的决议指出:"坚持以我为主、为我所用,学习借鉴一切有利于加强我国社会主义文化建设的有益经验、一切有利于丰富我国人民文化生活的积极成果、一切有利于发展我国文化事业和文化产业的经营管理理念和机制。"正是在中国共产党的正确指引下,中华民族以自己博大的胸怀,勇敢地吸收着人类的一切优秀文化成果,不断地丰富和发展自己独有的具有悠久历史传统的民族文化。

第五节　近代中国学者对日本的影响

近代以来,日本不仅是中国认识西方、学习西方的媒介,而且在明治维新以后成为中国学习的对象,成为接受近代中国出洋留学生最多的国家,古代中日文化交流之势颠倒了。然与此同时,中国一些有识之士在学习和研究西方近代文化方面仍走在日本的前面,对日本认识和吸收西方文化,走上资本主义道路产生了直接而重要的作用。其中最具代表性的是魏源《海国图志》和王韬《普法战记》。

一 魏源《海国图志》对日本的启蒙

魏源曾协助林则徐抗击英军。林则徐被革职后,魏源受托继续编写《四洲志》。在此书的基础上,魏源广泛搜集中外有关著述,按区分国,增补整理,于 1842 年 12 月编成《海国图志》50 卷。全书共计 57 万字,另有地图 23 幅,洋炮图示 8 页。1847 年,他又补充成 60 卷,1852 年增加至 100 卷,共计约 88 万字,并有各种地图 75 幅,西洋船炮器艺图示 42 页,范围囊括五大洲几十个国家。此外,该书还有总结鸦片战争教训、论述海防战略战术的"筹海篇"4 卷,堪称当时内容最丰富的西方知识文化和海防的百科全书。

《海国图志》最初传入日本是在 1851 年。因为书中有"幕府禁止之文句",所以皆收于幕府中。1854 年又有 15 部传入,7 部为幕府专用,另 8 部拍卖,始广为流传。此书深受日本各界重视和欢迎,被誉为"天下武夫必读之书"。日本国内很快便出现《海国图志》的翻刻本和适合普通民众阅读的日文译本。日本幕末时期的一代知识分子都深受此书影响。可以说,该书对明治维新前的日本知识分子起到了重要的启蒙作用。

首先,《海国图志》使日本人扩大了视野,加深了对世界的认识。德川幕府采取锁国的政策,自 1639 后,除荷兰人被允许在长崎诸岛从事贸易活动外,其他欧洲国家全部被禁止通商贸易。德川幕府 200 多年中,只有少数学者和高级官员通过荷兰商人了解到关于西方史地人文的少许信息。魏源《海国图志》对西方各国的史地、政治、经济、军事、文化、天文、宗教、科学技术等诸领域均有比较详细的介绍,使日本人对西方的认识豁然开朗。日本学者尾佐竹猛说:"幕末时期,海外知识多由译自横行文之汉字书传入日本,其于新文化之介绍,贡献殊大。"杉木达在《海国图志·美理哥总记和解跋》中高度评价道:"本书译于幕末海警告急之时,最为有用之举。其于世界地理茫无所知的幕末人士,此功实不可没也。"美国是最先迫使日本订约通商的国家,因此日本知识分子对美国的兴趣特别浓厚。一年之间,《海国图志》中有关美国部分的译本竟达十多种。《海国图志》在帮助日本人了解世界形势方面,远胜于荷兰人多年的传播。

其次,《海国图志》启发日本人加强海防,抵抗侵略。19世纪中叶,日本和中国一样,也面临沦为殖民地半殖民地的危机。日本自1854年开始和美、英、荷、俄等国签订第一批通商条约后,1858年受美国所迫又签订了《日美友好通商条约》,丧失了关税自主权,并承认了领事裁判权。面对日益加深的民族危机,加强海防、抵抗侵略成为日本最迫切的任务。《海国图志》系统、详尽地总结了鸦片战争的深刻教训,提出了诸多加强海防、抵御外敌的战略战术建议,对于境遇相同的日本来说,其启发和帮助意义之重大是不言而喻的。1855年,日本学者赖醇在《海国图志训译》序中说:"清魏默深(魏源)《海国图志》六十卷,纂述赅博,择取而用之,其于海卫边备,必有裨益者矣!"他期望全部译出,迅速刊印,"使海内尽得观之,庶乎其为我边备之一助矣"!

第三,《海国图志》给幕末维新志士以启迪,从而推动了明治维新。《海国图志》传入日本前,日本的开国论者和坚持锁国者两派正在进行激烈的争论。《海国图志》传入后,著名的有识之士包括佐久间象山、吉田松阴、横井小楠、桥本左内等都争相阅读。开国论者读了此书后,进一步提高了认识,增强了信念。攘夷论者读了此书,受到极大启发,很多人在思想上向开国论转变。横井小楠原本是坚定的攘夷论者,在读罢《海国图志》后,转向赞同开国论,成为与佐久间象山齐名的洋学者。在民族危机的强烈刺激下,受到《海国图志》启发的日本有识之士从中国鸦片战争的失败中汲取教训,认识到锁国政策不能挽救危亡。于是,日本掀起了一股学习西方科学技术、变法维新以抵制西方侵略的滚滚浪潮,有力地推动了倒幕维新运动的到来。

二 王韬《普法战记》对日本的影响

王韬(1828-1897),初名利宾,字紫诠,江苏吴县人,近代中国著名的改良主义思想家。与林则徐、魏源远隔重洋了解西方世界不同,王韬走出"天朝上国",实地了解西方文化。1867年,他随回国的英国传教士理雅各从香港启程"往游泰西,佐辑群书"。遍游英、法、意大利、土耳其、埃及、新加坡、锡兰(斯里兰卡)等国,考察了各国的政治制度、山川地理、风土人情。王韬的欧洲之行是中国文化知识精英第一次以自由身份对欧洲的实地考察。在这期间,他主要旅居英国和法国,1870年1月始离欧返港,著《漫游随录》。两年零四个月的欧洲之行,使王韬对西方资本主义制度和科学技术有了深刻的认识,逐渐形成了变法改良的思想。1879年,王韬应日本学者邀请,前往日本进行为期四个月的考察。王韬考察了东京、大阪、神户、横滨等城市,写成《扶桑游记》。王韬的改良主义思想对日本产生了很大的影响,尤以《普法战记》最盛。

《普法战纪》书中,王韬力求从政治、经济、军事等方面探究法国战败的根源,涉及普、法两国的政治、经济、文化、风俗民情等方面。其中有许多为当时的中国人和日本人闻所未闻之事,如巴黎公社、马赛曲、议会君主制、气球侦察、360度转炮、行军地图等等。王韬在书中以夹叙夹议的手法对许多事件进行了画龙点睛的评点,使人读后深受启迪,获益良多。1871年,王韬完成此书的撰写,在香港《华字日报》上连载,战争结束后,才汇集成纪事本末体14卷,1886年增至20卷。

《普法战纪》一书,使王韬名声轰动遐迩,"其书虽未付手民,而钞本流传南北殆遍。"曾国藩称王韬为"未易之才";李鸿章"许以识议闳远,目之为佳士"。梁启超在《西学书目表》和《史学书目提要》中对《普法战纪》也是加以大力推荐。

《普法战纪》在日本引起的轰动效应更巨。日本人士将《普法战记》与魏源的《海国图志》相提并论,然而相对于20年前的《海国图志》而言,《普法战记》所提供的世界新知识更为准确、丰富。如果说《海国图志》开启了近代日本人认识西方、变法维新的潮流,《普法战记》则激发了日本人深入观察西方政治、经济、军事,探索国家命运和振兴民族的热情。王韬《普法战记》在日本学界、军界产生极大的反响。该书传入时值日本开放之初,日本知识分子急于了解西方世界的真实情况,可国内一时又缺乏这方面的著作,于是,《普法战记》被日本学界视为瑰宝而倍加推崇。明治军部则认为该书所述欧事条理分明,识见宏远,有必要让日本朝野研读。因此,明治十一年(1878),陆军文库翻刻了《普法战记》并颁行全国。此后,加上从香港和上海流入的中国版《普法战纪》及明治二十年(1887)日本军部的第二次翻版,日本社会形成了一个不小的"《普法战纪》热"。1879年,日本学者还盛邀王韬访日。

王韬（又称王紫诠）在当时日本军学两界几乎成为无人不晓的名字。总之，王韬的《普法战记》对于推动日本人士深入认识和学习西方先进的政治制度和军事科学技术产生了非常重要的影响。

阅读书目：

1. 李喜所主编：《五千年中外文化交流史》，世界知识出版社，2002年。
2. 冯家升：《火药的发明与西传》，上海人民出版社，1978年。
3. 李寅生：《论唐代文化对日本文化的影响》，巴蜀书社，2001年。
4. 陈开俊等译：《马可波罗游记》，科学技术出版社，1981年。
5. 徐振保：《中外文化交流记趣》，复旦大学出版社，1996年。
6. 魏秀春：《中外文化交流史逸闻趣事》，山东画报出版社，2008年。
7. 滕军：《中日茶文化交流史》，人民出版社，2004年。
8. 张西平：《欧洲早期汉学史》，中华书局，2009年。

思考题：

1. 简述四大发明西传欧洲的过程及其对欧洲和世界历史的影响。
2. 试述儒家文化对日本文化形成的影响。
3. 古代中国产生了光辉灿烂的科学技术文化，但这些科学技术广泛运用于推动社会进步却是在西方，原因何在？请谈谈你的认识。
4. 近代中日两国对西方近代资本主义先进文化成果为何态度各异，谈谈你的看法。
5. 简述近代来华传教士在中西文化交流中的作用。
6. 《海国图志》和《普法战记》为中国人所著，也问世于中国，为何在中日两国产生的影响如此不同？